U0054193

圖書館身心障礙
The Library Services on People with Disabilities
讀者服務

系統性介紹圖書館發展身心障礙讀者服務工作重點
輕鬆掌握對於身心障礙者提供圖書資訊的核心知識
是認識圖書館無障礙讀者服務的第一本書

林巧敏　著

元華文創

序 言

　　圖書館不僅是資訊自由的象徵，也是實現社會公義的社會教育機構之一，為保護身心障礙者取用圖書資訊的權利，臺灣於 2014 年及 2015 年修正法規，強化視覺障礙者、聽覺障礙者、學習障礙者或其他感知著作有困難之特定身心障礙者，使用圖書資訊服務的權利，圖書館發展身心障礙讀者服務成為當前之務。

　　本書撰述動機來自於個人近年持續參與國內身心障礙讀者服務相關諮詢工作和研究計畫，緣於參與研訂視障者圖書資源應用法規以及擔任圖書館身心障礙讀者服務指南之編寫，為能周全法規與指南研訂工作，而進行國內現況調查，藉此瞭解身心障礙使用者需求，並因此逐步深入探究國內圖書館提供身心障礙讀者服務情況與實務問題，其後結合個人對於使用者服務與檢索系統設計專長，申請通過科技部專題研究計畫，進行「身心障礙者使用圖書館網站資源之可及性研究」，探討無障礙網頁設計之系統介面問題，其後接受國立臺灣圖書館委託進行「圖書館身心障礙讀者服務之館員專業知能及培訓制度探討」以及「圖書館建置身心障礙讀者服務主題資源網站之研究」計畫，而持續關注對於圖書館身心障礙讀者服務研究，並藉此累積研究成果的能量。

　　有鑑於國內圖書館對於身心障礙讀者服務研究成果有限，無論是課程教學或是學子因應考試，皆缺乏有系統之專書著作。因此，梳理過往研究成果，將圖書館發展身心障礙讀者服務的核心知識撰述成書，期許有助於圖書館推動身

心障礙讀者服務工作，落實公平友善的服務建設，消弭資訊取用之落差。

　　本書第一章為緒論性質，闡述圖書館維護讀者平等取用資訊的服務理念，並介紹圖書館提供身心障礙讀者服務工作之意義與基本要求。第二章介紹與圖書館推動身心障礙讀者服務相關之法規，包括：聯合國身心障礙者權利公約、馬拉喀什條約、身心障礙者權益保障法、身心障礙者數位化圖書資源利用辦法、圖書館法、學位授予法以及著作權法中，有關身心障礙讀者接觸資訊權益之內容要旨和修訂意見。

　　由於圖書館推動身心障礙讀者服務首要之務，在於培訓人員及建置館藏，因此，第三章探討對於圖書館從事身心障礙讀者服務之館員專業知能要求，並對於館員培訓制度規劃提出建議。第四章則是探討圖書館建置替代文本館藏問題以及館藏發展方向，不僅闡述身心障礙者閱讀特性和各種圖書資訊替代文本格式，也分析臺灣的出版市場概況和出版機構對於替代文本發行之態度，藉以提出替代文本合作館藏發展的可能性。

　　第五章論述圖書館提供身心障礙讀者服務現況與問題，藉由問卷調查國內各類型圖書館提供身心障礙讀者服務之資源與條件，輔以深度訪談方式，探究圖書館人員對於推動身心障礙讀者服務的看法，並綜合比較國內外發展經驗和國內調查結果，針對我國圖書館推動身心障礙讀者服務問題，提出觀察與建議。第六章則是基於前述國內發展現況與問題，提供圖書館於規劃身心障礙讀者服務之際，在人員、空間、設備條件以及館藏建置和讀者服務工作方面，需要優先進行的事項建議，提供圖書館發展身心障礙讀者服務實務作業指引。

　　第七章針對身心障礙者可取用寰宇資訊的無障礙網頁設計進行討論，闡述無障礙網頁設計理念及其檢測規範，並藉由進行國內公共圖書館網頁無障礙檢測實例分析，提出圖書館自我檢查修正的建議。第八章說明身心障礙者使用網路資訊之需求，並透過實際評選和建置身心障礙讀者主題網站的經驗，提供國

內圖書館進行身心障礙讀者主題資源網站評選之參考。最後一章統整全書探討的相關內容，提出我國圖書館發展身心障礙讀者服務的木米重要議題。

　　本書於付梓之際，特別感念引導我投入圖書館身心障礙讀者服務工作之圖書館實務先進，加上有國立臺灣圖書館對於研究的重視和支持，才能鼓舞大學教師和學子陸續參與身心障礙讀者相關研究的行列，讓更多人加入這個專業的隊伍，也藉此表達對於國立臺灣圖書館獎勵國內論文研究的謝忱。

林乃敏 謹致

2020 年 8 月 31 日

國立政治大學集英樓研究室

目　次

第一章　身心障礙讀者服務理念

　　圖書館為知識典藏機構，素以維護知的權利、滿足資訊需求、推動終身教育為職志，對於各類讀者權益的維護有《圖書館權利宣言》（The Library Bill of Right）載明：「個人利用圖書館權利，不得因其出身、年齡、背景或觀念，而遭到摒棄或剝奪」（American Library Association, 2006）。我國《圖書館法》第 7 條亦揭示：「圖書館應提供其服務對象獲取公平、自由、適時及便利之圖書資訊權益」（圖書館法，2015）。因此，圖書館在資訊服務上應照顧所有讀者的需求，尤其面對處於資訊弱勢的身心障礙讀者，更應該提供多元的服務，使其公平、自由、適時及便利地取用資訊，以消弭資訊落差。

　　由於我國《身心障礙者權益保障法》所稱之身心障礙者類型頗多，不同類型障礙者所遭遇之問題殊異，基於圖書資訊服務以排除資訊取用障礙為主，本書所稱之身心障礙讀者，以「感知著作有困難之特定身心障礙者」為對象，並根據《圖書館法》第 9 條第 2 項所稱之視覺、聽覺、學習及其他閱讀困難障礙者為論述範圍。本書第一章先介紹圖書館功能與平等服務理念，第二章至第四章探討圖書館推動身心障礙讀者服務在「行政管理」層面之法規、人員培訓以及館藏建置議題，第五章至第八章則分別介紹關於「讀者服務實務」層面之圖書館實務調查、工作規劃、環境建置、無障礙網頁設計、主題網站建置等議題，最後綜合論述，提出圖書館推展身心障礙讀者服務未來發展方向。

　　本章為導論性質，闡述圖書館資訊服務和平等取用概念，分為三節，第一節說明圖書館功能與服務理念，倡議圖書館捍衛所有讀者平等取用資訊的服務

宗旨，第二節介紹圖書館提供身心障礙讀者服務工作之意義與基本要求，第三節是將後續各章節內容經常出現之名詞用語統一解釋，便於閱讀者理解本書採用之專業術語意涵。

第一節　圖書館功能與服務

一、圖書館設置目的與功能

　　圖書館的存在已有數千年之久，隨著社會政治、經濟、文化和科學技術的發展，圖書館的社會功能隨著資訊環境的變遷而與時俱進。圖書館從早期以文獻典藏為主，轉化為開放公眾閱覽與檢索，隨著資訊科技與網路技術的進展，資訊載體愈來愈多元，資訊傳播方式也愈來愈便捷。在資訊化快速發展的環境中，圖書館的功能與價值在社會大眾心目中，正因為資訊傳播方式的變革而面臨挑戰。

　　不同類型圖書館的功能，往往因應設置目的與服務對象需求，而有所差異，例如：國家圖書館強調典藏功能，偏重文化資產保存的職責；大學圖書館以鼓勵研究和提供資訊為主；公共圖書館以滿足社會大眾終身學習需求，鼓勵閱讀及書香社會之發展；學校圖書館肩負資訊素養教育責任，鼓勵學童閱讀並促進閱讀策略學習。即使資訊科技日新月異，圖書館的核心功能仍屹立不搖，過往學者所提出之圖書館功能論述（胡述兆、吳祖善，1989；王梅玲、謝寶煖，2014），時至今日仍具有時代意義。綜述前人觀點，歸納提出圖書館設置的主要目的，包括：

（一）保存文化：文化是人類為求生存，改善環境，由野蠻進入文明的過程，圖書館每一件資料皆是人類心智發展的成果，也是文化的結晶，圖書館扮演文化保存角色，蒐集保存各種知識紀錄，使得人類知識得以傳承和交流。

（二）提供資訊：圖書館擁有各種知識紀錄，自然成為提供這些資訊的最佳場

所，圖書館不僅有完善的典藏空間，也有預算能購置和維護資料，更有專業人員提供服務，長久以來始終是社會大眾找尋資訊和利用資訊的最佳場所。

（三）資訊素養教育：身處資訊快速成長的社會，個人需要擁有能界定資訊需求範圍、有效取得所需資訊、能批判評論資訊及其來源，進而將所篩選的資訊融入個人知識庫的能力。此外，也必須能有效利用資訊，瞭解資訊使用之經濟、法律與社會議題，可合理、合法的取用資訊。個人身處資訊社會，需要擁有能釐清資訊需求，且能找到、評估及有效利用資訊的能力。而圖書館具有社會教育功能，肩負教導民眾使用資訊的能力，為了能促進民眾資訊素養能力，圖書館致力於在學童學習階段將資訊素養教育融入課程。

（四）促進書香社會：廣泛閱讀有助於個人吸收前人智慧，豐富知識涵養，一旦知識累積愈多，個人對於訊息接收、問題分析處理、思考理解能力也將愈強。根據國際經濟合作與發展組織（Organization for Economic Cooperation and Development，簡稱 OECD）指出，國民閱讀水準高低深深影響國家經濟表現和社會發展，閱讀能力愈高的國家，國民所得愈高，國家競爭力也愈強。閱讀不僅能開拓心靈視野，更能厚植國家知識力量與競爭基礎（林巧敏，2009）。鼓勵社會大眾閱讀、建立書香社會，是圖書館做為資訊服務機構的主要功能之一。

　　1931 年阮甘納桑（S. R. Ranganathan）提出圖書館學的金科玉律：「圖書為讀者所用、每一讀者有其書、每一書有其讀者、為讀者節省時間、圖書館是一個成長的有機體」（Ranganathan, 1931）。在歷經將近九十年之後，在數位資訊時代依然饒富深意，圖書館的服務不只是提供資料，還必須瞭解讀者需求，協助讀者航行（navigate）於浩瀚資訊之間，節省讀者找尋資料的時間，為讀者篩檢出最符合使用需求的資源，並與時俱進，藉助新科技提升服務方式，使館藏資源能充分為讀者所用，發揮圖書館資訊服務的價值。

　　由於圖書館服務深受資訊科技的影響，美國學者 Gorman（1995）在探討圖書館的角色與功能之際，提出圖書館服務的五大方向，相較於之前阮甘納桑的「圖書館五律」而被稱為「圖書館新五律」，Gorman 所揭示之圖書館服務功能，包括：

（一）圖書館服務全人類：圖書館服務個人、社區與全人類社會。

（二）圖書館尊重各種傳播的知識：圖書館重視各種形式的媒體以及保存於各種媒體內的知識。

（三）圖書館善用科技以加強服務：圖書館必須採用新技術提昇館藏服務效率，並利用資訊工具提供便捷服務。

（四）圖書館維護利用資訊的權益：圖書館肩負社會教育責任，有義務將人類言行紀錄與知識傳承下一代，不限使用者的身份地位，均有自由取用資訊的權力。

（五）圖書館尊重過去與創造未來：圖書館應保存過去的歷史，唯有認識永恆的歷史與知識，並持續發揮圖書館的任務與功能，圖書館才能永續存在。

　　因此，圖書館即使在不同時空環境下，對於資訊的組織與服務方式會因時調整、與時俱進，但肩負的社會功能與時代任務，即使歷經資訊技術的嬗變，圖書館歷久不衰的社會價值依舊存在，並且擁有無可取代的下列功能（Gorman, 2000；盧秀菊，2005）：

（一）典掌文獻：保存人類紀錄傳之後世，培育圖書館員以傳承價值觀與實務。

（二）提供服務：為當前個人、社區與社會，以及後代子孫提供最佳的服務。

（三）知識自由：致力於維護自由社會中所有民眾自由閱聽的理念，捍衛所有人的知識自由，維護少數意見的自由發抒，確保圖書館的服務為所有民眾利用。

（四）理性主義：以理性觀點加以整理和組織圖書館資源及服務，將理性主義與科學方法應用於所有的圖書館管理業務中。

（五）資訊素養與學習：培養民眾讀寫素養並激勵學習，鼓勵終身不斷的閱

讀，使圖書館成為資訊素養教學中心。

（六）平等取用：提供民眾能平等取用所有的知識與資訊，並提供所有使用者
　　　同等的圖書館服務與資源。

（七）保障隱私：保障所有人使用圖書館的隱密性，保護使用者利用圖書館的
　　　隱私不被侵犯。

（八）維護民主：參與對於民主社會價值之維護，促進資訊素養與公民素養能
　　　力，尋求與學校教育結合，以培育民主社會的良好公民，也將民主運作
　　　原則應用於圖書館管理。

　　我國《圖書館事業發展白皮書》所陳述之圖書館事業發展願景，可視為圖
書館事業發展的目標，書中所揭示之圖書館功能與前述意旨相當，但文字更為
精簡，可突顯出圖書館的核心價值在於（中華民國圖書館學會，2000）：

（一）保存文化紀錄：圖書館妥善保存傳統和不斷創新的文化資源，使人類知
　　　識紀錄得以傳承與交流。

（二）維護知的權利：圖書館提供讀者公平、自由、適時及便利獲取圖書資訊
　　　的機會。

（三）統整資訊資源：圖書館彙整各種資訊資源，藉由網路化環境，提供讀者
　　　能無遠弗屆地取用資訊。

（四）滿足資訊需求：圖書館提供各種類型和主題資訊資源，以滿足社會不同
　　　讀者的資訊需求。

（五）推動終身學習：圖書館建立多元、終身的學習環境，培養民眾資訊素養
　　　和終身學習的興趣及能力。

　　圖書館自人類文明肇始即存在，並能延續數千年而依然屹立不搖，主要的
原因是圖書館能提供社會大眾知識和資訊；圖書館能讓人們平等享受獲取知識
的權利，帶來社會平等的象徵；透過閱讀，圖書館可以培養人們的創造力和想
像力，開拓讀者的視野；圖書館也鼓勵營造家庭閱讀氛圍，促進家庭和樂；圖
書館更可以超越時空，保留國家的過去，傳承歷史文化。

即使身處資訊時代，各種資訊服務機構強烈競爭的環境中，圖書館因為擁有專業館員的隱性知識以及和讀者建立的人際互動關係，加上愉悅的閱讀環境氛圍，讓實體圖書館依舊保有不會被數位資訊完全取代的服務角色。

二、圖書館捍衛知識取用權利的主張

圖書館需要瞭解到對於提供身心障礙讀者服務，並非是以使用人次，決定是否提供此項服務的必要，在公平開放的社會中，身為肩負社會教育機構職能之圖書館，有義務照顧並滿足少數讀者取用資訊之需求。圖書館提供身心障礙讀者服務之使命，在於尊重身心障礙讀者擁有平等取用圖書資訊的權利，身心障礙讀者不因其個人背景與感知著作之障礙程度，皆可擁有等同一般人使用圖書資訊之權利。

關於保障社會大眾使用圖書館權利的主張，首推美國圖書館學會（American Library Association, ALA）於 1939 年提出的《圖書館權利宣言》（Library Bill of Rights），其後歷經多次修訂文字，其中對於維護社會大眾使用圖書館的權利，陳述重要觀點如下（American Library Association, 2006）：

（一）圖書館之圖書與資源應滿足和啟發社區內所有民眾的興趣和資訊需要，不能因作者的種族、背景、觀點而被排除。

（二）圖書館應提供當前或過去議題的各種觀點資料與資訊，不應為了個人或教義不同，而被禁止或移除。

（三）為了滿足提供資訊及啟發他人的責任，圖書館應該挑戰檢查制度。

（四）圖書館應與相關人士及團體合作，關注被剝奪自由表達及自由近用思想之事。

（五）使用圖書館的權利，不得因種族、年齡、背景或觀點之不同，而遭受到否定或剝奪。

（六）圖書館提供民眾使用的展覽空間及會議室，應排除使用的個人或團體主張之信仰和關係，能夠在平等的基礎上提供均等使用的機會。

（七）所有人無論出身、年齡、背景或觀點如何，在使用圖書館時皆享有隱私權和機密性。圖書館應該倡導、教育並保護人們的隱私，保護所有使用圖書館的紀錄，尤其是可識別個人身份的資訊。

1949 年聯合國教科文組織（The United Nations Educational, Scientific and Cultural Organization，UNESCO）首度發表《公共圖書館宣言》（Public Library Manifesto），揭櫫公共圖書館的目的。1972 年 UNESCO 在國際圖書館協會聯盟（The International Federation of Library Associations and Institutions，IFLA）的協助下，將原有的宣言加以修正擴充，並於同年的 IFLA 大會公開宣布，修正的公共圖書館宣言，對於公共圖書館服務的重要主張包括（International Federation of Library Associations and Institutions, 1995；林巧敏，1995）：

（一）公共圖書館是各地的資訊中心，使用者可以隨時取得各種知識和資訊。

（二）公共圖書館應不分年齡、種族、性別、宗教、國籍、語言與社會地位，向所有人提供平等的服務，也必須向因種種原因無法利用正常服務與資料的人，例如少數族群語言、身心障礙者、住院病人或是監獄服刑人等，提供特殊之資料與服務。

（三）不同年齡層的人都能在圖書館找到合適需要的資料，藏書與服務必須包含各種媒體與資訊內容，館藏資料內容必須能滿足當前的各種潮流和社會的演變情況，應該包含人類現有成就或未來想像的紀錄。

（四）藏書與服務不應受任何形式的思想、政治或宗教審查，也不應有商業的壓力。

尤其，公共圖書館是一個肩負教育、文化及提供資訊的機構，也是孕育和平及豐富精神生活的場所。公共圖書館是民眾通向知識之門，為個人及社會提供終生學習、獨立判斷與文化發展的基本保障。所以，公共圖書館的服務必須確保所有民眾可平等取用圖書資訊，降低社會知識階層的落差。

我國《圖書館法》第 7 條明確揭示：「圖書館應提供其服務對象獲取公平、自由、適時及便利之圖書資訊權益」（圖書館法，2015）。因此，無論是基於

人權的基本保障，或是圖書館捍衛知識取用權利的主張，圖書館需要維護所有人取用資訊的平等權利，其中自是包含對於身心障礙族群使用權利的保障。

第二節　身心障礙讀者服務之意涵

一、身心障礙讀者服務定義

在華人社會歷史中對於身心障礙者權益的關注，最早出現在《禮記》〈禮運大同篇〉：「人不獨親其親，不獨子其子，使老有所終，壯有所用，幼有所長，鰥寡孤獨廢疾者，皆有所養。」以及《禮記》〈王制篇〉：「瘖、聾、跛、躄、斷者、侏儒、百工，各以其器食之。」（中國哲學書電子化計劃，2020）可知中國古代文獻用於形容障礙者的名詞為「廢疾」、「瘖、聾、跛、躄、斷者、侏儒」等，這些詞彙用語也沿用到民國初年，即使是 1980 年公布《殘障福利法》，使用的詞彙仍有「殘疾」、「廢疾」、「殘廢」、「聾啞」、「低能」、「殘障」、「痼疾」等。可見在 1980 年之前，障礙者在臺灣社會被視為是一種「疾病」，不僅是「殘」，而且是以「廢」視之，與老、貧困、病、孤、獨等聯想在一起，經常是社會被救濟的對象。直到《殘障福利法》至 1997 年修正公布為《身心障礙者保護法》才將「殘障」一詞改成較為中性用語的「障礙」用法（周月清、朱貽莊，2011）。

身心障礙者是因其身心有所「缺陷」（impairment）而感受到周遭環境所帶來之「障礙」（disability），會感受到障礙是周遭環境加諸於身心障礙者的限制（Deines-Jones, 2007）。換言之，身心缺陷本身不是障礙，造成障礙的結果是來自於環境的不友善。

世界衛生組織對於「缺陷」和「障礙」之定義，前者是指心理、生理或人體結構或功能上任何型式的喪失或異常；後者是一個人由於缺陷，無法以正常姿態從事活動。身心障礙者類型若進一步從生理和心理層面劃分，可概分為兩類，包括醫學模型（medical model）及社會模型（social model），醫學模型之

身心障礙者為個人問題，如一個人身體有視覺、行動、聽覺等損傷，會造成無法觀看、行走、聆聽等之障礙；社會模型則是身心障礙者與社會互動產生的狀況，可能是社會對身心障礙者之影響，造成身心障礙者在健康福利制度下的孤立與壓迫感受（Carson, 2009）。

　　我國對於身心障礙者類型之定義，根據《身心障礙者權益保障法》是指身體系統構造或功能，有損傷或不全導致顯著偏離或喪失，影響其活動與參與社會生活，經醫事、社會工作、特殊教育與職業輔導評量等相關專業人員組成之專業團隊鑑定及評估，領有身心障礙證明者（身心障礙者權益保障法，2015）。我國《特殊教育法》定義身心障礙者，是指因生理或心理之障礙，經專業評估及鑑定具學習特殊需求，須特殊教育及相關服務措施之協助者。其分類如下（特殊教育法，2019），可供實務判斷依據：

　　（一）智能障礙

　　（二）視覺障礙

　　（三）聽覺障礙

　　（四）語言障礙

　　（五）肢體障礙

　　（六）腦性麻痺

　　（七）身體病弱

　　（八）情緒行為障礙

　　（九）學習障礙

　　（十）多重障礙

　　（十一）自閉症

　　（十二）發展遲緩

　　（十三）其他障礙

　　因身心障礙者異於一般人之生理或心理障礙，導致其使用圖書資訊會產生困難，圖書館需要針對此類使用者，提供常規作業之外的服務方式。我國身心

障礙者人數根據衛生福利部統計，截至 2018 年底，臺灣地區領有身心障礙證明（手冊）者共計 1,173,978 萬人，其中視覺障礙者 56,582 人，聽覺障礙者 123,208 人，智能障礙者 101,872 人，肢體障礙者 363,290 人，障礙人口總數為逐年增加趨勢（衛生福利部統計處，2020）。對於提供全民知識服務之圖書館而言，身心障礙者已是不容忽視之服務族群。

再者，隨著臺灣面臨高齡化社會的到來，因生理老化而有閱讀障礙的銀髮族讀者，雖然未領有身心障礙證明，但同樣也是圖書館服務必須考量有可能遭遇視、聽覺閱讀障礙的族群。顯然圖書館面對感知常規著作有困難之身心障礙讀者人數，遠遠超過法定領有身心障礙證明的人口數，甚至也包含在服務社區中，可能潛在的各種取用資訊發生困難的讀者類型，圖書館基於平等取用的服務觀念，需要兼顧此類讀者使用圖書資訊的權利。

二、身心障礙讀者服務工作重要性

圖書館不僅是資訊自由的象徵，也是實現社會公義的社會教育機構之一，當國家政策進行資源分配時，如果未能考慮到正義與公平性原則，將可能造成資源集中在少數人或是先天即屬較有利的地區，造成資訊富者愈富，貧者愈貧的不公平現象（莊道明，2001）。為了消弭條件不足與弱勢者取用資訊的障礙，不僅需要國家法令保障不同族群平等權益，更需要推動政策，提升民眾對於身心障礙者的瞭解，始能協助身心障礙者穩定身心並融入社會生活。尤其在網路與數位資訊發展後，一般民眾接觸資訊的機會更加便利，但對於原本已處於資訊取用弱勢之身心障礙者而言，如果缺乏輔助與服務機制，其接觸和取用資訊的條件勢必更受到限制，而產生嚴重的數位落差，影響其受教、就業及社會參與等權利。圖書館提供身心障礙讀者服務工作的重要性，在於：

（一）維護圖書資訊平等取用主張

美國圖書館學會（American Library Association）揭示「圖書館事業的核心價值」（Core Values of Librarianship）之一為「平等取用」，認為圖書館提供

之直接或間接的資訊資源，無論科技形式、格式或傳遞方式，皆應該容易、平等、公正地提供所有使用者利用（American Library Association, 2019）。在《圖書館權利宣言》中（The Library Bill of Right）明確主張：「個人利用圖書館權利，不得因其出身、年齡、背景或觀念，而遭到摒棄或剝奪」（American Library Association, 2006）。我國《圖書館法》第 7 條雷同之規定為「圖書館應提供其服務對象獲取公平、自由、適時及便利之圖書資訊權益」（圖書館法，2015）。

　　因此，圖書館在資訊服務上有義務關照所有讀者的需求，尤其面對處於資訊弱勢的視覺、聽覺、學習及其他閱讀困難障礙者，更應該提供多元的服務，使其公平、自由、適時及便利地取用資訊，發揮圖書館社會教育之職能，落實資訊取用平等的主張。

（二）因應國際趨勢與法規修訂要求

　　1993 年「聯合國身心障礙者機會公平標準規則」（United Nations Standard Rules on the Equalization of Opportunity for Disabled People）呼籲讓身心障礙者享有與一般人等同接觸資訊的機會，享受人類文化成果。2006 年聯合國通過《身心障礙者權利公約》（The Convention on the Rights of Persons with Disabilities），明文保障身心障礙者的生命、平等、自由、受教、工作與參政等各種基本人權，強調尊重差別，接受身心障礙者為人類多元及人性之一部分，鼓勵身心障礙者有參與社會的權利（唐宜楨、陳心怡，2008）。我國亦於 2007 年修訂《身心障礙者保護法》其後更名為《身心障礙者權益保障法》，並增修條文捍衛身心障礙者與一般人享有等同的地位，其基本人權應受到保障（林聰吉，2010）。

　　《身心障礙者權益保障法》於 2011 年修正公布，第 30 之 1 條規定「中央教育主管機關應依視覺功能障礙者之需求，考量資源共享及廣泛利用現代化數位科技，由其指定之圖書館專責規劃、整合及典藏，以可讀取之電子化格式提供圖書資源，以利視覺功能障礙者之運用。前項規劃、整合與典藏之內容、利用方式及所需費用補助等辦法，由中央教育主管機關定之。」爰有專責圖書館之設置，負責視障資源徵集、編目、典藏、閱覽服務、推廣與研究。

　　《身心障礙者權益保障法》於 2014 年 6 月 4 日再度修正，將第 30 之 1 條第 1 項擴大其適用範圍，除原有之視覺功能障礙者外，更及於學習障礙者、聽覺障礙者或其他感知著作有困難之特定身心障礙者，以落實推動身心障礙者數位化圖書資源利用服務。

　　因應身心障礙者相關法規之修訂，我國《圖書館法》於 2015 年 2 月 4 日修正公布，增訂第 9 條第 2 項授權中央主管機關就圖書館辦理視覺、聽覺、學習及其他閱讀困難障礙者之圖書資訊特殊版本徵集、轉製、提供及技術規範等，必須訂定相關辦法，以利執行。為符合《圖書館法》條文之修正，並落實《身心障礙者權益保障法》第 30 之 1 條推動身心障礙者利用數位化圖書資源之意旨。因此，圖書館必須推動視覺功能障礙者、學習障礙者、聽覺障礙者或其他感知著作有困難之特定身心障礙者的圖書資訊服務，已有明確之法令要求。

三、圖書館身心障礙讀者服務工作理念

　　過去對於身心障礙讀者服務偏重於視覺障礙讀者，身心障礙讀者服務幾乎只有考量視覺障礙者，歷經點字書、有聲書，到如今數位資訊時代，科技進展促使視覺障礙讀者的服務日益提升；但反觀，圖書館對於聽覺障礙、行動障礙、心理缺陷等身心障礙者卻未等同重視，由於這些身心障礙者能閱讀紙本資料，因此經常被忽略不被納入圖書館身心障礙讀者服務範疇，但實際上這些身心障礙者取用圖書館服務的困難程度，並不低於視覺障礙讀者（Lee, 2001），圖書館也需要正視其他感知著作有困難讀者使用圖書資訊的權利。

　　愈來愈多的先進國家將身心障礙者服務列入福利政策之一，而圖書館身為社會機構必須優先提供身心障礙者相關服務，圖書館提供身心障礙讀者服務的工作層向，需要涵蓋下列事項（Yoon & Kim, 2012）：

　　（一）圖書館有社會責任保障身心障礙讀者取用資訊之權利

　　（二）圖書館應提供身心障礙讀者各種資訊服務

　　（三）圖書館應提供身心障礙讀者使用資料之輔助設備

（四）圖書館應提供身心障礙讀者特定型式的資料

（五）圖書館應提供身心障礙讀者豐富的資料及閱讀服務

（六）圖書館應提供身心障礙讀者終身教育課程以培養生活能力

（七）圖書館應運用數位科技提供身心障礙讀者新穎的資訊

　　不論是視覺障礙讀者或其他類型身心障礙者，都是圖書館身心障礙讀者服務的對象，身心障礙讀者服務之規劃應事先評估身心障礙者之需求，與其使用圖書館可能產生之障礙（Nelson, 1996）。身心障礙者雖有資訊取用需求，但搜尋過程經常遭遇各種難題，即使科技工具可帶給身心障礙者實質助益，但仍有待社會共同關心經營，圖書館不論是空間規劃、設備運用、資源服務或態度等，都應將身心障礙者之需求納入考量（鄭淑燕、賴翠媛，2010）。

　　通常人們藉助視覺及聽覺接觸取得資訊，對於因視力、聽力或其他身心障礙問題，導致無法接觸一般常規著作之障礙人士而言，資訊的取用必須透過轉換的機制，例如視覺障礙者無法以既有視覺閱讀作品，一般文字必須轉換成觸覺符號（如點字）或聲音格式（如錄音），使其改用觸覺及聽覺感知。又如聽覺障礙者無法以聽覺聆聽聲音訊息，必須將單純以聲音呈現之資訊或作品轉換為文字或手語表達內容資訊，亦即改用其他知覺可感知資訊的方式呈現。至於其他身心障礙者，則必須排除其障礙事項，傳達可令其接收之資訊。

　　即使身心障礙者的個別差異極大，但根據其學習特質加以歸納，可發現經常出現的共同問題，有下列特徵（Fernandez-Lopez, Rodriguez-Fortiz, Rodriguez-Almendros, & Martinez-Segura, 2013；朱惠甄、孟瑛如，2014）：

（一）認知發展與學習新知有困難

（二）學習動機低落

（三）注意力與記憶力缺陷

（四）缺乏應變能力

（五）難以建立自身與周遭環境的友善關係

（六）需要較長的學習時間

　　因此，針對學習或閱讀障礙者，可以利用將圖形轉換成文字以結合語音、調整顏色與對比、將聲音以警告訊息或是字幕閃示、放大文字及圖形、改變圖文排版、提供資訊內容其他表徵等方式，以強化學習障礙者的閱讀成效。目前多有以電腦作為閱讀平台的電子文本內容，加上輔助閱讀軟體輔導學習，例如有語音讀報軟體、螢幕閱讀軟體（如 NVDA、JAWS）、放大鏡軟體等（蔡明宏，2013；朱惠甄，孟瑛如，2014）。在寫作上，可以協助確認目標字詞與文意組織，例如可以加上字詞註記與解釋，或是利用圖示擬大綱及組織學習內容之軟體（概念構圖軟體）等（陳怡君，2010；莊億惠，2010；楊曉玲，2011）。

　　可知圖書館無法以既有的常規文本與常態服務方式，提供身心障礙者使用，必須能將圖書資訊文本格式轉為身心障礙者可讀取之替代文本（alternative format）格式，也必須針對身心障礙者使用行為設計符合需求之讀者服務事項。因此，以下各章節將分別探討圖書館提供身心障礙讀者服務之專業知能教育、館藏發展、環境設施設備以及無障礙資訊服務等議題，促進圖書館對於身心障礙讀者服務工作的認知。

第三節　身心障礙讀者服務用語釋義

　　過往國內圖書館界對於身心障礙讀者服務之論述較為有限，加上不斷有因應法規與技術發展而產生之專門術語，本書為利於後續各章節行文用語統一，並促進閱讀者理解，將書中所採用之身心障礙讀者服務相關用語及適用範圍，先行解釋如下：

一、身心障礙者

　　根據《身心障礙者權益保障法》第 5 條所稱之身心障礙者，指身體系統構造或功能，有損傷或不全導致顯著偏離或喪失，影響其活動與參與社會生活，經醫事、社會工作、特殊教育與職業輔導評量等相關專業人員組成之專業團隊

鑑定及評估，而領有身心障礙證明者。2014 年 6 月 4 日《身心障礙者權益保障法》增訂第 30 之 1 條，對於關注資訊接觸權益保障之「身心障礙者」，解釋為「視覺功能障礙者、學習障礙者、聽覺障礙者或其他感知著作有困難之特定身心障礙者」（身心障礙者權益保障法，2015）。

據此定義，本書所稱之「身心障礙者」（People with Disabilities）亦以視覺、學習、聽覺障礙者或其他「感知著作有困難」之特定身心障礙者為探討對象，並基於圖書館公共建築空間需符合無障礙環境要求，將圖書館身心障礙讀者服務顧及肢體障礙者行動可及性的考量。至於其他障礙狀態尚未造成對於著作感知有所困難之身心障礙者，暫非本書論述之身心障礙讀者服務範圍。

二、身心障礙讀者

過往圖書館文獻以「特殊讀者服務」（special reader services）一詞泛稱所有非一般讀者之服務，例如我國《圖書館法》第 9 條第 1 項所稱「特殊讀者」乃指「視覺、聽覺、學習及其他閱讀困難障礙者」（圖書館法，2015），根據《圖書館法》用語亦可知圖書館界過往是以「特殊讀者」，統稱對於感知著作有困難之讀者，因其閱讀需求特殊之故。但近年對於因身心障礙限制而導致使用圖書館常態服務有困難之讀者，宜採用「身心障礙讀者」一詞較為中性，因身心障礙讀者是狀況描述，而非有身份特殊之故。因此，本書採用「身心障礙讀者」指稱有視覺、聽覺、學習及其他閱讀困難障礙類型之讀者。

三、替代文本（或稱無障礙版本）

因出版市場上流通之常規文本，需要轉換為身心障礙者可閱讀之格式，經轉換後之圖書資訊版本有稱為「無障礙版本」（accessible format），或是「替代文本」（alternative format）。

英文學術文獻較常見以「替代文本」（alternative format）一詞泛稱所有提供身心障礙者可直接或運用輔助設備能接觸之文字、聲音、圖像、影像或其他

圖書資訊的無障礙版本，例如：點字書、有聲書、大字體書、雙視圖書、口述影像等。

2015 年 12 月 7 日教育部曾發布《特殊讀者使用圖書資訊特殊版本徵集轉製提供及技術規範辦法》是採用「圖書資訊特殊版本」統稱此類資訊格式（特殊讀者使用圖書資訊特殊版本徵集轉製提供及技術規範辦法，2015）。但與前述「特殊讀者」一詞相同的避諱概念，本書不用「特殊版本」，而以文獻常見的「替代文本」或是「無障礙版本」，指稱相對於常規文本的各種身心障礙者可用的版本形式，尤其考量與英文（alternative）譯詞接近，本書後續各章除了引述文獻時沿用「無障礙版本」忠於原作的情形外，多數會採用「替代文本」一詞，以便於閱讀者銜接國外文獻的專業用語。

四、學習障礙者

根據教育部訂定之《身心障礙及資賦優異學生鑑定辦法》統稱學習障礙為：統稱神經心理功能異常而顯現出注意、記憶、理解、知覺、知覺動作、推理等能力有問題，致在聽、說、讀、寫或算等學習上有顯著困難者；其障礙並非因感官、智能、情緒等障礙因素或文化刺激不足、教學不當等環境因素所直接造成之結果。學習障礙之鑑定基準，包括：（一）智力正常或在正常程度以上；（二）個人內在能力有顯著差異；（三）聽覺理解、口語表達、識字、閱讀理解、書寫、數學運算等學習表現有顯著困難，且經確定一般教育所提供之介入，仍難有效改善（身心障礙及資賦優異學生鑑定辦法，2013）。

學習障礙是一群學習異常現象的統稱，表現在聽、說、讀、寫、推理、運算的學習上，會出現一項或多項的顯著困難。這些學習上的異常是因為神經中樞的異常而導致，並不是由於智能障礙、感官缺陷、情緒困擾、環境文化等因素所造成的。學習障礙者雖然智力正常，但可能會出現學習成就與潛在能力之間存在很大的差距，或是個體本身不同能力之間差異很大，亦即可能一項或數項能力特別低落，但是其他能力又表現良好，而產生令人難解的矛盾現象。學

習障礙者因其在資訊的接收和處理上，異於一般人，對於圖書資訊之取用，除了可使用圖書常規文本之外，尚且需要根據學習特質提供替代格式，以促進學習。

五、閱讀困難者

閱讀困難基本上屬於學習障礙的一種，所謂的「閱讀困難」是指在有關閱讀正確性及理解程度的標準化個人測驗中，閱讀表現顯著低於預期應有程度。此預期乃基於被測者的生理年齡、個別測驗的智能、及與其年齡相符的教育程度所判定。閱讀困難者可經由增加視覺、聽覺的刺激以及反覆的練習，並藉助電腦的應用，增加閱讀的效果。

六、專責圖書館

國內負責身心障礙讀者服務之專責圖書館為國立臺灣圖書館（簡稱國臺圖），「專責圖書館」一詞係根據 2014 年 11 月 21 日修正公布之《身心障礙者數位化圖書資源利用辦法》指負責國內身心障礙資源徵集、編目、典藏、閱覽服務、推廣與研究及館際合作等事項之法定權責圖書館（身心障礙者數位化圖書資源利用辦法，2014）。教育部於 2014 年 11 月 28 日指定國立臺灣圖書館為上開辦法之專責圖書館，該辦法第 11 條規範教育部應寬列數位化圖書資源服務預算，補助專責圖書館辦理各項數位化圖書資源服務。

第二章　身心障礙讀者服務法規

　　圖書館是社會大眾獲取知識最重要也最直接的一個管道,「圖書館權利宣言」早已揭示圖書資訊服務,應不分對象提供一致公平之服務理念。特別是對於資訊取得處於弱勢之身心障礙者而言,其所需之圖書資訊需要依賴圖書館或是身心障礙服務機構提供,然現行提供身心障礙者服務之圖書館資源及設備質量不一,圖書館轉製館藏資料不易,加上館際間資源尚未整合。因此,亟待中央主管機關制訂相關規範,進行資源與服務之統整與規劃。

　　再者,隨著資訊科技的發達,圖書館提供讀者閱讀之文本,已從紙本式圖書資料邁向網路使用電子化資源,身心障礙者利用輔助科技有機會突破閱讀與書寫的障礙,也能暢遊網際網路資訊世界。因此,結合資訊科技可突破圖書館過往以常規文本無法服務身心障礙者之限制,運用數位內容可轉化為語音或是點字輸出,讓原本取用常規文本有困難的身心障礙者可透過輔助科技與網路,坐擁數位資訊的知識寶庫。

　　但數位內容之取得往往礙於出版權人對於無償提供電子檔仍有顧慮,而圖書館與出版權人(機構)協調取用電子檔之法律強制授權規範不足。因此,為了促進身心障礙者取用資訊能更加順暢,需要制訂法規捍衛權益並釐清權責。因此,本章闡述與圖書館推動身心障礙讀者服務相關之法規,介紹聯合國身心障礙者權利公約、馬拉喀什條約、身心障礙者權益保障法、身心障礙者數位化圖書資源利用辦法、圖書館法、學位授予法以及著作權法中,有關保障身心障礙讀者接觸資訊權益之法規要旨與內容,並進一步探討相關法規中涉及身心障礙讀者權益保障條文的修正建議。

第一節　國際公約揭示之權益保障理念

一、身心障礙者權利公約（CRPD）

2006 年《身心障礙者權利公約》（The Convention on the Rights of Persons with Disabilities，英文簡稱 CRPD，中文簡稱身權公約）由聯合國決議通過，並在 2008 正式生效，希望能夠「促進、保護和確保實現身心障礙者所有人權和基本自由的充分、平等享有，並促進對於身心障礙者固有尊嚴的尊重」（人權公約施行監督聯盟，2020）。

身權公約是聯合國基於世界人權宣言與國際人權公約，捍衛人人有權享有平等權利與自由的國際協定。公約重申所有人權與基本自由之普世性、不可分割性、相互依存性以及相互關聯性，必須保障身心障礙者不受歧視並能充分享有該等權利及自由。公約內容強調身心障礙議題之重要性，而維護身心障礙者權益為國家永續發展策略之重要組成部分，同時確認因身心障礙而歧視任何人是對於人之固有尊嚴與價值的侵犯，國家必須促進與保障所有身心障礙者的人權，也需要有更多支持身心障礙者權益的政策承諾。惟有認知身心障礙者存在之價值及其對於社區整體福祉所作出之潛在貢獻，並認同促進身心障礙者充分享有其人權與基本自由，才能推進該社會之人類、社會與經濟發展，並消除貧窮與社會階層的落差（United Nations, 2020）。

身權公約（CRPD）第 3 條提出對於身心障礙者權利維護的一般原則，如下（身心障礙者權利公約，2017；United Nations, 2020）：

（一）尊重固有尊嚴、包括自由作出自己選擇之個人自主及個人自立；

（二）不歧視；

（三）充分有效參與及融合社會；

（四）尊重差異，接受身心障礙者是人之多元性之一部分與人類之一份子；

（五）機會均等；

（六）無障礙（Accessibility）[1]；

（七）男女平等；

（八）尊重身心障礙兒童逐漸發展之能力，並尊重身心障礙兒童保持其身
　　　分認同之權利。

　　因應聯合國於 2006 年通過之《身心障礙者權利公約》，我國立法院於 2014
年通過《身心障礙者權利公約施行法》（簡稱身權公約施行法），宣告身權公
約在臺灣正式施行，身權公約的國內法化，顯示政府機構逐步重視身心障礙者
的基本人權，也代表身心障礙團體努力倡議的成果。身權公約中明文規範所有
關於身心障礙者的一切權利，包含基本生存權、公民身分權、教育權、就業權、
健康權、社會參與、文化育樂參與、無障礙、自立生活的權利等，舉凡身心障
礙者在社會中生活所需的一切權利，身權公約已明確揭示應達到的目標。身權
公約所提示的理念，主要是敦促國家徹底遵守公約規範、保障身心障礙者的權
利，但各國對於身心障礙者各項權利的落實，仍然需要在本國各項業務主管法
規中增修訂相關條文，以落實立法意旨的貫徹和執行。

　　將《身心障礙者權利公約》國內法化，有助於我國身心障礙者權益保障與
國際接軌，《身心障礙者權利公約施行法》於 2014 年 12 月 3 日起施行。身權
公約施行法第 4 條規範各級政府機關行使職權，應符合 CRPD 對於身心障礙者
權益保障之規定，避免侵害身心障礙者權利，保護身心障礙者不受他人侵害；
第 7 條要求每四年提出我國的身心障礙者權利報告，並邀請相關學者專家及民
間團體代表審閱；第 9 條要求各級政府機關執行 CRPD 所保障各項身心障礙者
人權規定所需之經費，應予優先編列。並於第 10 條要求各級政府機關應於本法
施行後五年內完成法規之制定、修正或廢止以及行政措施之改進，以符合
CRPD 規定（身心障礙者權利公約施行法，2014）。

　　各級政府機關為能依法推動身權公約施行法，落實 CRPD 權益保障事項，

---

[1] 身權公約採用"Accessibility"一詞，其意涵不只是指設備和空間等實體環境的無障礙，也包含對於資訊
　及通訊傳播方面的無障礙建設。

由行政院身心障礙者權益推動小組訂有「落實身心障礙者權利公約（CRPD）推動計畫」，辦理 CRPD 相關教育訓練、宣導、國家報告及法規措施之執行配套準備工作，以全面落實身心障礙者權利之保障（衛生及福利部社會及家庭署，2015）。我國配合身權公約施行法之施行，於 2007 年將原有之《身心障礙者保護法》修改為《身心障礙者權益保障法》，納入身權公約（CRPD）之精神與內涵，有關國內《身心障礙者權益保障法》相關條文內容將於本章第二節進一步說明。

二、馬拉喀什條約

《馬拉喀什條約》全名為《為盲人、視力障礙者或其他印刷品閱讀障礙者獲得便利取用的馬拉喀什條約》（Marrakesh Treaty to Facilitate Access to Published Works for Persons Who Are Blind, Visually Impaired or Otherwise Print Disabled，簡稱 MVT），在 2013 年 6 月 27 日於摩洛哥舉行的「世界智慧財產權組織」（WIPO）外交會議上通過，已有超過 75 個 WIPO 會員國簽署，並於 2016 年 9 月 30 日正式生效。

雖然全世界每年出版品數量可觀，但為數眾多之出版資訊，能提供視覺障礙者使用之無障礙格式比例偏低。因此，《馬拉喀什條約》之宗旨，在於創設有益於盲人、視力障礙者和其他印刷品閱讀障礙者之強制性限制和例外，以解決視覺障礙者取用資訊不足的「書荒」（book famine）問題。條約中要求締約國在國內法規增設對於著作人的權利限制以及例外規定，允許發行、複製及提供已出版作品的「無障礙版本」（accessible format）；同時也向出版品作者及出版商保證，不會讓已出版作品遭到不正當使用，僅向目標受益人（視覺障礙者）發行，以保障雙方權益（World Intellectual Property Organization, 2016）。

《馬拉喀什條約》亦要求締約國在某些條件下，能允許無障礙格式版本圖書的進出口，其跨境共用必須僅限於某些不會和作品的正常利用產生抵觸，也不致於不合理地損害權利人合法利益的情況。

　　《馬拉喀什條約》是第一部為保障視覺障礙者接觸資訊權益之國際公約，條約內容的重點包括（章忠信，2020）：

（一）對於無障礙格式重製物之重製、散布及提供

　　透過對於著作權進行限制及例外規定，允許被授權之機構以視障者可接觸之無障礙格式，重製、散布已公開發表之著作。

（二）促進無障礙格式重製物之跨國境交流

　　條約要求各締約國應修正著作權法，允許該國之視障者福利組織，得將其所完成之視障者可接觸版本，進行跨國境交流，以弭平因各國經濟與科技發展不一，所造成不同國家視障者權益的嚴重落差。

（三）採「合理使用三步驟之檢驗原則」避免損及著作權人利益

　　相對於視障者權益之保障，也關注著作權人之權益，避免此一限制及例外的濫用，禁絕非視障者違法接觸著作內容而損及著作權人權益，但凡依公約進行為視障者權益之跨國境分享措施，必須：(1)限於特定情形；(2)不得與著作之正常利用相衝突；(3)不得不合理地損害著作權人法定利益。

（四）對於「商業性提供」（commercial availability）原則之爭議處理

　　「商業性提供」原則是對於只有在著作權人未於商業市場上提供視障者可用之無障礙文本，使視障者無法以合理價格接觸已公開發表之著作，才能允許為視障者之利益，對著作進行重製、散布或提供視障者可接觸之無障礙版本，甚至進一步自境外輸入。但實務上難以查證是否有商業性版本存在，且開發中國家或低度開發國家，即使一般人也不一定能承擔書籍購置費用，更何況經轉製的無障礙成本將使視障者更難以承擔，對於限定無「商業性提供」為前提的轉製，各國對此看法歧異，因此，各國得以自由決定是否將前述「商業性提供」原則納入本國之立法。

（五）對於「科技保護措施」之爭議處理

「科技保護措施」（technological protection measures,TPMs）是採「適當之法律保障及有效之法律救濟規定」，以對抗任何對於權利人所設保護其創作之有效科技措施的規避。原是為避免盜拷侵權之適當法律保護及有效之法律救濟措施。但是，當面對視障者無障礙版本轉製使用時，《馬拉喀什條約》特別要求「締約各方於提供制止規避有效之技術措施所為之法律保護及有效之法律救濟時，於必要情形下，應採取適當措施，以確保該等法律保護不至於妨礙受益人（視障者）享受本條約規定之限制及例外。」亦即各國協議當被授權機構於諸多情形下，進行重製、散布及提供無障礙格式之著作重製物時，可選擇運用技術措施（破解盜拷），但須符合國內法規定情形，也不能因該等作法造成適用阻礙。

我國雖非《馬拉喀什條約》締約國，卻也十分關注身心障礙族群權益發展的國際趨勢，為了符合條約精神，我國業於 2014 年 1 月 22 日修正通過《著作權法》第 53 條、第 80 之 2 條及第 87 之 1 條等相關法規條文，已配合修正之《著作權法》條文內容將於第三節之圖書資訊相關法規中說明。

我國對於身心障礙者的權益維護已於憲法中，明確揭櫫基本要求，《中華民國憲法》增修條文第 10 條說明：「國家對於身心障礙者之保險與就醫、無障礙環境之建構、教育訓練與就業輔導及生活維護與救助，應予保障，並扶助其自立與發展。國家應重視社會救助、福利服務、國民就業、社會保險及醫療保健等社會福利工作，對於社會救助和國民就業等救濟性支出應優先編列」（中華民國憲法增修條文，2005）。顯示我國對於身心障礙者權益之關注早有明文要求，但如何落實於實務環境，則有下述保障資訊取用平權及圖書資訊法規之推動。

第二節　保障身心障礙者接觸資訊之法規

　　我國對於身心障礙者之保護法規，溯自 1980 年 6 月 2 日已公布全文 26 條之《身心障礙者保護法》，該保護法明訂事業主管機關以及推動各項身心障礙者扶助及福利措施之相關規定。其後配合身權公約施行法之施行，於 2007 年將原有之《身心障礙者保護法》修改為《身心障礙者權益保障法》。

　　依據新修正公布之《身心障礙者權益保障法》第 30 之 1 條規定，爰有《視覺功能障礙者電子化圖書資源利用辦法》之訂定，其後，因《身心障礙者權益保障法》於 2014 年修正，將第 30 之 1 條適用範圍擴大，除原有之視覺功能障礙者外，更及於學習障礙者、聽覺障礙者或其他感知著作有困難之特定身心障礙者。故教育部於同年 11 月 21 日修正《視覺功能障礙者電子化圖書資源利用辦法》，將法規名稱因應適用範圍，修正為《身心障礙者數位化圖書資源利用辦法》，並修訂相關條文內容。以下分述此兩項對於身心障礙者獲取圖書資訊最直接關連之法規內容重點：

一、身心障礙者權益保障法

　　1980 年布之《身心障礙者保護法》歷經多次條文討論及增修訂後，於 2007 年 7 月 11 日總統華總一義字第 09600087331 號令修正公布改稱為《身心障礙者權益保障法》（以下簡稱身權法），全文 109 條。身權法參採聯合國世界衛生組織（WHO）頒布的國際健康功能與身心障礙分類系統，規範內容重點在於定義身心障礙者，推動身心障礙鑑定與需求評估新制，並促使各相關機關據以研修（訂）相關子法，促進法制落實身心障礙權益保護（身心障礙者權益保障法，2015）。

　　2008 年因大法官釋字第 649 號解釋文，將身權法第 37 條第 1 項前段規定：「非本法所稱視覺障礙者，不得從事按摩業」，解釋為違憲條文。主要是基於憲法第 15 條規定人民之工作權應予保障，人民從事工作並有選擇職業之自由，

雖然保障視障者之工作權為特別重要之公共利益，但應由主管機關就適合視障者從事之職業予以訓練輔導、保留適當就業機會等採行具體措施。對於非視障者排除按摩業之職業選擇自由，因與憲法第 23 條比例原則不符，而牴觸憲法第 15 條工作權之保障（司法院大法官，2008）。因之，對於原本限制明眼人不得從事按摩工作的身權法條文進行修訂。但此次除了修訂只能視障者從事按摩業之違憲條文外，也同時修訂促進感官功能障礙者資訊無障礙環境之規定，以降低障礙者在公共資訊取得的落差，並修訂機構進用身心障礙者之規定與評鑑等事項。

經修正公布之《身心障礙者權益保障法》為利視覺功能障礙者運用電子化格式圖書資源，增訂第 30 之 1 條規定：「中央教育主管機關應依視覺功能障礙者之需求，考量資源共享及廣泛利用現代化數位科技，由其指定之圖書館專責規劃、整合及典藏，以可讀取之電子化格式提供圖書資源，以利視覺功能障礙者之運用。前項規劃、整合與典藏之內容、利用方式及所需費用補助等辦法，由中央教育主管機關定之。」教育部爰於 2011 年 12 月 15 日依該條第 2 項規定，訂定《視覺功能障礙者電子化圖書資源利用辦法》，並於同年 12 月 26 日依該條第 1 項規定，指定國立中央圖書館臺灣分館（2013 年 1 月 1 日更名為國立臺灣圖書館）為上開辦法之專責圖書館，負責視障資源之徵集、編目、典藏、閱覽服務、推廣與研究及館際合作等事項（視覺功能障礙者電子化圖書資源利用辦法，2011 年）。

身權法亦增訂第 30 之 2 條規定：「經中央教育主管機關審定之教科用書，其出版者應於該教科用書出版時，向中央教育主管機關指定之機關（構）或學校提供所出版教科用書之數位格式，以利製作專供視覺功能障礙者及前條第一項其他特定身心障礙者接觸之無障礙格式。各級政府機關（構）出版品亦同。前項所稱數位格式由中央教育主管機關指定之」（身心障礙者權益保障法，2015）。旨在藉由要求出版者協助提供教科書電子檔，以利教育主管機關指定之機關（構）或學校可運用教科書內容電子檔轉成可供身心障礙者接觸之無障

礙格式，提高身心障礙者得以使用教科書替代文本的權利。

二、身心障礙者數位化圖書資源利用辦法

　　為進一步保護身心障礙者取用資訊的權利，《身心障礙者權益保障法》於2014 年 6 月 4 日再次修正第 30 之 1 條為：「中央教育主管機關應依視覺功能障礙者、學習障礙者、聽覺障礙者或其他感知著作有困難之特定身心障礙者之需求，考量資源共享及廣泛利用現代化數位科技，由其指定之圖書館專責規劃、整合及典藏，以可接觸之數位格式提供圖書資源，以利視覺功能障礙者及其他特定身心障礙者之運用。前項受指定之圖書館，對於視覺功能障礙者及前項其他特定身心障礙者提出需求之圖書資源，應優先提供。第一項規劃、整合與典藏之內容、利用方式及所需費用補助等辦法，由中央教育主管機關定之。」（身心障礙者權益保障法，2015）

　　將原先對於視覺障礙者提出圖書資源需求應優先提供之規定，擴大適用範圍，除原有之視覺功能障礙者外，更及於學習障礙者、聽覺障礙者或其他感知著作有困難之特定身心障礙者。因應法條適用範圍擴大，教育部將原《視覺功能障礙者電子化圖書資源利用辦法》修改成為《身心障礙者數位化圖書資源利用辦法》。

　　該辦法第 2 條定義數位化圖書資源為提供視覺功能障礙者、學習障礙者、聽覺障礙者或其他感知著作有困難之特定身心障礙者運用輔助設備可接觸之數位格式文字檔、有聲書、大字體圖書、點字圖書及其他圖書資源。第 3 條明訂專責圖書館應規劃辦理之事項，第 4 條至第 10 條內容為接續第 3 條所訂，分述專責圖書館進行資源徵集、資源編目、資源典藏、接觸服務、推廣及研究、館際合作等應辦理事項之要求。第 11 條則規範教育部應寬列數位化圖書資源服務預算，補助專責圖書館辦理各項數位化圖書資源服務（身心障礙者數位化圖書資源利用辦法，2014）。

　　國立臺灣圖書館根據該辦法第 10 條要求：「專責圖書館應統合各機關及

民間團體數位化圖書資源，建置單一查詢窗口網站，並提供身心障礙者無障礙之網路查詢、接觸或下載服務。」特別籌設建置之「視障電子資源整合查詢系統」（網址 https://viis.ntl.edu.tw/），成為國內提供無障礙版本圖書資訊之單一查詢窗口。

　　2015 年 2 月 4 日修正公布之《圖書館法》配合身權法修訂條文，增訂第 9 條第 2 項，授權中央主管機關針對圖書館辦理視覺、聽覺、學習及其他閱讀困難障礙者等身心障礙讀者之圖書資訊特殊版本徵集、轉製、提供及技術規範等事項，需訂定相關辦法（圖書館法，2015）。至此，國內對於圖書館推動身心障礙者之圖書資訊服務已有明確而具體之法規要求。

第三節　與身心障礙者服務相關之圖書資訊法規

　　關於身心障礙者取用圖書資訊之圖書館管理相關法規，主要為《圖書館法》、《著作權法》以及《學位授予法》，針對其中有涉及身心障礙者權益保障之條文內容，分述規範之概念與條文重點如下：

一、圖書館法

　　《圖書館法》與身心障礙者服務相關之條文為第 9 條規定：「圖書館辦理圖書資訊之採訪、編目、典藏、閱覽、參考諮詢、資訊檢索、文獻傳遞、推廣輔導、館際合作、特殊讀者（視覺、聽覺、學習及其他閱讀困難障礙者等）服務、出版品編印與交換、圖書資訊網路與資料庫之建立、維護及研究發展等業務。前項特殊讀者服務，其圖書資訊特殊版本之徵集、轉製、提供與技術規範及其他應遵行事項之辦法，由中央主管機關定之。圖書館應寬列經費辦理第一項業務。」（圖書館法，2015）

　　上述條文指出圖書館應辦理包含視覺、聽覺、學習及其他閱讀困難障礙者之特殊讀者服務，且對於特殊版本（替代文本）圖書資源之徵集與轉製等作業，

由中央主管機關定之。然而對於應提供身心障礙讀者之服務內容以及資源取得和管理方式，卻缺乏明確規定，導致各圖書館提供身心障礙讀者服務之程度差異極大。再者，上述條文僅要求圖書館應寬列經費辦理特殊讀者服務，並未賦予圖書館適當權限，使其得向出版人徵集適當之數位檔，供其轉製成特殊讀者（身心障礙者）方便接觸之無障礙版本。

　　即使《圖書館法》第 15 條規定：「為完整保存國家圖書文獻，國家圖書館為全國出版品之法定送存機關。政府機關（構）、學校、個人、法人、團體或出版機構發行第 2 條第 2 項之出版品，出版人應於發行時送存國家圖書館及立法院國會圖書館各一份。但屬政府出版品者，依有關法令規定辦理。」條文所稱第 2 條第 2 項的「圖書資訊，指圖書、期刊、報紙、視聽資料、電子媒體等出版品及網路資源。」（圖書館法，2015）因之，各公私機構發行之出版品，不限媒體形式應送存國家圖書館，然國家圖書館尚無專人專室提供身心障礙讀者服務，即使取得各出版機構送存之資源，僅提供一般閱覽服務，將出版人送存之圖書資訊內容及數位檔轉製為無障礙格式，並非國家圖書館專責業務。

　　《圖書館法》第 9 條第 2 項雖訂有中央主管機關對於特殊讀者服務，得訂定圖書資訊特殊版本之徵集、轉製、提供與技術規範及其他應遵行事項之辦法，但仍未明文規定圖書館有徵集內容電子檔之權限，目前中央主管機關所指定之專責圖書館（國立臺灣圖書館）仍難以根據法令強制要求出版人提供出版品內容電子檔送存。

　　因此，建議未來對於《圖書館法》第 9 條第 2 項條文，應增訂賦予專責圖書館得向出版人徵集既有適當格式之圖書資訊，相關辦法宜授權中央主管機關定之。章忠信（2014）建議修改文字為：「前項特殊讀者服務，經中央主管機關指定之圖書館得向出版人徵集既有適當格式之圖書資訊，其圖書資訊既有適當格式之徵集、特殊版本之轉製、提供及技術規範等相關事項之辦法，由中央主管機關定之。」以便落實法規執行之美意。

二、著作權法

我國《著作權法》對於視障者接觸資訊權益之保障，可溯自 1985 年修正公布之《著作權法》第 30 條，其後經多次修正，最近一次修訂係為配合 2013 年通過之「馬拉喀什條約」，納入對於著作人的權利限制以及例外規定，2014 年修正公布之《著作權法》第 53 條條文：「中央或地方政府機關、非營利機構或團體、依法立案之各級學校，為專供視覺障礙者、學習障礙者、聽覺障礙者或其他感知著作有困難之障礙者使用之目的，得以翻譯、點字、錄音、數位轉換、口述影像、附加手語或其他方式利用已公開發表之著作。前項所定障礙者或其代理人為供該障礙者個人非營利使用，準用前項規定。依前二項規定製作之著作重製物，得於前二項所定障礙者、中央或地方政府機關、非營利機構或團體、依法立案之各級學校間散布或公開傳輸。」（著作權法，2019）

此次配合國際「馬拉喀什條約」除了修正《著作權法》第 53 條外，同時修正第 80 之 2 條新增防盜拷措施之除外條款，以及第 87 之 1 條新增禁止真品平行輸入的除外條款。其修正意涵與內容要點引述章忠信（2020）之論述如下：

1. 擴大利用主體：舊法原本僅允許經依法立案之非營利機構或團體為利用主體，新法擴大包括中央或地方政府機關、非營利機構或團體、依法立案之各級學校，也及於障礙者或其代理人。（著作權法第 53 條）

2. 擴大利用行為：舊法所允許利用之行為，僅限於點字、附加手語翻譯或文字重製及錄音、電腦、口述影像、附加手語翻譯或其他方式利用，新法擴大包括翻譯、點字、錄音、數位轉換、口述影像、附加手語或其他方式利用已公開發表之著作。（著作權法第 53 條）

3. 擴大流通範圍：舊法僅允許製作者對於障礙者散布所製作之重製物，新法為使各合法利用主體間的有限資源能有效統合利用，不必各自重複他人已完成之重製工作，特別擴大允許得於障礙者、中央或地方政府機關、非營利機構或團體、依法立案之各級學校間，相互散布或公開傳輸，以方便身心障礙者利用。（著作權法第 53 條）

4. 新增防盜拷措施之除外條款以利因應障礙者之合理使用：由於著作權人利用防盜拷措施保護其著作不被侵害，使得為提供障礙者使用目的之合理使用無法進行，新法乃增訂允許為此目的之合理使用。未來為了障礙者使用目的之合理使用，可破解、破壞或以其他方法規避著作權人所採取用於禁止或限制他人擅用著作的防盜拷措施。（著作權法第 80 之 2 條第 9 款）

5. 新增禁止真品平行輸入之除外條款：由於舊法第 87 條第 1 項第 4 款限制真品平行輸入，導致境內障礙者無從自由地利用在境外已經轉製完成之無障礙版本，造成境內無障礙版本重複轉製的資源浪費，新法乃增訂允許真品平行輸入之除外條款，以利障礙者可自由輸入境外已經轉製完成之無障礙版本，並讓相關機構之間能互通有無，避免浪費原本已屬於有限之資源。（著作權法第 87 之 1 條）

關於為視障者接觸資訊權益之合理使用，《著作權法》第 53 條雖已有規定，但如何徵集電子檔以加速轉製無障礙版本，一直是關鍵問題所在，惟因其將增加著作權人著作權以外之負擔，國際公約及各國著作權法均未強制要求，而係透過協調方式取得著作權人之合作提供，在臺灣，除了高中職以下教科用書及博、碩士論文之性質特殊，基於公益考量得以法律強制徵集之外，一般圖書方面，參考《圖書館法》第 15 條之送存制度執行情形，目前也只能做宣示性規定，圖書館對於徵集取得出版品之電子檔，並轉製為無障礙版本之法源依據，尚不具強制徵集的條件（章忠信，2006，2020）。

三、學位授予法

2018 年 11 月 28 日修訂通過之《學位授予法》第 16 條第 1 項：「取得博士、碩士學位者，應將其取得學位之論文、書面報告、技術報告或專業實務報告，經由學校以文件、錄影帶、錄音帶、光碟或其他方式，連同電子檔送國家圖書館及所屬學校圖書館保存之。」第 2 項規定：「國家圖書館保存之博士、

碩士論文、書面報告、技術報告或專業實務報告，應提供公眾於館內閱覽紙本，或透過獨立設備讀取電子資料檔；經依著作權法規定授權，得為重製、透過網路於館內或館外公開傳輸，或其他涉及著作權之行為。但涉及機密、專利事項或依法不得提供，並經學校認定者，得不予提供或於一定期間內不為提供。」（學位授予法，2018）

根據《學位授予法》之規定，國家圖書館所保存之碩士、博士學位論文、專業實務報告、書面報告或技術報告，得提供公眾於館內閱覽紙本，或是透過獨立設備讀取電子檔，不得進一步重製、透過網路於館內或館外公開傳輸，或為其他涉及著作權之行為。然而博碩士論文為重要之研究資源，僅送存國家圖書館，因其並非專責身心障礙者服務圖書館，對於博碩士論文之合理轉製與使用並無積極作為，未來宜加以修訂增列博碩士論文電子檔送存對象，增列身心障礙者服務專責圖書館，以促進身心障礙者進修學位與學術研究使用。

綜上所述，我國現行法制對於身心障礙者接觸著作有關之法律，除了《著作權法》配合「馬拉喀什條約」，對於著作人的權利予以合理限制，以促進障礙者取用資訊的可及性之外，我國對於原有之《身心障礙者權益保障法》、《圖書館法》、《學位授予法》皆有相關修正，以維護障礙者取用資訊的權利。其中《身心障礙者權益保障法》確立了專責圖書館之設置及其運作原則，而《圖書館法》及《學位授予法》，主要是針對圖書資訊之徵集及轉製，增列可提供障礙者取用資訊的條文。

但《身心障礙者權益保障法》第 30 之 1 條僅要求專責圖書館對於身心障礙者提出需求之圖書資源「應優先提供」，並未賦予其向著作財產權人或其所委託發行之出版人徵集出版品既有之電子檔權利，也未明定著作財產權人或其所委託發行之出版人應予提供之義務，實質效益有限。《圖書館法》之送存規定是將出版品送存國家圖書館，並未及於提供身心障礙者服務之專責圖書館，專責圖書館對於出版品的取得仍有困難。《學位授予法》基於碩博士論文應廣為擴散之學術近用理由，應可要求碩博士學位公開其論文供公眾接觸，並能配

合轉製無障礙版本需求提供電子檔，以供專責圖書館可直接轉製專供身心障礙者使用之無障礙版本，此應屬符合利益均衡原則，尚有待爭取修正條文。可知我國未來對於身心障礙者取用資訊權益維護之法規，仍有進一步調整之空間。

第三章　館員專業知能與培訓

　　圖書館為提供身心障礙讀者公平取用的環境與服務，圖書館員需要瞭解身心障礙者閱讀特性及其在圖書館環境所遭遇的問題，建立圖書館員身心障礙讀者服務知能，並提供在職繼續教育管道，以奠定身心障礙讀者服務的基礎建置工作。根據《圖書館身心障礙讀者服務指南研究》調查顯示，多數圖書館人員對於身心障礙讀者的需求瞭解不足，不熟悉閱讀輔具或設備的操作，致使館員難以解決身心障礙讀者使用圖書資訊問題。圖書館人員也因缺乏與身心障礙者互動的專業訓練，不知如何規劃讀者服務事項，自覺與身心障礙讀者互動有困難（林巧敏，2016d）。

　　由於館員是圖書館推動業務的基礎，館員必須具備與時成長的專業知能，才能配合時代需求推展工作。圖書館因應《身心障礙者權益保障法》與《圖書館法》修訂後，勢必面對推展身心障礙讀者服務之要求。因此，圖書館人員需要具備身心障礙讀者服務專業知能，始能提供相應之服務。

　　圖書館員主要是藉由教育課程建構專業知能，但過往圖書資訊學校專業教育體系對於身心障礙讀者服務知能的講授內容仍處於起步階段，現職人員接受課程學習的管道並不多（Koulikourdi, 2008; Hill, 2013）。因為學校專業教育課程仍未臻完善，館員需要藉由繼續教育強化專業知能。目前館員參與繼續教育的管道，除了座談會、講習或專題研討會等短期訓練之外，亦可針對工作上的需要到校選修正式課程。我國《公務人員訓練進修法》第 8 條說明公務人員進修可分為入學進修、選修學分及專題研究等方式，並得以公餘、部分辦公時間

或全時進修（公務人員訓練進修法，2013）。對於圖書館現職人員的在職進修不僅已有制度支持，而且也有推動實務工作的必要性。

因此，本章第一節首先說明圖書館員繼續教育需求及其培訓管道，第二節簡述國內外圖書館對於身心障礙服務館員之知能要求及其培訓情形。但對於國內圖書館從事與身心障礙服務相關的館員而言，則需要瞭解有哪些學習資源可資運用，以及哪些主題課程較為迫切需要。因此，第三節分析 2006 至 2016 年間我國有關身心障礙服務專業學程教育與繼續教育的內容主題和教育方式，藉以瞭解可供身心障礙服務館員進修之學習資源概況。第四節採用問卷調查方式，探討圖書館員對於身心障礙讀者服務之繼續教育需求及其對於培訓制度的看法，第五節綜合學習資源調查結果與館員意見分析，提出我國圖書館未來規劃身心障礙讀者服務館員繼續教育內容及培訓制度之建議。

第一節　館員繼續教育需求及實施方式

圖書館是蒐集、組織、整理資訊的機構，在資訊科技迅速變遷的衝擊下，傳統的資訊蒐集、組織以及資訊服務的技術，需要與時俱進。圖書館人員在求學階段所建立的專業知識，因科技發展難以長久應付，唯有館員不斷接受繼續教育、充實專業知能、學習新技能，方能滿足不斷變遷的資訊服務需求。

「繼續教育」（continuing education）是指在專業人員整體工作生涯中，藉由常規之在職訓練與外部課程，有系統地更新其專業知識和技術，以彌補專業理論與實務作業上的落差，並提升專業人員執行專業責任所需的工作品質。圖書館為因應內外部環境的不斷變化，加上科技發展日新月異，圖書館界需要不斷進行各種教育活動，提供館員新理念、新知識和新技能的培養，形成職場終身教育的氛圍。此一繼續教育活動不只是組織或機構的責任，也必須成為員工的自覺行為，才能不斷地為圖書館培訓合適的人才（黃國正，2007）。圖書館員為了因應資訊變遷與館務革新的發展，自覺有繼續教育的需求，而圖書館為

提升服務品質同樣會期許館員保持專業知識的成長。因此，無論是基於個人發展或是提升館務的考量，皆期許圖書館人員能接受繼續教育，其需求因素在於（王政彥，1995；呂芳珍，2007；陳蕙滿，1997）：

（一）補強工作技能的不足

（二）促進專業知識的成長

（三）激勵自我成就的超越

（四）增加工作升遷的機會

（五）提昇工作自我滿意程度

（六）適應社會與環境變遷

（七）協助任職機構成長並提升績效

（八）機構儲備人才與人力資源運用

　　館方與館員對於繼續教育在專業發展的重要性，向來是持肯定的態度，但在邁入資訊科技快速發展之際，必須透過審視專業發展階段，提出符合需求的繼續教育課程內容與實施方式。因此，在推動繼續教育之際，需要審慎的規劃並進行需求分析，瞭解學習動機、學習方式與可能阻礙的因素。學習動機是引起個體學習活動、維持活動並持續達成學習日標的心理過程，也是影響學習成效的基礎。過往分析圖書館員繼續教育的學習動機，歸納有「個人發展」與「圖書館政策」兩層面因素（呂芳珍，2007；黃麗虹，1990；蘇諼，1999；Lathrop, 1986; Means, 1978; Neal, 1980; Saechan, 2005）：

（一）在個人發展方面：影響個人參與繼續教育的動機，包括：滿足個人學習興趣、提升個人工作能力、取得個人升遷的機會、滿足個人工作成就感、獲得主管與同儕肯定、上課地點的便利性。

（二）圖書館政策方面：圖書館對於繼續教育的態度與支持，會影響館員的學習動機，這些因素包括：上司的鼓勵和支持、提供學習經費、將學習納入考核紀錄、提供升遷管道等。

繼續教育的學習方式通常分為正式與非正式兩種，正式學習是指學習者在

正式教育體制中的學習活動，係在教師引導下，從事有目的、有計畫、有組織的學習過程。非正式學習是指在正規教育體制之外，學習者因應生活與工作需求而從事的所有學習性活動（陳乃林，1998）。

繼續教育不僅限於課程，其途徑可以是閱讀、聚會交談、研習會、社群討論和電子郵件分享等方式。圖書館員的繼續教育學習方式，也會包括：自我進修、讀書會、座談會、短期訓練、課程選修、參訪他館等（林淑君，2002；黃國正，2007）。林素甘與柯皓仁（2007）曾分析臺灣圖書館員尋求在職繼續教育的主要學習管道為：

（一）中華民國圖書館學會舉辦之暑期研習班及各種專題研討會。

（二）國立圖書館為公共圖書館館員辦理之培訓課程。

（三）各大專校院圖書資訊學相關系所舉辦之繼續教育活動，如在職專班正式學位或專題研討會。

（四）由政府機構、專業團體或私人企業舉辦之繼續教育活動，包括研討會、產品展示說明會等。

其中尤以中華民國圖書館學會（簡稱學會）每年暑期辦理之研習班，屬於常態且較具規模，但學會研習班的鼓勵參與方式，僅是與公務人員學習護照認證配合，提供公務人員學習時數的認證。除此之外並未與其他專業認證制度相結合。若未來學會能領導建立專業認證制度，將學會開辦之研習班配合專業認證要求，訂定修課時數與通過檢定方式，讓受訓學員藉此研習管道取得專業認證資格，不失為鼓勵館員繼續教育的方式（林素甘、柯皓仁，2007；黃國正，2007）。

至於館員對於專業認證制度的看法，雖然認為有必要，但因現階段中華民國圖書館學會開授之研習班，尚缺乏與專業認證制度結合的設計，對於提升館員繼續教育的動機不高，如果能由國家圖書館和學會共同推動繼續教育與專業認證制度，甚至在《圖書館法》中增列相關條款，讓繼續教育課程與專業認證制度結合，將會更有助於我國圖書館員繼續教育的推動（林素甘、柯皓仁，

2007）。

　　健全的人員培訓是指以規章制度的形式，將員工的培訓計畫、要求、實施等方面，加以具體規範，以求落實推動。培訓制度包括「職前培訓」以及「在職培訓」，「職前培訓」是對於新進人員在入職前進行短期講習、專業指導與實習等學習活動，「在職培訓」是為提高工作勝任度所做的關於專業技術方面的培訓，在職培訓內容與進行方式，需要配合各職場專業需求的內容進行課程設計。圖書館目前對於從事身心障礙讀者服務之館員，有責任提供在職培訓以協助館員具備開展新服務所需知能的必要性。

　　在職培訓又稱繼續教育，其學習方式通常分為正式與非正式兩種，正式學習是指學習者在正式教育體制中的學習活動，係在教師引導下，從事有目的、有計畫、有組織的學習過程。非正式學習是指在正規教育體制之外，學習者因應生活與工作需求，所從事的所有學習性活動（陳乃林，1998）。繼續教育不僅限於課程，其途徑可以是閱讀、聚會交談、研習會、社群討論和電子郵件分享等方式。繼續教育的地點也不侷限於圖書館內，只是在館內辦理的繼續教育學習活動，因能配合圖書館的個別需求，館員較容易與日常實務加以結合運用，加上能免除交通奔波的不便，是比較受館員歡迎的學習方式，但是參加館外的學習活動，卻能提供館員彼此經驗交流的機會，有助於開啟館員的視野。

　　圖書館落實館員繼續教育應是一個持續性的館務發展目標，必須隨著時代脈動、社會的發展而落實，在資訊發展快速的環境中，社會大眾對於圖書館的角色有新的期許，對於圖書館因應身心障礙讀者服務的新課題，館員必須具備與時成長的專業知能，才能達成服務所有讀者的任務。

第二節　身心障礙服務館員知能要求與訓練

　　「專業知能」是指一個人可以有效從事工作，所需具備的知識、技能與態度，其能力要求則包括專業能力（professional competencies）與一般能力

（generic competencies）（Griffiths & King, 1986）。本文所稱圖書館身心障礙讀者服務館員之專業知能，是指圖書館人員從事身心障礙讀者服務應具備之專業知識、技能與態度，與一般讀者服務工作特出之處，是必須知悉身心障礙讀者服務理念、身心障礙讀者類型與需求、圖書資訊無障礙版本格式、閱讀輔具之操作與運用、如何與身心障礙者溝通等知識與能力。

身心障礙讀者服務館員需要之知能與培訓要求，以歐美先進國家為例，通常是在身心障礙相關服務工作指引，列出對於工作人員的要求，本文以美、加、澳等英語系國家為例，說明國外圖書館對於身心障礙服務館員知能要求及培訓方式，並與臺灣現況對比說明，提供我國發展館員專業訓練制度之參考。

一、美國

美國圖書館學會（American Library Association,ALA）之「特殊與合作圖書館委員會」（The Association for Specialized and Cooperative Library Agencies, ASCLA）改組成立於 1977 年，宗旨之一是作為圖書館服務特殊需求讀者的發聲機構，肩負研訂美國圖書館界有關身心障礙讀者服務之各項作業準則與工作手冊。ASCLA 制定一系列有關身心障礙讀者服務之作業指引與出版品（The Association for Specialized and Cooperative Library Agencies, 2017）。但對於從事身心障礙讀者服務之專業教育，仍須回歸 ALA 認可之圖書資訊學校授予的學位課程，正式館員資格是以取得認可學校之碩士學位，始為專業館員。在圖書資訊學校課程中，有各項基礎必修、讀者服務、資訊設備的課程要求，雖然課程名稱鮮少有身心障礙服務字眼，但有關身心障礙讀者的知識是採融入各相關課程的學習單元，例如：在資訊設備或是介面設計課程中，提供有閱讀輔具的介紹；在參考與資訊服務課程中，介紹身心障礙讀者的資訊需求與行為；在圖書資訊學基礎課程中，介紹身心障礙服務的理念（Walling, 2004）。

ASCLA 與「國會圖書館視障與肢體障礙服務中心」（The Library of Congress National Library Service for the Blind and Physically Handicapped，

LC/NLS）共同研訂完成之《國會圖書館視障及肢體障礙者服務作業標準與指引》
（Revised Standards and Guidelines of Service for the Library of Congress Network
of Libraries for the Blind and Physically Handicapped），提出對於從事身心障礙
者服務館員之培訓與要求，如下（ASCLA, 2012）：

　　（一）LC/NLS 應每年規劃身心障礙館員之在職教育計畫。

　　（二）圖書館負責身心障礙服務業務的主管人員應該具備 ALA 認可之圖
　　　　　書資訊學校碩士學位資格，參與提供身心障礙讀者諮詢服務之館
　　　　　員，則是應有大學相關系所學位，並接受過 LC/NLS 之身心障礙讀
　　　　　者服務教育訓練課程。

　　（三）各地區圖書館要求參與視障服務之圖書館新進人員必須接受 6 個月
　　　　　的新進訓練課程。

　　建立館員正確服務態度是在職訓練中的重要項目，課程講授者來自三種背
景資歷：一是推動身心障礙服務的主管人員，介紹身心障礙服務理念與趨勢；
二是法規專業人員，介紹相關法規要求，以通盤講解所有相關法規推動的理念
與現行規範；三是身心障礙者的現身說法，由身心障礙者分享使用圖書館的經
驗和對於圖書館的建議，搭起館員與服務對象的對話和溝通機會（Deines-Jones
& Van Fleet, 1995）。針對新進人員的在職訓練內容，需要特別注意指導如何使
用閱讀輔具、服務身心障礙讀者的溝通方式與忌諱、身心障礙族群識別及其閱
讀特質。對於學習如何與身心障礙讀者溝通的部分，可藉由自行閱聽巿面上已
發行之教學影片學習（American Foundation for the Blind, 2000; Sakaley, 2014），
其他基礎知識則是館方應該至少備有書面教育訓練手冊，提供新進人員參考。

二、加拿大

　　加拿大圖書館學會（Canadian Library Association, CLA）因通過身心障礙
權益保障法令，促使加拿大圖書館界加速推動圖書館對於身心障礙者的服務，
1997 年訂定《加拿大圖書資訊使用障礙者服務指引》（Canadian Guidelines on

Library and Information Services for People with Disabilities），於 2016 年修訂更新，該指引對於身心障礙者服務人員提出下述培訓要求（Canadian Library Association, 1997, 2016）：

（一）圖書館需要持續性辦理培訓課程，提供圖書館管理者、現有員工、新進員工、志工等，均具備服務理念與認知。

（二）關於人員教育訓練課程應該有身心障礙者或身心障礙團體代表參與課程設計。

（三）培訓政策與訓練過程，包含有關尊重隱私、公平服務以及平等取用觀念的指導。

（四）圖書館可編製一份有各種身心障礙者專業知識的專家和組織名單，以備諮詢和安排課程演講。

（五）圖書館盡可能聘請身心障礙者擔任僱員或志工，讓人員之間彼此互動，建立同理學習。

（六）圖書館需要指派專人負責本館所有身心障礙讀者服務計畫，然而所有員工仍然有必要瞭解基本的身心障礙讀者問題，當入館之身心障礙讀者有問題詢問時，任何館員都可提供初步的服務，而非只能轉介給專責人員回應。

對於圖書館人員的培訓內容，加拿大圖書館學會建議必須納入下列課程主題設計（The Canadian Federation of Library Associations, 2016）：

（一）圖書館人員需要瞭解「通用設計」（universal design）的理念，能夠理解符合不同讀者需求的圖書館環境設計是讀者的基本權益，無障礙設計並非僅是針對障礙者的額外付出。

（二）圖書館人員需要瞭解身心障礙權益保護之相關法令規定與建築規範。

（三）瞭解國際圖書館協會聯盟（The International Federation of Library Associations and Institutions, IFLA）對於資訊取用平等的主張，安排

館員接受下列有關身心障礙讀者服務主題的教育訓練課程：

1. 反歧視的平等概念
2. 服務空間與設備需求
3. 資訊取用可及性要求
4. 對於導盲犬或引導員的正確認識
5. 閱讀輔具設備與技術
6. 如何與身心障礙者溝通

（四）瞭解本社區有關身心障礙服務團體與社區中可資運用之資源。

三、澳洲

澳洲圖書資訊學會（Australian Library and Information Association, ALIA）於 1998 年完成《圖書館障礙者服務指引》（Guidelines on library standards for people with disabilities），該指引陳述圖書館需要訓練館員具備身心障礙讀者服務之能力，基本要求如下（Australian Library and Information Association, 1998）：

（一）協助館員發展適當的溝通技巧。

（二）透過對於使用者需求之理解，修正對障礙讀者的誤解和偏見。

（三）協助館員瞭解能提供障礙者使用的無障礙版本館藏發展知識。

（四）協助館員具備評估閱讀輔具（adaptive technology）與設施的能力。

人員訓練計畫必須因應時代需求改變，為了持續關注及評估員工訓練計畫，可請學者專家提供諮詢，並鼓勵員工參加研討會和工作坊，讓館員瞭解有關《身心障礙歧視法》、《身心障礙服務法》與《機會平等法》之相關要求。對於館員的訓練課程，建議必須涵蓋下列內容主題（Australian Library and Information Association, 1998）：

（一）溝通技巧與能力

（二）因應讀者的態度與問題處理能力

（三）多元族群的信仰及其文化差異

（四）各種障礙類型讀者特性與需求

（五）相關政策與法規

（六）各種閱讀輔具的使用與發展

四、臺灣

　　國內目前對於圖書館人員專業知識與技能要求，多是針對服務一般讀者考量。對於圖書館身心障礙讀者服務專業知能之培訓，雖有國立臺灣圖書館每年定期辦理研習課程，但因圖書館第一線服務人員流動率頗高，培訓後隔年又是另一批等待培訓的人員，加上圖書資訊學相關系所專業人才養成過程中，此類課程內容多分散至相關課程中，導致圖書館現職工作人員對於身心障礙讀者服務的認知與專業知能，較為不足（林巧敏，2016b）。我國對於圖書館員專業能力要求，雖有《圖書館設立及營運標準》對於圖書館人員專業認可的五款學歷或資格條件，但是對於身心障礙服務專業知能培訓，則有賴在職繼續教育方式的養成。

　　國立臺灣圖書館出版之《圖書館身心障礙讀者服務指引》中，對於「人員知能」的論述，提出對於我國身心障礙者服務館員的培訓工作要求，包括（林巧敏，2016e）：

（一）圖書館需要有持續性的培訓計畫，提供圖書館專責人員具備身心障礙讀者服務的理念與敏感度，並協助全館人員具備接待身心障礙讀者的正確態度。

（二）人員培訓課程應該有身心障礙讀者或身心障礙服務團體代表參與課程設計。

（三）圖書館工作人員培訓政策與訓練過程，必須包含有關尊重隱私、公平服務以及平等取用觀念的指導。

（四）圖書館需要培訓至少一位工作人員或志工瞭解點字或手語，或是與身心障礙服務團體合作，聘用具有手語或點字專長的約聘僱人員或

志工。

尤其，圖書館人員對於身心障礙讀者應有適當的應對態度，能將身心障礙讀者培訓課程納入員工年度訓練計畫，員工能瞭解有關身心障礙相關術語、身心障礙讀者的能力與限制。館員訓練的目的在於破除態度藩籬，減少對身心障礙讀者之誤解，圖書館對於人員態度之培訓，應該定期持續進行。專業培訓課程可邀請不同身心障礙服務團體提供課程意見，但需要涵蓋下列的課程主題：

（一）與身心障礙者溝通之能力與技巧

（二）因應身心障礙讀者服務之態度要求

（三）身心障礙讀者類型及其資訊需求

（四）有關身心障礙者服務相關法規

（五）輔助科技降低資訊取用障礙的技術發展

（六）無障礙環境與設備之要求

歸納前述美國、加拿大、澳洲以及臺灣對於身心障礙者服務館員培訓要求及課程規劃重點，列表整理如下：

表 3.1　國內外對於身心障礙者服務館員培訓要求與課程內容比較表

國別	館員培訓要求	培訓課程重點
美國	1. 每年規劃身心障礙館員在職教育計畫 2. 身心障礙服務館員應具備大學相關系所學位，並接受過 LC/NLS 之身心障礙讀者服務教育訓練課程 3. 新進人員須接受 6 個月的新進訓練課程	1. 身心障礙服務理念與趨勢 2. 身心障礙相關法規 3. 實務經驗分享與模擬體驗 4. 新進人員加入提供閱讀輔具操作、與身心障礙讀者溝通、不同障礙族群資訊行為特質的課程。

國別	館員培訓要求	培訓課程重點
加拿大	1. 持續性辦理培訓課程，提供所有人員具備服務理念與認知 2. 課程有身心障礙者或身心障礙團體代表參與設計 3. 圖書館建立專家諮詢名單 4. 盡可能聘請身心障礙者擔任僱員，促進人員互動學習	1. 資訊取用平等理念 2. 無障礙環境與設備要求 3. 資訊可及性設計 4. 閱讀輔具設備與技術發展 5. 與身心障礙者的溝通 6. 認識導盲犬及引導員
澳洲	1. 協助人員擁有溝通技巧 2. 導正錯誤想法及文化偏見 3. 具備身心障礙館藏發展知識 4. 具備評估閱讀輔具及設施運用能力	1. 身心障礙服務理念 2. 不同障礙讀者特性與需求 3. 身心障礙相關法規與政策 4. 閱讀輔具設備及技術發展 5. 與身心障礙者溝通技巧 6. 應對態度與問題處理能力
臺灣	1. 館員具備服務理念與敏感度 2. 所有人員有接待身心障礙者的正確態度 3. 培訓課程需要身心障礙者參與課程設計 4. 培訓課程含隱私、公平服務以及平等取用觀念 5. 培訓人員或志工瞭解點字或手語，或聘用此專長的約聘僱人員	1. 身心障礙服務態度 2. 讀者類型及其資訊需求 3. 身心障礙相關法規 4. 閱讀輔助科技發展 5. 無障礙環境與設備 6. 與身心障礙者溝通技巧

　　根據前述國內外對於身心障礙服務館員專業知能培訓要求以及課程內容設計重點，可知從事身心障礙服務館員必須具備對於資訊取用權的基本認知，能根據不同障礙族群特性提供服務，瞭解身心障礙服務相關法規與政策，擁有閱讀輔助科技操作能力，可與身心障礙者無礙溝通。因此，培訓課程有認識相關法規、認識身心障礙者等基礎認知課程，也有培養溝通技巧、學習操作輔具設備及建立無障礙環境等實務性課程，甚至能安排參觀或模擬等體驗型課程。

　　我國雖然已有國立臺灣圖書館出版之《圖書館身心障礙讀者服務指引》內容，對於從事身心障礙者服務人員（含館員與志工）有明確之培訓要求，但對於如何推動培訓課程以及課程發展方向，缺乏對於實務場域工作館員之意見調查以及對於課程資源現況的瞭解。因此，本章下一節將接續探討我國圖書館員身心障礙服務知能之相關課程資源以及館員對於繼續教育之需求與期待。

第三節　身心障礙者服務繼續教育資源調查

　　國外對於圖書館身心障礙讀者服務專業需求與課程之研究，可溯自 1977年曾進行圖書館學校課程的整體檢視，當時的課程對於身心障礙服務問題才剛開始萌芽，而公立圖書館因為面臨身心障礙者法令（The Americans with Disabilities Act, ADA）規範，不得不正視對於此項服務專業能力的要求，在當時調查的 59 所圖書館學校中，僅有 12 所有相關的課程教學（Gibson, 1977）。1990 年 ADA 修訂通過要求網頁資訊的可及性，圖書館學校課程開始教育學生必須瞭解法令規範，並能應用閱讀輔助科技設備，提供身心障礙者圖書資訊服務，讓通過專業教育培養的學生具備符合身心障礙法令要求的職業能力（Walling, 2004）。此時課程關注的主題為 ADA 相關法令、閱讀輔助科技與網站可及性（無障礙設計）問題。

　　Koulikourdi（2008）採問卷調查方式，瞭解身心障礙服務專業教育情形，調查對象包括亞洲、非洲、澳洲、歐洲與美國等地，共計 40 所圖書資訊學校，

調查結果發現 86%的學校曾開設相關課程，教學內容主題包括：瞭解身心障礙讀者、協助身心障礙讀者取用資訊、相關法規、替代文本館藏格式、閱讀輔具及科技應用等內容。但在這些教學課程中，有 57%的學校課程，是在既有相關課程單元中融入此類課程內容，例如在「資訊資源與服務」課程，加入探討身心障礙讀者服務理念和替代文本館藏格式。但學校仍缺乏完整專門的系列課程設計，主要原因在於圖書資訊學大學教師具備此類專長與研究背景者並不多。

為瞭解國內可提供身心障礙者服務之教育學習資源及其授課內容，本文針對臺灣地區大學校院開授相關課程內容以及供應在職繼續教育研習的課程內容，以內容分析法整理比較課程主題及其授課資訊。因考量國內圖書館人員繼續教育可參加的學習管道，除了各項不定期開設之研習班課程與研習活動外，也能以公假或休假方式到學校上課，因之，本文納入內容分析之學習資源包括：

（一）學校課程

利用教育部建置、收錄全臺灣所有大學校院課程之「大學校院課程資源網」進行學習資源與課程資料查詢，經不同詞彙嘗試查詢後，確認採用「特殊讀者」、「讀者服務」以及「身心障礙服務」等詞彙為最佳檢索關鍵字，檢索 2006 至 2016 年各校開課資訊，總計查獲 150 門相關課程。

為避免遺珠之憾，檢索課程再度增加視障、聽障、學習障礙、閱讀障礙等《圖書館法》所稱之服務對象，進行課程名稱檢索，經人工檢視排除偏重身心障礙者醫療、教育等課程，並留下和閱讀教育、閱讀輔助科技及資訊需求比較相關之課程，並與前述 150 門課程重整，剔除重複者，新增 136 門課程，總計有 286 門與身心障礙讀者服務相關課程，運用 EXCEL 記錄課程名稱、開課學校系所、開課年度、授課者、學分數、教學型態、系所屬性、學制以及課程大綱等資訊，進行資料分析。

（二）研習課程

中華民國圖書館學會為國內提供在職人員繼續教育之重要機構，針對圖書

館人員繼續教育研習課程部分，首先利用中華民國圖書館學會網站查詢研習課程，再利用圖書資訊專業社群網站以及刊載國內研討會訊息的「財團法人國家實驗研究院科技政策研究與資訊中心研發資源與成果資訊網」查詢 2006 至 2016 年所有辦理和身心障礙讀者服務相關之研討會與研習班課程。

考量各身心障礙團體與縣市特教資源中心也有可能開辦課程活動，輔以逐一檢視瀏覽各身心障礙團體與特教資源中心網站，以便更為完整蒐集研習課程資訊。但身心障礙團體網站辦理之研習活動，以藝能班、夏令營等為主，經瀏覽 65 個網站（含大學特教系所 14 個網站、縣市特教資源中心 29 個網站、特教學校 5 個網站、身心障礙團體 17 個網站），並合併不同來源的相同研習活動後，總計有 14 場次 67 門研習課程，逐一記錄研習班名稱、課程主題、講者（背景）、授課時數、辦理方式（收費、結業證明）、辦理地點、研習時間等項目，鍵入 EXCEL 進行分析。

為能釐清講師背景與課程大綱細節，進一步查詢連結至原開課學校課程資訊網確認內容，將課程資訊歸類後編碼著錄。為確保對於網站內容編碼與分析資料之可信度，課程編碼由兩位編碼者同時進行，並經過比對差異討論修正，以避免僅憑單一人的判斷產生謬誤。

將前述課程檢索資料進行統整分析，結果如下：

一、大學校院課程分析

（一）開課系所與課程名稱

在大學校院開授之課程，由課程名稱得知，圖書資訊系所課程有讀者服務、讀者服務研討、讀者服務概論、圖書館管理等課程內含有相關教學單元。在特殊教育系所，開授之課程名稱較為多元，除了身心障礙者服務、身心障礙福利服務專題等通論性課程，也有針對視障、聽障、學習障礙等不同障別開授教育課程。在社會工作系所，開授與此相關之課程，則包括：身心障礙福利服務、身心障礙福利服務專題、身心障礙者政策與服務等。在通識教育課程，開

課名稱有身心障礙者與我、身心障礙者福利服務等。

　　在圖書資訊系所的「讀者服務」往往是必選課程，開課次數頻繁；在特殊教育系所，除「身心障礙者服務」此類基礎課程外，各障礙類型中以「聽覺障礙」課程開課次數最多；在社會工作相關系所，開課次數則以「身心障礙福利服務」、「身心障礙者政策與服務」此類課程，最為頻繁。

表 3.2　開課系所屬性與課程名稱統計表

系所屬性	課程名稱	開課學校數	累計開課次數
圖書資訊	讀者服務	4	28
	讀者服務研討	1	12
	圖書館管理	1	3
	讀者服務概論	1	2
特殊教育	聽覺障礙	6	39
	學習障礙專題研究	3	21
	學習障礙	3	20
	視覺障礙	3	11
	聽覺障礙專題研究	2	10
	視障教育工學	1	10
	視覺障礙輔助科技專題研究	1	8
	聽覺障礙研究	3	7
	身心障礙者服務	1	7
	閱讀學習障礙	1	5
	視覺障礙輔助科技研究	1	3

系所屬性	課程名稱	開課學校數	累計開課次數
	身心障礙福利服務專題	1	3
	學習障礙專題	1	1
	聽覺障礙教育與復健專題研究	1	1
社會工作	身心障礙福利服務	8	32
	身心障礙者福利服務	5	31
	身心障礙者政策與服務	1	8
	身心障礙者政策與服務專題	1	6
	身心障礙者福利服務專題	1	4
	身心障礙福利服務專題	2	3
	身心障礙者重建服務	1	2
	專題討論：身心障礙福利服務	1	2
	身心障礙福利政策專題討論	1	1
	身心障礙者福利服務：課題與方法	1	1
	身心障礙與福利服務	1	1
通識課程	身心障礙者與我	1	3
	身心障礙者福利服務	1	1

（二）教學型態與學制

在大專校院開授的相關課程有逾五成，是在學士班階段開課，教學型態以「課堂教學」為主，採「遠距非同步教學」者，僅有2.7%。但此類以到校實體上課的方式，顯然對於在職者的繼續教育進修，需要有在職機構支持給假上課。

表 3.3　教學型態與學制統計表

教學型態	學制	開課次數	百分比（%）
課堂教學	學士班	148	51.7
	學士班在職專班	2	0.7
	進修學士班	13	4.5
	碩士班	81	28.3
	碩士班在職專班	10	3.5
	博士班	5	1.7
	四技日間部	13	4.5
	四技進修學院	2	0.7
	二技進修學院	4	1.4
遠距非同步教學	學士班	1	0.3
	碩士班	1	0.3
	碩士班在職專班	6	2.1

（三）課程內容主題

　　本文以課程內容大綱進行主題分析，並根據前述對於身心障礙讀者服務工作要求之專業知能，將課程內容分為「資訊取用平等理念」、「障礙類型與特性」、「資訊需求與行為」、「圖書資訊服務」、「閱讀輔具與科技」、「無障礙環境設施」、「溝通技巧與能力」、「相關政策與法規」、「模擬與互動體驗」與「替代文本資料轉製」等 10 大類，同一門課程以其授課大綱所述之課程內容重點加以歸類，如教學內容不只一項主題，則採分別列入相關主題歸類。在總計 286 門課程中，教學內容有關「障礙類型與特性」的教學內容最多，占

286 門課程之 83.6%；其次為「資訊需求與行為」，占 44.1%；再者為「資訊取用平等理念」，占 42.7%。

目前課程內容對於認識身心障礙者類型、平等服務理念以及身心障礙者資訊等概念性知識，有比較多的課程探討，但是對於偏重實務技術性需求的資料轉製、模擬與互動體驗等課程，較為缺乏。至於對於圖書館員實務工作有直接相關之圖書館資訊服務內容規劃，僅有 17.2%的課程有此類內容介紹。可知目前大專校院課程主題以講授概念與政策為多，但符合提供實務技術學習的課程較少。

表 3.4　課程內容涵蓋主題單元統計表

課程內容主題	課程數	勾選數占總課程數百分比（％）
障礙類型與特性	239	83.6
資訊需求與行為	126	44.1
資訊取用平等理念	122	42.7
相關政策與法規	107	37.4
閱讀輔具與科技	92	32.9
無障礙環境設施	78	27.3
溝通技巧與能力	77	26.9
圖書資訊服務	49	17.2
替代文本資料轉製	27	9.4
模擬與互動體驗	21	7.3

（四）課程內容主題與系所屬性

如果比較不同系所開課內容主題取向，可以發現在圖書資訊系所，以講授

「資訊取用平等理念」、「圖書資訊服務」、「障礙類型與特性」以及「資訊需求與行為」等內容為主；在特殊教育系所是以介紹「障礙類型與特性」、「溝通技巧與能力」與「閱讀輔具與科技」為多；至於在社會工作相關系所講授的課程內容主題，涉及較廣，包括：「相關政策與法規」、「障礙類型與特性」、「資訊需求與行為」、「資訊取用平等理念」、「無障礙環境設施」、「閱讀輔具與科技」等主題。由於不同系所講授課程內容主題重點不同，針對人才培育專業的完整性需求，顯然未來可考量不同系所專業交流或跨領域合作教學方式，提供較為完整的身心障礙服務專業知識。

表 3.5　課程內容主題與系所屬性統計表

課程內容主題 ＼ 系所屬性	圖書資訊	特殊教育	社會工作	通識課程
資訊取用平等理念	45	1	76	0
障礙類型與特性	26	125	84	4
資訊需求與行為	34	14	78	0
圖書資訊服務	46	3	0	0
替代文本資料轉製	3	24	0	0
閱讀輔具與科技	0	65	27	0
無障礙環境設施	0	10	68	0
溝通技巧與能力	0	66	11	0
相關政策與法規	0	17	86	4
模擬與互動體驗	0	7	11	3

二、研習課程分析

（一）課程類型與主題

2006 至 2016 年辦理與身心障礙者服務相關研習或研討活動總計 14 場次，有 67 項相關課程單元，其中研討會形式的學習活動，有 4 場次，辦理研習班 2 場次，辦理工作坊 6 場次、講座 2 場次。

表 3.6　研習課程類型統計表

課程類型	場次	課程單元	課程數百分比（%）
研討會	4	23	34.3
研習班	2	5	7.5
工作坊	6	36	53.7
講座	2	3	4.5
總計	14	67	100.0

將 67 門課程單元依其講授內容主題加以分析，其中以介紹「障礙類型與特性」占最多；但對於介紹「無障礙環境設施」、「資訊取用平等理念」以及「模擬與互動體驗」等課程內容較少。

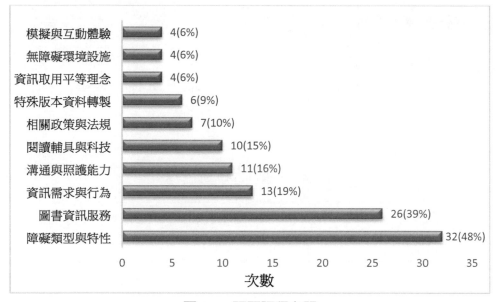

圖 3.1　研習課程主題

（二）講者背景

　　67 門課程單元共有 39 名主講者，講者背景以身心障礙團體代表最多，占 52.2%；其次為學校教師，占 13.4%；也不乏身心障礙者現身說法，或是邀請法律專家講解相關法規，亦有邀請資訊科技專家講解閱讀輔具與科技發展等內容。

表 3.7　研習課程講者背景統計表

講者背景	次數	百分比（%）
圖書館工作者（含主管）	6	8.9
學校教師	9	13.4
身心障礙團體	35	52.2
身心障礙者	4	6.0
身心障礙者家屬	2	3.0

講者背景	次數	百分比（%）
法律學者專家	5	7.5
資訊科技專家	4	6.0
醫師	2	3.0

（三）研習辦理方式

　　各場次研習課程的辦理機構，由「圖書館」主辦的課程所占比例最高（64.3％），其次為圖書館學會與大專院校主辦之課程。至於各研習課程是否收費，多數是免費，而採收費部分主要是圖書館學會辦理之暑期研習活動。此類研習課程是以能提供學習者研習時數證明為多，如無法確知是否有提供研習時數證明，則列為無法確定。

表 3.8　研習課程辦理方式統計表

項目		次數	百分比（%）
辦理機構	圖書館學會	2	14.3
	圖書館	9	64.3
	大專院校	2	14.3
	非營利組織	1	7.1
	總計	14	100.0
收費狀況	免費	12	85.7
	收費	2	14.3
	總計	14	100.0

項目		次數	百分比（%）
研習證明	有研習證明	11	78.6
	無研習證明	2	14.3
	無法確定	1	7.1
	總計	14	100.0

　　前述兩項學習資源調查所呈現的課程主題分布，皆以「障礙類型與特性」為最多，此一主題是較容易取得的學習內容，但大學校院的課程顯然較偏重「資訊需求與行為」、「資訊取用平等理念」等基礎知識建構，而研習課程是以「圖書資訊服務」和「溝通技巧與能力」等實務應用課程為主。圖書資訊、特殊教育以及社會工作是開授相關課程的核心學習系所，所開授的課程內容也各有專擅，完整的身心障礙服務知能培育需要三方系所的合作，未來可借重不同系所師資發展跨領域教學，而實務講授性質的研習班師資，以大學教師及身心障礙團體的專業講者為主，尤其可考慮增加邀請實務工作者與身心障礙者分享經驗。

第四節　圖書館員繼續教育需求意見分析

　　針對圖書館人員教育訓練需求調查之研究，有 Ross 與 Akin（2002）針對美國 Texas 地區所有公共圖書館進行問卷調查，瞭解各公共圖書館對於學習障礙學童所提供之服務、館藏、工作規劃與人員教育訓練情形。在回覆問卷的 83 所圖書館中，僅有 5 所曾辦理工作坊加強人員知能，有 4 所圖書館曾邀請學者專家演講，有 1 所圖書館辦理過角色體驗活動，受訪之館員表示對於服務此類身心障礙學童感到挫折，急需教育訓練提升工作能力。

　　Hill（2013）為瞭解圖書資訊領域對於身心障礙服務議題的關注與探討層面，採內容分析法探討圖書資訊學文獻關於此議題的研究取向，發現多數文獻僅侷限於概念宣導與理念呼籲，或是採調查研究瞭解圖書館實施現況，但對於身心障礙服務內涵與技術層面之研究較為不足，尤其是對於身心障礙服務人員教育訓練的文獻則相對較為缺乏，認為未來圖書資訊學教育對於發展圖書館身心障礙服務，需要兼顧「技術」、「法規」與「服務」三層面的教學內容，尤其對於圖書館人員服務態度與服務理念的基礎教育，顯得特別重要。

　　Bonnici, Maatta, Brodsky 與 Steele（2015）以線上問卷發送 108 所提供身心障礙服務的圖書館業務負責人，調查館員在因應實務工作的專業教育需求，在回收計 40 份問卷（回收率 37%）中，顯示 71%的受訪者認為圖書資訊學校教育並未提供足夠支援身心障礙服務的專業教育，館員因應資訊技術的變革，最需要有關無障礙資訊取用與閱讀輔助科技的知識，隨著人口老化帶來的閱讀障礙，對於通用檢索（universal access）的理念，也應該在課程教育中推廣。

　　國內林淑君（2002）曾以問卷調查法瞭解公共圖書館館員參與繼續教育的需求與教育方式，發現圖書館員曾參加的繼續教育活動是以「館內舉辦之實務課程訓練」為主，館員參與繼續教育的主要因素是「因應工作的需要，提升工作技巧」；館員無法參與繼續教育的主要因素是「工作繁忙，沒有時間參加」；獲取繼續教育相關訊息的管道則是透過「公文轉知」，館員最喜歡參與的繼續教育方式為「參加研習班或研討會」及「館內舉辦之實務課程訓練」。

　　在前述研究成果分析後，為進一步探討國內圖書館人員對於身心障礙讀者服務培訓課程內容與辦理方式之意見，本文採用問卷調查法，以 2013 至 2017 年曾參加過國立臺灣圖書館辦理之身心障礙服務工作坊、專業研習課程及學術研討會的受訓學員為發送對象，因其具備參與課程經驗並有工作實務需求，對於身心障礙服務課程規劃能有深切感受，加上納入縣市級以上公共圖書館從事身心障礙讀者服務的館員意見調查，可瞭解縣市級以上公共圖書館現職人員看法。為爭取時效並降低填答者回郵處理負擔，以 Google 問卷方式發放，現職人

員則以公文方式寄送到館。

　　問卷內容設計包含有關繼續課程規劃主題、研習時間、研習地點、辦理方式、結業證明、授課方式等層面問題，問卷題項內容主要參考林淑君（2002）及邱子恒（2011）曾以公共圖書館員及醫學圖書館為對象所進行之繼續教育需求調查問卷架構，經調整文字並增刪題項後，由 3 位專家進行問卷內容檢定。經過專家檢定修正後問卷，發送前述研究對象母群為 354 人，經 4 次催覆，截至 2017 年 10 月總計回收 188 份有效問卷，問卷回收率 53.1%。問卷回收後，針對有效問卷予以編號登錄，如有填答資料題數缺漏達三分之一，則以無效問卷處理。問卷的題型分為單選題與複選題，進行描述統計。統計館員對於繼續教育之需求與意見分析如下：

一、填答者背景資訊

　　填答館員之基本資料分析，為女性館員多於男性館員；館員年齡分布，以 31-50 歲最多（69.7%）；填答者教育背景以非圖書資訊學科者居多（64.4%），服務年資以分布在 1-10 年間為多數。

表 3.9　填答者個人資料分析統計表

背景		人數 （N=188）	百分比（%）
性別	男	34	18.1
	女	154	81.9
年齡	21-30 歲	18	9.6
	31-40 歲	58	30.9
	41-50 歲	73	38.8
	51-60 歲	39	20.7

背景		人數 （N=188）	百分比（%）
教育背景	圖書資訊學學位	60	32.0
	其他學科領域學位	121	64.4
	高中職學歷	7	3.7
服務年資	不到 1 年	18	9.6
	1-5 年	53	28.2
	6-10 年	43	22.9
	11-15 年	26	13.8
	16-20 年	20	10.6
	20 年以上	28	14.9

二、參與繼續教育課程經驗

（一）修習身心障礙服務課程情形

　　詢問填答者在學時，是否曾修習過身心障礙服務相關課程，以未曾修過者較多，高達 87.2%；曾修過相關課程者，僅有 12.8%。修過課程者，註明修習過之課程名稱，包括：自閉症、視障服務、特殊教育、特殊教育行政、特殊教育概論、特殊教育導論、特教系相關科目、圖書館讀者服務等，顯示有修過的課程是以特殊教育課程為主。

（二）參加在職繼續教育活動的動機

　　詢問填答者過去參加在職繼續教育活動的動機，以「提升工作能力」為最多；「滿足個人學習興趣」次之；而「獲得主管與同儕肯定」及「機關有獎勵制度」占少數，勾選「其他」的原因，則有主管推派或是規定要參加等。

　　與過去曾進行其他類型圖書館參與繼續教育之動機分析結果比較，在公共圖書館的調查是以「因應工作的需要，提升工作技巧」為最多（林淑君，2002），醫學圖書館員同樣是以認同「可以提升個人的工作能力」居多（邱子恒，2011）。代表圖書館員相當認同繼續教育對於提升工作能力的重要性。

表 3.10　參加繼續教育動機統計表

項目（複選題）	勾選數	占總人數百分比（%）
提升工作能力	168	89.4
滿足個人學習興趣	139	73.9
增加升遷機會	20	10.6
獲得主管與同儕肯定	17	9.0
機關有獎勵制度	14	7.4
其他	9	4.7

（三）曾接受過的在職繼續教育方式

　　詢問過去曾接受過的在職繼續教育方式，以「聽演講或參加座談會」為最多，占總人數百分比 82.9%；「參加研討會」次之，占填答總數 188 人，有 71.2% 的比例。與過往類似調查結果比較，林淑君（2002）發現公共圖書館員曾參加的繼續教育活動是以「館內舉辦之實務課程訓練」為主，邱子恒（2011）在醫學圖書館統計出前三名為：「參加研討會」、「參觀其他圖書館」、「聽演講或座談會」，顯然研討會、演講等講習性質的訓練方式是目前繼續教育的主流，而參觀圖書館也是常見的實務學習方式。

表 3.11　曾接受過繼續教育方式統計表

項目（複選題）	勾選數	占總人數百分比（%）
聽演講或參加座談會	156	82.9
參加研討會	134	71.2
參觀其他圖書館	131	69.6
在職訓練	89	47.3
館方舉辦的討論會	68	36.1
閱讀專業書籍期刊	56	29.7
閱讀工作手冊	51	27.1
攻讀學位	49	26.0
參訪身心障礙服務機構	42	22.3
到大學選修或旁聽課程	38	20.2
遠距教學	38	20.2
職前訓練或職前講習	36	19.1
職務輪調	32	17.0
發表論著	15	7.9
電腦輔助教學	15	7.9
從事或參與研究計畫	13	6.9
與其他館員組成讀書小組	6	3.1

（四）喜好的在職繼續教育方式

　　喜好的在職繼續教育方式，是以「聽演講或參加座談會」為最多，占總人

數百分比 74.4%；參觀其他圖書館次之，占 69.1%；其他勾選比例較多的排序
為「參加研討會」、「在職訓練」、「參訪身心障礙服務機構」、「館方舉辦
的討論會」、「職前訓練或職前講習」、「到大學選修或旁聽課程」、「閱讀
專業書籍期刊」等。與過往調查結果比較差異不大，公共圖書館員最喜歡的繼
續教育方式為參加研習班或研討會（林淑君，2002），醫學圖書館員是以參加
研討會、聽演講或參加座談會以及參訪為多（邱子恒，2011）。

表 3.12 喜好的繼續教育方式統計表

項目（複選題）	勾選數	占總人數百分比（%）
聽演講或參加座談會	140	74.4
參觀其他圖書館	130	69.1
參加研討會	126	67.0
在職訓練	100	53.1
參訪身心障礙服務機構	93	49.4
館方舉辦的討論會	59	31.3
職前訓練或職前講習	56	29.7
到大學選修或旁聽課程	54	28.7
閱讀專業書籍期刊	50	26.5
攻讀學位	47	25.0
遠距教學	44	23.4
閱讀工作手冊	33	17.5
電腦輔助教學	27	14.3
從事或參與研究計畫	26	13.8

項目（複選題）	勾選數	占總人數百分比（%）
職務輪調	18	9.5
與其他館員組成讀書小組	16	8.5
發表論著	8	4.2

（四）參與繼續教育需求

1. 繼續教育課程主題重要性認知

　　填答者對於繼續教育課程主題重要性的認知，呈現對於「無障礙環境設施」認同度最高，平均數為 4.494，其他依序為：「溝通技巧與能力」、「閱讀輔具與科技」、「障礙類型與特性」、「資訊需求與行為」、「圖書資訊服務」、「模擬與互動體驗」、「相關政策與法規」、「資訊取用平等理念」，而「替代文本資料轉製」平均分數最低，表示圖書館工作人員認為有助於立即服務身心障礙讀者的課程主題較為重要，而對於需要長期培養的技術，如「替代文本資料轉製」的認同度較低。

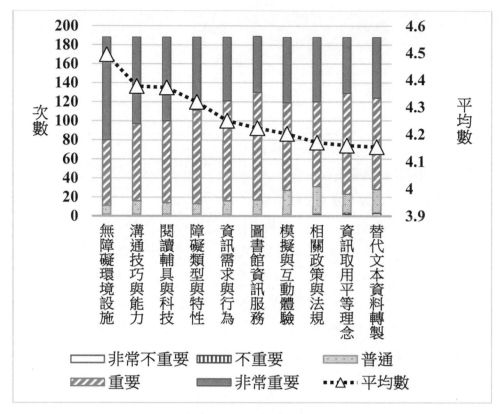

圖 3.2　繼續教育課程主題重要性認知統計圖

2. 對於繼續教育課程主題的興趣程度

　　填答者對於繼續教育課程主題的感興趣程度，在各項課程主題中，以「溝通技巧與能力」認同度最高，平均數為 4.180，而「資訊取用平等理念」平均分數最低，僅有 3.771。

　　除上述課程主題外，在開放性問題陳述中，填答者感興趣的其它課程，還包括相關經驗分享，例如至國內外圖書館參訪無障礙圖書館作業實務，以瞭解圖書館如何辦理推廣活動、增進服務技能與規劃軟硬體設備等。

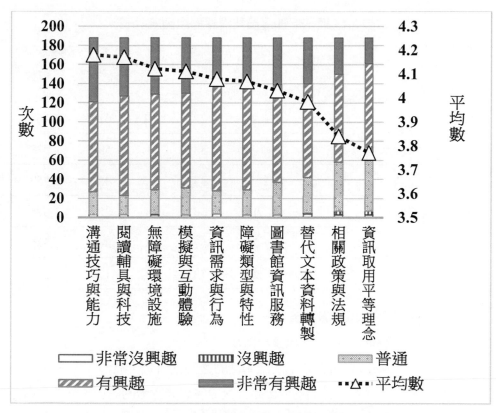

圖 3.3 繼續教育課程主題感興趣程度統計圖

3. 無法參加繼續教育課程的原因

　　填答者無法參加繼續教育的原因，以「開課地點」的平均數最高，為 4.164，其他依序為：「工作負擔無暇參加」、「不知道有此課程」、「課程內容不理想」、「主管不支持」，顯示館員無法參加繼續教育的原因，往往是開課地點以及時間的考量。

表 3.13 無法參加繼續教育課程原因統計表

原因	非常不同意	不同意	普通	同意	非常同意	平均數
開課地點	0	4	22	101	61	4.164
工作負擔無暇參加	2	9	33	91	53	3.978
不知道有此課程	1	7	33	105	42	3.957
課程內容不理想	3	11	58	88	28	3.675
主管不支持	3	24	57	68	36	3.585
沒興趣參加	9	27	73	62	17	3.271

（五）對於繼續教育認證的看法

1. 對於館員取得專業知能認證的態度

對於身心障礙服務館員專業認證制度的必要性看法，有 77.7％認為有必要，22.3％認為不必要。認同的原因是考量取得專業認證的館員，必須具有身心障礙讀者服務的基本知識，藉由認證制度能提升服務品質，同時亦能夠使身心障礙讀者感到安心，但填答者也表示認證制度需要有複訓制度相互配合，才能確保認證後專業素質的維護。

2. 對於專業認證制度設計的認同程度

詢問填答者認為專業認證制度設計的看法，其中對於「館員繼續教育課程累積研習時數做為專業認證依據」認同度最高，平均數為 4.026，其他依序為：「由專責圖書館擔任身心障礙服務館員專業認證機構」、「由圖書館學會擔任身心障礙服務館員專業認證機構」、「館員專業認證需要經過考試鑑定過程」、「認證資格經取得後永久有效」，顯示填答者認為繼續教育所累積之研習時數可作為專業認證依據，而非以取得相關學系學位作為評量標準。

表 3.14　專業認證制度設計的認同程度統計表

認證制度設計	非常不同意	不同意	普通	同意	非常同意	平均數
館員繼續教育課程累積研習時數做為專業認證依據	0	3	28	118	39	4.026
由專責圖書館擔任身心障礙服務館員專業認證機構	1	4	48	104	31	3.851
由圖書館學會擔任身心障礙服務館員專業認證機構	0	10	55	99	24	3.728
館員專業認證需要經過考試鑑定過程	3	19	50	92	24	3.611
認證資格經取得後永久有效	2	21	69	77	19	3.478
取得大專校院相關學系學位即具備專業資格無須申請認證	1	32	69	70	16	3.361

　　在開放填答意見中，有填答者表示專業認證制度應有法規明文規定，且須設定認證效期，通過認證者必須於固定時間接受教育訓練或考核，才能確保服務的品質。而資訊發展快速，軟硬體設施亦會不斷更新，因此設定年限才能鼓勵人才不斷進修，使圖書館服務更能貼近使用者的需求。

　　在認證機構方面，填答者多認為應由身心障礙專責圖書館負責認證事宜，並提供專業諮詢與實習培訓。不過亦有填答者認為認證制度並不能確保服務品質，圖書館的服務對象亦包含樂齡讀者、兒童讀者等，圖書館為讀者提供適切的服務比建立認證制度更為重要。

第五節　身心障礙服務館員培訓制度之發展

綜合前述分析，可知過往學校課程尚未全面關注此議題，即使存在相關知識之教學內容也是分散在圖資的資訊服務課程中，凸顯在職後更需要繼續教育彌補專業知識的缺口，而館員也認知有此項專業學習的迫切需求。至於需要強化的專業知識主題，則以瞭解身心障礙讀者、障礙者需求的服務、相關法規、應對能力與溝通、特殊館藏資源、閱讀輔具以及環境設備等內容。但閱讀輔具與技術發展課程在傳統圖書館讀者服務課程中較為缺乏，未來可借重與其他領域學者專家共同合作開課的方式，達成提升圖書資訊學專業教育課程與實務需求結合的目標。綜合上述研究調查分析結果，說明現階段我國身心障礙讀者服務館員教育訓練情況與問題如下：

一、館員擁有身心障礙專業知能教育者不多，有必要提供在職教育強化知能。

過去十年大學相關系所開授課程不少，但問卷調查顯示館員曾修習過身心障礙服務相關課程的比例偏低，即使修習過的課程，也多屬特殊教育系所開授的課程，顯示目前身心障礙服務館員缺乏職務所需之專業知能，需要優先推動在職繼續教育，強化專業知能。

二、相關課程主要集中在圖書資訊系所、特殊教育系所以及社會工作系所，不同領域授課重點有所區隔。

顯然關注「讀者服務」、「讀者服務研討」是圖資系所特色；認識「身心障礙者服務」與瞭解身心障礙者是特殊教育學系開授課程的重點；社會工作、老人照護或是社會政策等學系則偏向福利政策與服務工作性質的課程。代表身心障礙服務人才培育需要跨領域合作，未來培訓身心障礙服務館員的師資，需要結合不同領域教師專長，近年有持續開授相關課程的教師，是日後開授培訓

課程可以規劃的師資人選與課程諮詢的對象。

三、在職者囿於課程時間難以至大學相關系所修習正式學程，如有其他提供課程進修方式，將有助於館員接受繼續教育。

目前大學相關系所授課方式多採到校「課堂教學」，較不利於在職者到校進修。雖然館員意見調查顯示，館員喜好的在職進修方式，是以「聽演講或參加座談會」為最多，「參觀其他圖書館」次之，主要原因應是此類研習方式，時間較短，且能以公務時間推派參加，較無負擔。但對於「到大學選修或旁聽課程」，仍有 28.7%的支持度，對於「攻讀學位」也有 25.0%的認同度，顯示館員對於大學正式學程仍有一定的嚮往程度。因此，未來大學相關系所開課是否能兼顧在職進修需求，提供在職者線上教學或採學分認證方式，是強化在職者完備專業知能的發展方向之一。

四、研習課程以配合實務需求為學習重點，大學專業課程教育雖以理論與概念探討課程為主，但可適度納入實務知能，以因應職場人才需求。

大學課程內容對於認識身心障礙類型、平等服務理念以及身心障礙者資訊需求等概念性課程，有較多探討，但是對於技術性之資料轉製、閱讀輔具與科技等課程則較為缺乏。對照館員在問卷調查顯示對於繼續教育課程主題重要性的認知，是以「無障礙環境設施」認同度最高，最感興趣者則為「溝通技巧與能力」，顯示館員對於學習實務相關知能的迫切程度。而問卷開放性問題也呈現館員較關注的課程，包括經驗分享、實務機構參訪、情境模擬體驗等內容。因此，大學課程需要適度導入實務經營理念，而在職研習則可以規劃經驗分享、參訪學習、使用者座談、主題工作坊等與推動實務密合度較高的學習方式為主。

五、館員進修需兼顧工作時間要求，開課地點與時間影響學習意願，建置線上課程或是專業知識庫是較為理想的方式。

　　館員問卷填答表示無法參加繼續教育的原因，主要是「開課地點」與「工作負擔無暇參加」。填答補充說明也提到，由於沒有公假或找不到其他人代班而無法參與繼續教育。因此，即使館員有繼續教育的意願，但往往受限於時間而不克參與。如何提供在職者可兼顧工作時間，又能彈性學習專業知識的授課方式，可以考量發展錄製線上遠距課程，或是以 MOOCs 課程經營開放學習環境。

六、本調查結果提出之身心障礙讀者服務繼續教育核心知識主題，可供學校課程與研習活動內容規劃的方向。

　　問卷調查館員對於繼續教育課程主題之需求，無論是「無障礙環境設施」、「溝通技巧與能力」、「閱讀輔具與科技」、「障礙類型與特性」等皆有很高的支持度，至於「資訊需求與行為」、「圖書資訊服務」、「相關政策與法規」、「資訊取用平等理念」等屬於基礎型知識，亦有持續加強之必要。惟有「模擬與互動體驗」課程雖受歡迎，但嚴格來說，並不是學習知識主題，而是一種課程設計和進行方式，因此，未來課程設計可藉由在實際場域中，營造館員親身體驗身心障礙者取用資訊的問題，以培養館員換位思考的服務同理心。綜合文獻分析與問卷調查結果，修正圖書館身心障礙讀者服務之專業知能學習主題並說明內容如下：

（一）資訊取用平等理念：瞭解公平取用資訊與平等服務概念，具備正確資訊服務理念。

（二）障礙類型與特性：瞭解各種身心障礙讀者類型及其閱讀產生之障礙。

（三）資訊需求與行為：瞭解身心障礙讀者需求之資訊類型、尋求資訊的過程，可根據不同資訊需求提供適切的資訊服務。

（四）圖書館資訊服務：瞭解身心障礙讀者取用資訊特性，可規劃符合身心障

礙讀者之各種資訊服務內容。

（五）替代文本資料轉製：瞭解各種替代文本資料轉製技術以及轉製合法性。

（六）閱讀輔具與科技：瞭解不同障礙類型輔助閱讀科技設備，具備閱讀輔具
　　　採購與評選的知識。

（七）無障礙環境設施：瞭解各種無障礙軟硬體設施，針對不同類型障礙讀者
　　　規劃提供適切的圖書館環境設施。

（八）溝通技巧與能力：瞭解與不同障礙讀者的溝通方式，能因應處理不同障
　　　礙讀者在圖書館發生的問題。

（九）相關政策與法規：瞭解身心障礙相關權益法規以及資訊取用法令。

（十）資源取得與合作：瞭解各種身心障礙團體與資源提供管道，可申請資源
　　　補助並開發合作關係。

　　　此十項關於圖書館身心障礙讀者服務之核心知識主題，可提供圖書館進行
研習內容規劃以及學校課程發展之參考。

七、專業認證雖然可提升館員專業性，但認證制度需考量館員職場可行性。

　　　館員對於身心障礙服務館員專業認證的看法，在認證制度設計中，以「館
員繼續教育課程累積研習時數做為專業認證依據」的認同度最高，對於辦理認
證的機構，希望由專責圖書館擔任比由圖書館學會擔任者多，對於認證資格的
檢核方式，較支持以繼續教育累積之研習時數做為未來專業認證的依據，而非
以考試或學位要求作為評量的標準。

　　　本章歸納前述研究探討與分析，針對圖書館界及專責圖書館未來提供身心
障礙服務館員繼續教育發展之建議：

（一）身心障礙讀者服務專業教育需要不同系所跨領域合作教學，建議學校課
　　　程可導入專家演講與實務分享課程，或是加入參訪與模擬互動的學習。

（二）建議學校課程發展與在職繼續教育研習可參考十大項專業知能主題，逐

步規劃納入課程學習單元或是研習班講授主題內容。

（三）建議國臺圖對於身心障礙讀者服務館員專業能力培訓，除每年定期為館員辦理研習課程外，也能在學會每年的暑期研習班有實務相關的學習主題及課程，甚至主動與圖書資訊系所合作辦理學習活動。

（四）發展身心障礙服務館員專業認證需要指定專責機構辦理，建議由專責圖書館與中華民國圖書館學會合作規劃辦理。但鼓勵館員專業認證要有誘因，短期可藉由列入考績或是升遷條件考量，鼓勵館員取得認證。長期發展則建議於《圖書館法》中，加入對於專業認證要求的相關條文，成為館員資格的必要條件。

第四章　替代文本館藏發展

　　資訊的傳播多數是以視覺以及聽覺感知創作內容，在出版市場上一般可取得之文本（統稱常規文本）幾乎是為身心健全者打造的資訊傳播環境。然而，視覺障礙、聽覺障礙、學習障礙及其他感知著作有障礙者，因其身心靈之缺損或不完全，難以全盤接觸常規文本所提供之各類資訊，需要藉助科技技術輔助，將資訊內容轉換為身心障礙者可取用的資訊形式，身心障礙者始可透過閱讀輔具的協助，弭平此一缺憾。所有提供身心障礙讀者能直接或運用輔助閱讀設備可接觸之文字、聲音、圖像、影像或其他圖書資訊無障礙版本，通稱為「替代文本」（alternative format），其類型可包含點字書、有聲書、大字體書、雙視圖書、口述影像等。

　　根據過往之研究調查顯示國內圖書館可提供身心障礙者使用之替代文本館藏資料類型，以錄音帶有聲書最為普遍，其次為數位有聲書（MP3、MP4 等格式）和紙本點字書，DAISY 有聲書並不普遍；雙視圖書和電子點字書有逐步增加，而大字體書、立體觸摸書、口述影像資料較為罕見。公共圖書館僅有少數圖書館可提供涵蓋各類型之替代文本，多數圖書館典藏之替代文本館藏資源相當有限（林巧敏、賀迎春，2015；林巧敏，2016b）。

　　國內圖書館與出版機構對於替代文本之製作與發行尚缺乏共識，主要問題在於轉製替代文本過程，多數需要取得內容文字檔，目前出版機構對於提供全文電子檔仍有疑慮，替代文本之製作皆以圖書館自行轉製為大宗，但轉製過程重新繕打製作費時耗工，致使替代文本之產出困難重重（林巧敏，2016b，2016c）。

有鑑於發展圖書資訊替代文本館藏是提供身心障礙讀者服務的基礎建置工作，圖書館需要瞭解此類文本格式以及轉製相關問題。因此，本章旨在介紹圖書資訊替代文本館藏類型以及出版市場狀況，說明圖書館建置替代文本館藏的必要性和館藏發展問題。第一節根據身心障礙者閱讀特性分述各種圖書資訊替代文本格式，第二節分析臺灣出版市場概況以及出版機構對於替代文本製作發行的態度，藉此探究替代文本合作館藏發展之潛力。

第一節　圖書資訊替代文本格式

圖書館的館藏資料需要能無礙地提供所有讀者皆能便利使用，其中自然包含身心障礙讀者，對於無法閱讀常規文本的身心障礙讀者，圖書館需要考量其障礙類型提供替代文本資料，然而，不同類型障礙者因其感知著作的障礙問題不同，所需之替代文本格式也不盡相同，因此，根據感知常規著作有困難之身心障礙讀者類型說明各類替代文本格式如下：

一、視覺障礙者

視覺障礙者因其視覺缺損，對於資訊取得主要是藉由聽覺及觸覺的方式，讓視障者獲取資訊。提供視覺障礙者使用之替代文本形式，包括（汪育儒，2013；林巧敏，2016d）：

（一）點字圖書：點字是以二排三列共六點所組成，全世界的點字均由此六點加以變化，並賦予不同的意義，中文的點字是以注音符號與四聲拼音為拼字基礎，其形式可以是紙本出版的點字圖書或是文件格式的電子點字圖書。紙本點字書製作耗時且製作成本昂貴、體積大而不利於攜帶，透過現代科技可運用螢幕提供相同功能的點字觸摸閱讀機呈現。

（二）有聲圖書：有聲圖書是個人或多人依據文稿，藉著不同的聲音表情和錄音格式所錄製的作品，常見的有聲書格式為錄音帶、CD、數位檔（例如

MP3）以及 DAISY（Digital Accessible Information System）格式，目前常見的有聲書為 MP3 與 DAISY 格式。其中 DAISY 格式係有鑑於傳統有聲書必須循序聽讀而無法滿足檢索篇章的要求，而發展出具有章節層級及加入書籤、指定頁碼的功能，比起一般傳統有聲書，更符合明眼人的閱讀習慣，其特色包含：減少搜尋聽讀的時間、可重複聽取重要部分、可調整聽讀的速度和音調、文字和聲音同步（Kahlisch, 2008；宋雪芳，2012）。

（三）大字體圖書：是對於無法閱讀書籍中過小的文字或圖表的障礙者所製作的放大字體圖書。大字體書往往是為年長且視力不佳的讀者而製作出版，是比原有書籍與字體大兩倍的圖書。但對弱視者而言，大字體書只有放大字體還不夠，印刷品質也會導致弱視者無法分辨個別單字，故其使用對象較為侷限。

（四）雙視圖書：是讓障礙者與非障礙者可以同時閱讀的圖書，可在同一個版面中收錄文字與點字，通常會使用在指南書、訊息稿或幼兒與兒童教材上。雙視圖書是在點字上方並附文字顯示，使明眼人也可以知道視障者摸讀的點字內容，其頁面呈現形式有三：一是在普通圖書上面直接貼上點字透明膠膜；二是點字書加上手工書寫，以利普通班老師教學；三是專製雙視點字書，先將文字檔在普通印表機列印輸出後，再以點字印表機印上點字碼（宋雪芳，2012）。

（五）電子書：是指可供視覺障礙者透過網路搜尋和閱讀的電子型式圖書，因其內容可以搭配視障輔助閱讀軟體，讀出聲音或轉為點字。雖然不是專為視覺障礙者產生的文本形式，但藉助此一數位出版電子書的趨勢，可擴展視覺障礙者取用文本的範圍。

（六）口述影像（DVS-Descriptive Video Service）：是在電影或連續劇畫面中對於重要的視覺要素，如動作、背景、身態等內容，在台詞與台詞之間做說明，以便於視覺障礙者可以想像和理解電影內容。

視覺障礙者因視力程度、年齡、能力等個人因素影響，其資訊需求與偏好之讀物類型因人而異，視障者使用的主流文本形式為點字書、有聲書、大字書、雙視圖書、其他盲用資料（例如：點字地圖、點字樂譜）等，此類文本形式大多無法由一般出版社或書店購得，需要藉助視障服務圖書館取得閱讀資訊。但隨著科技發展，數位點字書、數位有聲書（例如：MP3 或 DAISY 格式）、電子書等電子資源，可利用網路傳輸提供視障者不受時空限制、更為便利的取用途徑。

目前透過數位技術，可運用掃描設備及光學文字辨識軟體（Optical Character Recognition, OCR）或是人工打字輸入的方式，將印刷文字轉為數位資訊成為「電子文字檔」。電子文字檔可再經由文字轉語音的功能，成為「電子聲音檔」，透過 DAISY 有聲書製作軟體的編輯即成為「DAISY 有聲書」的格式；也可以利用電腦軟體和播放機直接播放成為數位有聲書（王建立，2006）。而電子書 PDF 及 EPUB 格式亦可透過螢幕閱讀程式或文字轉語音的功能，轉換成視障者可讀取的方式。

在國外的視障有聲書格式多致力於推行 DAISY 有聲書，而我國在 DAISY 格式服務以及製作上不如國外之積極推動，多數視障讀者仍以 MP3 格式為慣常使用之有聲資料形式。DAISY 有聲書製作的最大瓶頸是在於如何及時取得電子檔進行轉製格式，目前國內出版界已發行之圖書資源多半已有電子文字檔，如能仿效國外經驗由專責機構與出版界協調合作，取得電子文字檔直接轉為 DAISY 有聲書或是其他視障可讀格式，將可大幅提昇視障者可取用之圖書資訊內容數量。

二、聽覺障礙者

聽障者與視障者不同，很容易會被認為因為眼睛看得到，所以使用文字資料沒問題，但是聽障者因先天或早期聽力喪失，對於文章與單字的理解力通常較差，對於以文字所呈現的內容，也有閱讀理解的障礙，因此，提供聽障讀者

使用的圖書資訊格式，除了要將仰賴聽覺感知的內容（如：影片）加上輔助說明，也需要加入內容易懂和圖解豐富的圖書。此類有助於聽覺障礙者閱讀之替代文本格式，包括（汪育儒，2013；林巧敏、賀迎春，2015）：

（一）加註字幕/手語的影片：國內製播之節目多數已有字幕，但國外影片往往缺乏字幕，需要後製加上字幕，或是圖書館在採購影音資料時，要求代理商提供可開關字幕設定之影片內容，讓採購之影片可供一般讀者和聽障讀者皆可依需求設定。有些影片內容會為聽覺障礙者之閱聽需求，在影片放上手語影像，圖書館可指定採購此類替代格式影片。

（二）手語影像圖書：將一般圖書或有聲影片改編為以手語呈現的圖書，通常是為兒童製作的手語童話，以及為成人製作因應日常生活必要的法律、文化、休閒等手語影像資料等。藉助網路傳送資訊的便利性，此類手語影像圖書會放置於網路提供下載使用。

（三）容易閱讀的圖書（Easy-to-read Books）：為了能讓聽障者較容易閱讀理解一般的圖書內容，而使用較簡單的單字或是將內容改寫後的圖書版本，在國外也有出版社會針對兒童或青少年為對象，將暢銷的書籍內容加以改編出版易讀本。

三、學習障礙者

　　提供學習障礙讀者使用的資料，是圖書館藏發展的新領域，此部分館藏資源之建置可諮詢特殊教育專家取得更具體的建議，圖書館需要瞭解學習障礙與智能障礙不同，學習障礙者並非因為智能低下而導致學習困難，學習障礙者在學習過程可能出現的特徵為（曾瓊瑩，2017）：

（一）閱讀困難：辨識國字或拼讀注音困難，閱讀速度很慢且常常發生錯誤，常有跳行跳字的現象，雖然可以唸完一段文章但卻不瞭解文章內容。

（二）書寫困難：注音的拼寫或國字的仿寫或書寫有困難，筆畫很難辨認，或者組成的句子不完整。

（三）運算困難：無法瞭解數字之概念、無法心算，需用手指或實際操作才能計算。

（四）推理困難：理解文章隱含意義或運用數學概念解決問題的能力很差。

（五）聽覺處理困難：對於複雜的指令或者是冗長的陳述內容不能理解。

（六）口語表達困難：運用詞彙或句子表達自己的想法有困難。

　　因此，提供給學習障礙者的資訊，需要經過特別處理，例如：將圖形轉換成文字說明並結合語音傳達、依使用者需求調整文字顏色或對比、利用閃示字幕加上聲音呈現、可放大或改變版面形式的電子書。尤其圖書館對於數位形式館藏資源的建置，必須考量這些數位館藏能否藉助語音報讀軟體、螢幕閱讀軟體（如 NVDA、JAWS）、放大字體軟體或是調整顯示器等方式，提供學習障礙者將一般使用的電子形式內容，透過輔助學習軟體與設備，轉成學習障礙者容易接收的形式。對於學習障礙者而言，電子形式文本若能配合相關科技輔具，進行內容呈現方式的調整，即可大幅減少閱讀過程的學習障礙。因此，館藏資料中較為適合學習障礙者使用的文本類型，包括：

（一）版面可編排和標示之文字電子檔

（二）圖解清楚/容易閱讀/字彙量少的文本

（三）有聲出版品

四、閱讀困難者

　　閱讀困難者為學習障礙的一種表現，閱讀障礙者往往與一般人在視覺的辨識和記憶上有顯著的差異，這些障礙可能會導致其在圖書館尋求資訊時，會有資源搜尋困難或者是閱讀文本內容的障礙，無法與一般人一樣，能夠立即且有效的獲取圖書資源。由於閱讀困難者有使用一般常規出版品的問題，需要類似學習障礙者的閱讀輔助，可提供大字書、有聲資料或是藉助機械、光學輔助工具促進閱讀，但閱讀困難讀者比較難以由外觀判別，圖書館可以在館藏發展過程，徵集採選有助於閱讀困難者使用的圖書資料類型，例如：

（一）版面可編排和標示之文字電子檔

（二）有聲出版品

（三）大字體圖書

（四）容易閱讀的文本

　　不同身心障礙讀者類型所使用之替代文本格式略有不同，圖書館在建置館藏之際，對於提供視覺或聽覺功能障礙讀者之替代文本，是圖書館需要優先考量的基本館藏，因其視覺與聽覺生理問題導致取用常規文本的障礙程度較高，特別需要圖書館保障視覺或聽覺障礙者閱聽資料的權益。針對《圖書館法》所稱之感知著作有困難的服務對象，將不同身心障礙讀者適用的資料類型，歸納整理如下：

表 4.1　不同身心障礙讀者適用之資料類型

障礙類型	文字電子檔	大字體圖書	有聲出版品	點字書	有旁白或手語的錄影資料	容易閱讀的文本
視覺障礙	√	√	√	√		
聽覺障礙	√				√	√
學習障礙	√	√	√			√
閱讀困難	√	√	√			√

五、閱讀輔助工具

　　閱讀輔助工具（簡稱輔具）是為了讓身心障礙者在溝通、學習、工作、移動等各個生活層面都能有效活動所研發的設備。圖書館為了讓身心障礙者在資訊可及性上更為便利，針對不同障礙類型需要提供適當輔具，當身心障礙者提出要求時可迅速提供服務。圖書館需要準備適足的替代文本播放設備數量與類型，不只限於館內提供，也可借用至館外，讓身心障礙者可以在家中或是職場

皆能毫無困難的使用圖書資訊。為了達到上述要求，圖書館在編列輔具預算時，除了採購費用還要納入維修的經費。針對不同身心障礙類型需要的輔具要求，分述如下（汪育儒，2013；林巧敏，2016c）：

（一）視覺障礙者的輔具：例如點字印表機、點字資訊終端機、畫面朗讀軟體、畫面放大軟硬體、二維條碼語音輸出軟硬體、播放有聲圖書的軟硬體、印刷品轉換聲音輸出機、文件辨識軟體及周邊設備、大型螢幕、語音辨識軟體、點譯軟體、播放電子點字圖書軟體、放大鏡、手機等。

（二）聽覺障礙者的輔具：例如影像電話機、字幕接收機、震動信號裝置、聲音增幅機等。

（三）學習障礙或閱讀困難者的輔具：例如可使用電腦作為閱讀工具以播放文本內容文字電子檔，可使用語音報讀軟體、提供螢幕閱讀軟體（如NVDA、JAWS）、可放大字體的軟體或是顯示器等（朱惠甄、孟瑛如，2014）。

（四）肢體障礙者的輔具：例如可協助操作的特殊滑鼠、特殊鍵盤、文字輸入軟體、語音辨識軟體、輸入輔助工具、閱讀輔助工具、可調整高度的顯示器、觸控式螢幕等。

　　國內對於身心障礙者在應用科技輔具方面，投注不少資源進行開發研究，市面上也有不少經由產學合作開發的產品，圖書館在採購此類產品時，可諮詢相關領域之學者專家和身心障礙者的使用經驗，以採購較為通用和容易操作的輔具為原則，由於身心障礙者使用的替代文本格式往往需要搭配閱讀輔具才能發揮效用，所以，閱讀輔具的購置是圖書館在館藏發展時，必須納入的必要環節。

第二節　替代文本之製作與供應情形

　　身心障礙者使用之替代文本圖書資源皆需要經過內容轉換過程，轉製成為

身心障礙者可讀取的格式，科技技術的進步讓轉換過程，得以運用圖書內容文字檔轉換成聲音輸出或是電子點字圖書，藉助輔助閱讀軟體也能根據閱讀需求改變字體和版面格式，進一步可提供各種感知著作困難者閱覽使用。但取得圖書資訊內容電子檔需要出版機構的支持和供應，出版機構囿於電子盜拷可能會影響市場獲利的疑慮，對於提供出版品內容電子檔的態度較為保守，致使國內提供身心障礙者圖書資訊服務之圖書館，即使已有各種輔助科技的轉製運用，但多數仍然必須仰賴人力重新繕打和校對，導致身心障礙者可取用之資訊數量與內容品質，難以等同一般人的程度。

目前國內提供身心障礙者使用之替代文本圖書資源，多數仰賴政府機構支持之學校或是圖書館進行圖書資訊的轉製工作，國內出版市場鮮少如同國外出版機構有大字體圖書或是易讀本的發行。針對國內替代文本圖書資源的市場供應問題，本節說明政府機構提供之替代文本資源服務現況，剖析出版市場供應替代文本的問題，並採用問卷調查瞭解出版機構的態度與意願。

一、學校或圖書館之替代文本資源

在各種替代文本格式中，尤以提供視覺障礙者使用之點字書和有聲書的製作過程較為繁瑣，一般製作過程需要打字輸入、報讀校對、重製出版或是以專人一字一句錄音再製，製程冗長且耗時費力，往往造成視覺障礙者對於圖書資訊的取得比一般人困難。

國內提供視障者替代文本資料之圖書館，首推國立臺灣圖書館視障資料中心，主要業務為製作出版及供應視障者讀物，並提供視障資料流通借閱、參考諮詢及舉辦多元終身學習課程等服務。國立臺灣圖書館於 2011 年 12 月，經教育部指定為全國視障專責圖書館，肩負落實及推動視障電子化圖書資源整合與應用的重要使命。2014 年 11 月復經擴大指定為落實及推動「身心障礙者數位化圖書資源利用辦法」之專責圖書館。2015 年完成第一期「101-104 年強化視障者電子化圖書資源利用中程發展計畫」。2016 年 2 月接續啟動為期四年之

「105-108 年強化身心障礙者數位化圖書資源利用中程發展計畫」。國立臺灣圖書館視障資料中心典藏醫藥健康、語言文學、生活休閒、自然、科學、史地等不同主題範疇之視障資料，也蒐集得獎好書、專家學者推薦好書、工具書及兒童圖書等優良讀物，自製或委外製作成點字及有聲圖書，並採購坊間有聲書及音樂光碟，提供視障者主題廣泛且格式多元的圖書資訊。國立臺灣圖書館除了發展數位點字圖書外，亦製作 MP3 及 DAISY 格式之有聲電子圖書（葉乃靜，2017）。

2012 年 12 月國立臺灣圖書館啟用符合 AAA 等級無障礙網頁規範之「視障電子資源整合查詢系統」（https://viis.ntl.edu.tw/），提供視障者書目查詢、瀏覽下載、個人化介面、新書通報及介接相關視障資源網站連結等功能，透過書目匯入或分散式整合查詢方式，整合國立公共資訊圖書館、國立彰化師範大學圖書館、臺北市立圖書館、高雄市立圖書館及淡江大學視障資源中心等視障書目資料，同時與清華大學之「視障有聲書通報系統」及民間機構愛盲基金會之「有聲書平臺」連結，充實有聲書書目資訊；此外，也結合國家圖書館所提供一般圖書、學術期刊與博碩士論文資訊系統書目資訊，輔助視障者取得更多元之資訊來源。

「視障電子資源整合查詢系統」自 2018 年起陸續與國立公共資訊圖書館、臺北市立圖書館、高雄市立圖書館、國立清華大學盲友會及國立彰化師範大學圖書館進一步合作建置聯合書目與館際互借服務，使相關視障機構的各項資源能更為有效流通利用，方便讀者以單一帳號取得不同機構的資源。2019 年為能更符合多元的資訊載具呈現，前臺改為「自適應網頁」，能依載具畫面大小呈現最適合的配置。系統後臺亦完成服務架構升級，提供開放資料、開放服務及開放 API 設計，持續提升易用性及便利性，以期更貼近身心障礙者的閱讀需求。截至 2019 年 12 月止，總計整合書目 55,185 筆，其中能直接在線上點閱/聆聽/下載之電子點字書、有聲書、電子書約 15,873 筆，查詢次數累計 216,475 人次。

此外，為解決視覺障礙學生就學的教科書轉製問題，教育部主要委託淡江

大學視障資源中心代為製作高中、高職及大專院校點字教科書，除了一般通識教育的中文教材外，也有數理學習、第二外語（日文、西班牙文）、中國文言古文等較為艱深之專業大專用書（淡江大學視障資源中心，2020a）。

　　淡江大學視障資源中心之設置始於 1969 年的「盲生課業及生活輔導小組」，1980 年擴編成盲生資源中心，承教育部委託辦理大專校院暨高中職視障輔具中心及視障點字圖書業務。盲生資源中心設有輔導組、點字組、系統維修組、輔具中心及 Eye 社會創新客服中心等部門，提供該校身心障礙學生及全國視障者完善的資源連結與服務。2014 年起，盲生資源中心更名為視障資源中心，輔導組正名為資源教室。為視障者提供全方位服務，包括生活輔導、課業輔導、諮商輔導、職業輔導及綜合活動。在視障資源方面也製作點字圖書資源，協助視障生閱讀與學習。視障資源中心承辦教育部計畫製作高中及大專點字教科書，提供給全國高中及大專全盲生課堂學習用書及考卷製作（葉乃靜，2017；淡江大學視障資源中心，2020b）。淡江大學視障資源中心於 2003 年成立「華文視障電子圖書館」提供視障電子點字書查詢及下載使用，該網站於 2020 年改版為「華文視障圖書網」（http://elib.batol.net/index.cshtml），不僅可提供閱讀排行榜和個人使用紀錄，也可支援行動裝置的線上閱讀。

　　教育部亦以計畫委託國立清華大學製作自然學科有聲教科書、國立彰化師範大學製作人文社會學科有聲教科書，由當年之文建會（今改稱文化部）補助國立清華大學盲友會建置「視障數位有聲書資料庫平台」（https://bsl.cs.nthu.edu.tw）提供線上使用，為國內典藏視障有聲電子書之網站。

　　而私立視障資源機構能提供製作有聲書及服務者，有：財團法人愛盲文教基金會、臺北市私立盲人有聲圖書館、財團法人普立爾文教基金會。而財團法人普立爾文教基金會則以提供雙視點字童書、DASIY 格式有聲工具書、音樂有聲書等資料類型為主。

　　但過往研究顯示，國內每年轉製的替代文本資源數量，對於滿足身心障礙者多元的閱讀需求，仍屬不足（翁婉真，2002；鄭淑燕、賴翠媛，2010；薛理

桂、林巧敏，2012）。目前對於替代文本格式的發展，是以建置數位資源為趨勢，以提供身心障礙者透過輔具可直接在線上閱覽或是下載使用，同時具有不受限於線性閱讀、能重複、可自由點閱之便利性，也兼具儲存容量大、易於攜帶的優點，成為替代文本格式的首選。

二、出版市場供應替代文本的問題

圖書出版市場在圖書出版過程中，皆已有內容排版之電子檔，如能取得內容電子檔將有助於加速替代文本的轉製。且依我國《著作權法》第 53 條規定：「中央或地方政府機關、非營利機構或團體、依法立案之各級學校，為專供視覺障礙者、學習障礙者、聽覺障礙者或其他感知著作有困難之障礙者使用之目的，得以翻譯、點字、錄音、數位轉換、口述影像、附加手語或其他方式利用已公開發表之著作。」換言之，中央或地方政府機關、非營利機構或團體、依法立案之各級學校為因應專供感知著作有困難者使用，可不經著作者授權，而逕行轉製著作為替代文本格式。雖然法規已保障為特定目的之例外使用，但如何能順利自著作權人或是出版機構直接取得電子檔，以加速無障礙的替代文本轉製，才是真正的關鍵問題所在。

因為提供電子檔將增加著作權人著作權以外之負擔，國際公約及各國著作權法均未強制著作權人有必須提供的責任，而是以透過協調方式取得著作權人之合作提供。在臺灣，除了高中職以下教科用書及博、碩士論文，因性質特殊，基於公益考量得以法律強制徵集外，一般圖書方面，只能做宣示性規定，使得圖書館對於轉製替代文本之電子檔取得，尚不具強制徵集的條件（章忠信，2020）。因此，圖書館對於出版市場上已發行圖書之轉製，仍以鼓勵捐贈和採購方式，徵求取得出版機構願意提供之內容電子檔，對於電子檔取得的數量與格式，則端視出版機構之意願和支持。

整個出版市場在替代文本的供應數量，如果和國家圖書館《108 年臺灣圖書出版現況及趨勢報告》呈現之國內出版量比較，可知臺灣地區民國 108 年計

有 4,952 家出版社（含政府機關團體、個人等）登記發行 36,810 種新書。但查詢比對擁有國內華文視障資源最豐富之「華文視障圖書網」的 108 年書目，僅有 1,411 筆（華文視障圖書網，2020），與當年度出版新書數量相比，視障者得以接觸之圖書資訊量只有當年度圖書出版量的 3.8%，相較於一般人可以取得之圖書資訊量，顯然不足。再者，利用國立臺灣圖書館建置之「視障電子資源整合查詢系統」查詢各合作館累計之替代文本館藏總數為 55,185 筆，同樣呈現國內圖書館對於替代文本的轉製與提供，也無法與出版市場的出版量相比，顯示身心障礙者得以接觸文本的數量遠遠落於一般人之後。

根據林巧敏（2016b）訪談分析國內公共圖書館對於替代文本館藏發展的意見，認為替代文本圖書資源之轉製應採集中作業模式，發展全國身心障礙讀者服務合作圖書館聯盟，由專責圖書館統籌協調上游出版機構取得圖書資訊內容電子檔，並統一轉製替代文本圖書資源，以合作館藏資源分享方式，提供線上閱覽或是館際資料申請寄送服務。由於替代文本圖書資源轉製過程所費不貲，與其讓各圖書館零星採購或轉製，不如由專責統一機構集中資源發展，各館則藉由網路分享數位館藏資源。

但出版機構對於提供圖書資訊內容電子檔仍有諸多疑慮，主要問題在於：

（一）缺乏取得出版內容電子檔的強制法規：圖書館轉製替代文本缺乏從出版社取得出版品內容電子檔的強制要求，圖書館仍然需要經由採購或是人工逐字繕打，才能將文本內容轉為電子文字檔，致使徒有輔具設備卻無法及時轉製為替代文本館藏資源的困境（薛理桂、林巧敏，2012）。

（二）出版機構對於提供內容電子檔的保護有疑慮：1997 年 12 月行政院新聞局曾召開國內各大出版社研商會議，討論《行政院新聞局獎勵發行盲人出版品辦理要點》草案，已有出版社基於對視障者的關懷，願意提供電子檔，但提供範圍有限，仍無法有全面認同（洪錫銘、彭淑青，1998）。主要的原因是出版社對於若將內容電子檔交予轉製機構後，轉製機構是否可確保製作之替代文本內容只限於身心障礙者使用，又或者電子檔是

　　否會因人為疏失和資訊安全問題，發生盜拷導致產生不當傳播的遺憾。

　　由於現行《圖書館法》第 9 條僅要求圖書館應寬列經費辦理特殊讀者（視覺及聽覺障礙者等）服務，並未賦予圖書館適當權限，使其得向出版人徵集內容電子檔，以供轉製成身心障礙者方便接觸之無障礙版本（替代文本）。即使《圖書館法》第 9 條增訂第 2 項規定，授權中央主管機關就圖書資訊特殊版本之徵集、轉製、提供與技術規範及其他應遵行事項訂定相關辦法，仍是未明文規定圖書館有徵集內容電子檔之權限（章忠信，2014）。

　　因此，即使有專責圖書館統籌集中替代文本轉製工作，並建置雲端系統提供館藏資源整合查詢服務，但如果無法順利自出版人取得著作內容電子檔，依舊需要圖書館重複繕打、校對的人力，並無助於加速館藏之建置。根據林巧敏（2016c）調查統計臺灣縣市級以上之 28 所公共圖書館以及設有特殊教育資源中心之 31 所大學圖書館擁有館藏替代文本數量（表 4.2），呈現特殊版本館藏資源成長速度緩慢，多數圖書館每年新增替代文本館藏量不到 500 種，替代文本館藏徵集來源，以採購（有聲書）為大宗。圖書館替代文本館藏類型以有聲書最多，使用情形也以借閱數位有聲書為主，其他替代文本類型的資料建置較為缺乏。圖書館替代文本徵集問題，在於經費不足以及電子檔取得困難，最為嚴重。

表 4.2　臺灣公共圖書館與大學圖書館替代文本館藏量統計

類型	總計數量
數位有聲書（DAISY、MP3/MP4）	86839
紙本點字書（含雜誌）	28378
雙視圖書（含雜誌）	8097
加註字幕/手語的影片（Video/DVD）	16174
數位點字書（含雜誌）	75845
類比有聲書（錄音帶）	142558
大字體書（含雜誌）	561
口述影像影片（DVS）	23
立體觸覺圖書	21

資料來源：林巧敏（2016c）。臺灣地區圖書館身心障礙讀者服務現況與意見調查。國家圖書館館刊，105(2)，99-126。

　　由於我國法規並未賦予專責圖書館強制徵集的權利，故而，圖書館建置替代文本館藏數量成長緩慢，如果能克服自出版端取得圖書資訊內容電子檔的問題，即可大幅降低替代文本轉製的人力與經費，對於提升身心障礙讀者取得圖書資訊的來源有莫大的助益。針對此一困境，有待圖書館與出版人持續溝通，瞭解出版人對於提供替代文本資訊內容的態度與意見。

三、出版人對於製作發行替代文本的看法

　　由於出版人對於提供替代文本電子檔的認知與態度，將影響圖書館建置替代文本的館藏成效，因此，本文藉由網路問卷調查，瞭解出版人對於替代文本

製作意願及其對於供應電子檔轉製文本的態度，期許可提供圖書館建立替代文本轉製制度之參考。

囿於國內出版機構營運規模差異大，問卷發送以具有相當出版量之出版業者為主，採網路問卷方式填答，於 2018 年 10 月進行調查，總計回收 38 份問卷。填答者年齡分布以 21-30 歲者最多，填答者從事之業務主要為編輯。

表 4.3　出版人對於替代文本認知調查之填答者背景分析

背景項目		人數	百分比
年齡	21-30 歲	21	55.3
	31-40 歲	7	18.4
	41-50 歲	10	26.3
從事業務	公司負責人	2	5.3
	版權業務	1	2.6
	編輯業務	26	68.4
	發行業務	2	5.3
	行銷企劃	7	18.4

問卷問題主要徵詢三個面向意見：一是有關替代文本的出版情形及出版意願；二是對於身心障礙者資訊取用權益之認知與瞭解；三是對於建立替代文本轉製制度的看法。以下分述此三面向問題調查分析結果。

（一）替代文本之出版情形及意願

替代文本是將出版內容透過轉換的機制，以身心障礙者可閱讀方式呈現文本形式，問卷調查出版人的出版機構有否出版過替代文本的紀錄，回覆曾出版過者略多於未曾出版者。如果探詢出版機構未來是否有出版或發行身心障礙者

使用之替代文本的意願，沒有意願的人數，比有意願者多，顯然對於替代文本的出版發行，出版機構偏向不支持。

表 4.4　替代文本出版情形與出版意願之統計

分析項目		人數	百分比
替代文本出版經驗	曾出版過	23	55.3
	未曾出版過	15	18.4
出版或發行替代文本的意願	非常有意願	1	2.6
	有意願	9	23.7
	普通	16	42.1
	沒有意願	9	23.7
	非常沒有意願	3	7.9

　　統計出版人回覆曾經出版之替代文本類型，以電子書最多，若不論 PDF 或 EPUB 格式，曾出版過電子書之出版機構，占 42.1％，其次為 MP3 或 MP4 有聲書，占 15.8％。如果詢問有興趣出版之替代文本類型，同樣是以電子書和有聲書為最多，但有聲書格式顯然較支持 MP3 或 MP4 格式，對於視障專用之 DAISY 格式，出版機構的支持度偏低（2.6％）。如果比較曾經出版過和未來有興趣出版的文本類型差異，除了電子書和有聲書依然受到出版機構認同有興趣繼續出版之外，可以發現大字本書、觸覺圖畫書、有手語或字幕的錄影資料，開始受到出版機構的關注，對於這些類型有興趣出版的意願顯然是比現在已出版的情形高。

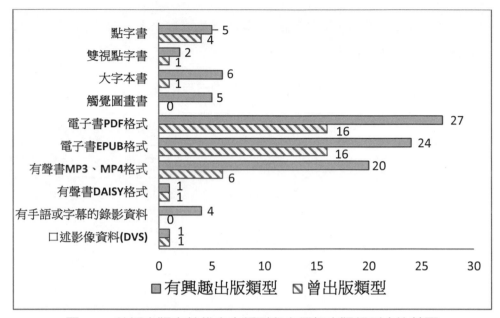

圖 4.1　曾經出版之替代文本類型與有興趣出版類型之比較圖

統計分析出版人認為會影響出版機構出版替代文本的因素，並依其認同程度平均數排序各項影響因素，將認同度由高至低排列為：轉製過程的成本、銷售市場獲利的評估、政府是否提供補助、對於相關法規的瞭解、存在電子檔被複製的風險、有影響一般文本銷售的疑慮以及擔心非身心障礙者的使用。

表 4.5 影響替代文本出版意願之因素統計

影響出版意願因素	非常不同意	不同意	普通	同意	非常同意	平均數
轉製過程的成本	0	1	1	11	25	4.57
銷售市場獲利的評估	0	1	1	11	25	4.57
政府有否提供補助	2	0	9	12	15	4.00
對於相關法規的瞭解	0	1	12	19	6	3.78

影響出版意願因素	非常不同意	不同意	普通	同意	非常同意	平均數
存在電子檔被複製的風險	0	6	14	11	7	3.50
有影響一般文本銷售的疑慮	2	11	10	7	8	3.21
擔心非身心障礙者的濫用	7	9	11	5	6	2.84

（二）對於身心障礙者資訊取用權益之認知與瞭解

　　分析出版人對於未來如果以制訂法規方式，保障身心障礙者取用資訊權益的作法，偏多數是認同可以制定法規以保障身心障礙者取用資訊的權益。

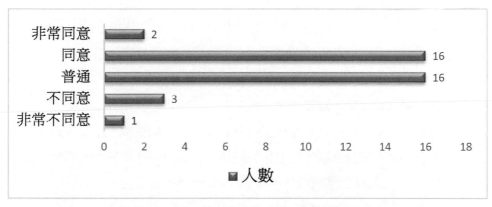

圖 4.2　對於制訂法規保障身心障礙者權益的認同程度分布圖

　　為瞭解出版人對於身心障礙者相關法規之瞭解程度，問卷羅列各項法規條文內容，並詢問出版人對於我國現行身心障礙者取用資訊權益保障相關法規內容的瞭解程度，呈現不瞭解的程度比例多於瞭解程度的比例，平均數皆在 2.5上下，代表多數出版人對於身心障礙者取用資訊法規的認識不足，如果缺乏正確的認識，自然也會影響對於供應替代文本資料的意願。

表 4.6 出版人對於身心障礙相關法規之瞭解程度統計

身心障礙相關法規	非常不瞭解	不瞭解	普通	瞭解	非常瞭解	平均數
身心障礙者數位化圖書資源利用辦法第 10 條	3	16	8	10	1	2.73
身心障礙者數位化圖書資源利用辦法第 4 條	4	14	12	7	1	2.65
身心障礙者權益保障法第 30-1 條	4	17	9	8	0	2.55
身心障礙者權益保障法第 30-2 條	6	16	6	10	0	2.52
著作權法第 53 條	7	14	8	9	0	2.5

（三）對於建立替代文本轉製制度的看法

詢問出版人認為替代文本的轉製與提供責任為何種機構，出版人較多數認為應由政府指定專責圖書館辦理，其次則是認為由出版社與專責圖書館合作，顯示出版機構也認同出版機構對於替代文本的轉製負有責任。

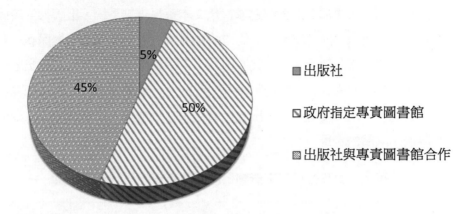

圖 4.3 對於替代文本轉製與提供機構責任之認同統計

詢問出版人之出版機構如有出版替代文本資料，是否有意願送存專責圖書館典藏，認為有意願者高於沒有意願者，但如果進一步詢問出版人，若專責圖書館基於轉製替代文本需求請出版社提供全文電子檔，出版機構對於送存全文電子檔的意願低於出版品的送存意願，顯示出版機構對於電子檔的送存態度較為謹慎。

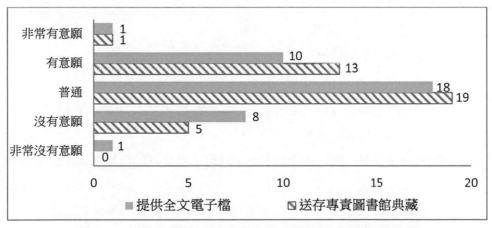

圖 4.4 出版人對於提供全文與送存意願之認同度分布圖

　　詢問出版人如果專責圖書館建置替代文本資料查詢系統，出版人對於此系統營運制度的看法，同意程度最高的作法是希望「系統善盡著作權保護，務必限制使用對象為身心障礙者」，其次則為「系統可依據點閱次數回饋出版社全文使用費用」，但對於「出版社將願意開放的全文電子檔自行上傳系統無償使用」的認同度平均數最低，顯示出版機構在乎的事項是授權保護問題以及能否有使用費用回饋的考量。

表 4.7　對於替代文本查詢系統營運方式的認同程度統計

	非常不同意	不同意	普通	同意	非常同意	平均數
系統善盡著作權保護，務必限制使用對象為身心障礙者	0	2	10	11	15	4.02
系統可依據點閱次數回饋出版社全文使用費用	3	4	10	15	6	3.44
專責圖書館以市售定價折扣的方式採購出版社電子檔	2	5	13	15	3	3.31
出版社將願意開放的全文電子檔自行上傳系統無償使用	10	10	15	2	1	2.31

　　根據前述問卷調查分析結果，將出版人對於替代文本的出版意願與制度建構的看法，統整歸納重點如下：

（一）出版機構目前出版之替代文本類型以電子書及有聲書為主，有興趣出版的類型亦同。

（二）出版社出版意願並不高，但能認同制定法規保障身心障礙者取用替代文本資訊的權益。

（三）願意送存專責圖書館與提供電子檔的比例略高於不願意的比例，但對於送存電子檔的態度還是比較有保留。

（四）如果發展替代文本整合資訊查詢系統，出版機構很在乎系統對於著作權的保護問題，也期許能否根據使用情形回饋給出版社利潤。

　　由於出版機構對於送存圖書內容電子檔的態度較為保守，目前圖書館發展替代文本館藏資料仍然需要維持自行轉製，在現有作業環境條件下，建議圖書館儘量合作分享各館已完成轉製的資料，避免重複轉製，也能將替代文本館藏發展納入常態作業，具體建議如下：

（一）鼓勵各圖書館參與專責圖書館建置之替代文本館藏資源共享平台，讓「視障電子資源整合查詢系統」成為國內查詢和使用替代文本的整合型單一入口網站。

（二）運用資訊技術降低內容轉製的成本，例如可藉助光學文字辨識技術（OCR），將圖書快速掃描後之影像，直接轉為文字檔，即使尚無法達到百分百的文字辨識精確率，但可加速內容轉為文字檔的速度。

（三）建議圖書館可優先採購能提供身心障礙讀者與一般讀者均可使用之館藏資源，例如：具有可關閉或開放字幕之錄影資料、容易閱讀的文本、有聲資料等。採購此類通用的文本類型，有助於擴充身心障礙者可用的資料範圍。

（四）隨著數位資訊成長快速，網路不乏可用之各種數位資訊，圖書館能整理對於身心障礙者適用之網路資源，並指導身心障礙者利用網路與行動載具取用數位資訊，讓圖書館的資料供應能力不限於館內實體館藏，可引領身心障礙者取用寰宇的數位資訊。

第五章　讀者服務問題探討

　　臺灣地區因應《身心障礙者權益保障法》與《圖書館法》修訂後，圖書館需要將身心障礙讀者服務納入常態業務辦理。圖書館界在推動此項服務之際，如能知悉其他圖書館事業先進國家提供身心障礙讀者服務情形，並瞭解臺灣地區圖書館提供身心障礙讀者服務資源及營運問題，將有助於未來實務作業之規劃。故本章第一節先介紹國外身心障礙讀者服務發展概況，第二節概述國內提供身心障礙讀者服務之圖書館情形，並以問卷調查各類型圖書館提供身心障礙讀者服務資源與條件，第三節採用深度訪談方式，探究國內圖書館人員對於推動身心障礙讀者服務之意見，第四節則歸納國內外圖書館發展經驗以及國內調查分析結果，對於我國圖書館推動身心障礙讀者服務問題，提出綜合觀察與建議，期許我國圖書館事業可借鏡經驗，促進對於身心障礙讀服務工作。

第一節　國外圖書館身心障礙讀者服務

　　圖書館過去提供身心障礙讀者服務，較偏重於關心閱讀紙本有困難之視覺障礙者，對於聽覺障礙、學習障礙、行動障礙等身心障礙者往往未能等同重視，由於這些身心障礙者尚能憑藉視力閱讀常規文本，故其特殊需求經常受到圖書館忽略，但實際上這些身心障礙者取用圖書館服務的困難度，並不亞於視覺障礙讀者（Lee, 2001）。隨著國際公約對於提供身心障礙者平權使用資訊的呼籲，讓圖書館開始重視如何提供不同類型身心障礙者能夠等同接觸資訊的問題。美

國、英國與加拿大等國家之圖書館對於提供身心障礙讀者服務已行之有年，本文簡介此三國圖書館之身心障礙讀者服務發展概況。

一、美國

美國 1973 年《復興法案》（Rehabilitation Act）通過，為減少社會對於身心障礙者之歧視，公共圖書館相繼配合法案，鼓勵館員學習手語為聽障讀者服務（Wiler & Lomax, 2000）。1990 年《身心障礙法》（Americans with Disabilities Act）強調服務機構需調整服務方式，確保身心障礙者取用資訊之平等機會，促成圖書館必須提供身心障礙讀者服務的共識（Guder, 2010）。

美國對於障礙者之服務最早可溯自 1868 年波士頓公共圖書館（The Boston Public Library）開始為視障者提供閱讀資料的服務。芝加哥圖書館（The Chicago Library）及紐約市立圖書館（The New York City Library）相繼於 1894 年及 1895 年開始提供視障讀者服務，此後公共圖書館注意到需要有閱讀資料提供視障服務的問題。1913 年美國國會圖書館（The Library of Congress）供應因教育目的申請轉製點字書的工作，但較為制度性推展視障讀者服務的契機是 1931 年國會通過《史慕特法案》（Pratt-Smoot Act），授權美國國會圖書館負起全美國為成年視障讀者提供圖書資料的責任。1966 年《史慕特法案》修正，擴大服務範圍將身體殘疾且無法閱讀常規文本的讀者，皆列為服務對象，並成立區域性圖書館（regional libraries）就近提供視障及無法閱讀常規文本的身心障礙讀者服務，以期建立全國性的身心障礙者服務體系。1978 年成立美國國會圖書館視障及身障讀者服務部門（National Library Services for Blind and Physically Handicapped, NLS），供應錄音資料、點字書、點字雜誌、點字樂譜、大字體圖書等資料，可借用數位和卡式錄音帶播放器、有聲書播放器等設備，每季更新提供新到圖書及參考資源清單，定期補充身心障礙讀者研究之主題書目及特殊資料指引（Library of Congress, 2020a）。

NLS 推動的「國家圖書館視障與印刷障礙服務計畫」（The National Library

Service for the Blind and Print Disabled）是在美國著作權的特殊允許下，國會圖書館可將圖書及雜誌全文轉為點字書、數位點字書及數位音訊，透過圖書館合作網路免費寄送，並建立「點字書及有聲讀物下載網站」（Braille and Audio Reading Download, BARD），提供所有身心障礙者線上申請使用（Library of Congress,2020b）。「點字書及有聲讀物下載網站」可提供 iOS 或是 Android 系統的手機，以行動載具進行線上閱聽，2019 年美國加入馬拉喀什公約（The Marrakesh Treaty）會員，允許其他會員國也能運用「點字書及有聲讀物下載網站」的圖書資源（Library of Congress, 2020c）。

　　美國公共圖書館所提供的身心障礙讀者服務採集中式行政管理模式，由政府經費支持，以國會圖書館為核心，集中統籌規劃針對視障者與其他身心障礙讀者服務，並建置「點字書及有聲讀物下載網站」提供替代文本館藏閱覽服務，透過全美區域性圖書館及其分館向外輻射擴展服務，NLS 已建立遍及全美 50 州，總計有 55 所區域性圖書館（regional libraries）、26 所子區域圖書館（subregional libraries）、以及 16 所諮詢與推廣中心（advisory and outreach centers）的合作館，形成綿密的服務網絡（Library of Congress, 2020c）。

　　區域性圖書館之服務，以舊金山公共圖書館（San Francisco Public Library）為例，設有「聽障服務中心」（Deaf Services Center）提供手語、聽障文化、聽障教育等主題圖書，可申請影片加上字幕或手語的轉製服務，也能提供手語或同步顯示字幕之視訊電話服務，方便聽障讀者諮詢問題使用（San Francisco Public Library, 2020a）。並設有「有聲書及點字書中心」（Talking Books And Braille Center）擁有超過十萬件適合各年齡階層的數位有聲書，提供視障及閱讀常規文本有困難之舊金山地區讀者，可透過網路申請有聲書免費寄送到家，館內有點字書、有聲書、大字體書館藏，並備有螢幕放大閱讀器、OCR 掃描報讀設備等輔助閱讀工具（San Francisco Public Library, 2020b）。

　　子區域圖書館以密西根州設置之「華許諾視障及身障圖書館」（Washtenaw Library for the Blind and Physically Disabled）為例，該館專門提供無法使用紙本

的暫時性或永久性視覺障礙者及其他生理障礙者圖書資訊服務，可借閱數位影音資料、大字體書、點字圖書雜誌等，亦可免費寄送有聲書播放器、有聲圖書雜誌，提供當地身心障礙讀者在家使用，圖書館能利用電子郵件或電話等方式，指導讀者操作設備；亦可協助教育機構轉製學生需要之教科書及老師推薦讀物，並與出版商合作提供需付費之視障及閱讀障礙學習資料（Ann Arbor District Library, 2020）。美國對於身心障礙讀者的服務，是中央與地方圖書館各司其職，發揮不同功能的讀者服務工作重點。

二、加拿大

加拿大自 1898 年開始進行身心障礙讀者服務，除國家圖書館外，國家視障學會（Canadian National Institute for the Blind, CNIB）也扮演資源轉製和寄送服務的角色。加拿大國家圖書館於 1974 年成立「身心障礙服務任務小組」（Task Group on Library Service to the Handicapped），1976 年任務小組完成一份報告提交聯邦政府，建議如何改善國家圖書館對於身心障礙者服務，並提出國家至地方政府分層負責的體系。同年，任務小組調查加拿大圖書館界對於身心障礙者服務情形，問卷調查對象為館藏超過 10 萬冊之公共圖書館、大學圖書館、區域圖書館、省級圖書館、省級教育部門、盲人學校以及身心障礙團體。問卷調查顯示有將近 60%的圖書館並未提供身心障礙讀者服務，許多圖書館雖有供應影音和替代文本資料，但僅是極小部分的館藏，多數圖書館尚無針對身心障礙者的服務規劃或是設置專責館員協助讀者。此份報告建議需要建立國家、省級及地方政府分層服務的體系，國家圖書館負責政策規劃，地方公共圖書館負責在地讀者服務，並建議 CNIB 應擴展服務對象，除了提供視障者替代文本館藏外，應考量身障以及其他感知著作有困難的讀者需求，CNIB 亦可協助圖書館培訓專業服務人員，並協助測試與評估可用之閱讀輔助設備（Sylvestre, 1976）。

2000 年加拿大「促進紙本閱讀障礙者取用資訊工作小組」（Task Force on Access to Information for Print-Disabled Canadians）之研究報告，針對改善紙本

閱讀障礙人士取用紙本與數位資訊障礙的議題，建議加拿大國家圖書館應該與 CNIB 合作，優先推動兩項要務（Westbrook, 2011）：

1. 強化加拿大國家圖書聯合目錄（AMICUS）系統功能，提供替代文本資料聯合目錄查詢，促進視障與其他閱讀障礙者可直接線上檢索使用。

2. 加拿大國家圖書館與 CNIB 建立合作關係，國家圖書館協助解決應送存的政府出版品以及數位電子檔的取得，委託 CNIB 迅速轉製為替代文本提供全國身心障礙者取用。

　　2007 年加拿大國家圖書館與檔案館（前身為國家圖書館與國家檔案館組織整併）對於閱讀常規文本有障礙者提出改善計畫，完成「平等取用計畫報告」（Progress Report on the Initiative for Equitable Access），針對圖書館提供公平取用的現況進行調查，報告提出僅有少數公共圖書館設有專責館員協助身心障礙讀者服務，館藏資源格式以大字體圖書、錄音帶以及有聲光碟為多，提供數位下載的電子書正逐漸增加可用比例（Initiative For Equitable Library Access, 2009）。

　　加拿大國家視障學會（CNIB）於 1936 年成立之初，主要是為製作點字書並郵寄提供視障者使用。但 1950 年代發現有聲書的使用逐步增加，除了持續製作英語與法語的點字圖書外，並採用錄音帶錄製有聲書。1997 年，CNIB 推動人員訓練策略，加強工作人員轉製替代文本資料的能力，並開發更多視障閱讀輔助軟體（Canadian National Institute for the Blind, 2020）。CNIB 於 2003 年完成替代文本圖書資源查詢系統，可提供線上直接閱讀電子文本、數位點字與數位聲音檔。CNIB 所建立之數位圖書館系統，也引入廠商出版的線上資料庫，例如將線上大英百科以數位技術轉製為 DAISY 有聲書。CNIB 為促進替代文本資料的流通，也將館藏替代文本書目紀錄匯入國家聯合目錄（AMICUS）。CNIB 不只提供身心障礙者館藏資源與服務，也扮演對於替代文本之製作、儲存和檢索的基礎建設工作（McGrory, Williams, Taylor, & Freeze, 2007）。

　　加拿大各地區公共圖書館之服務，以哥倫比亞省立公共圖書館（British

Columbia Public Library）為例，該館自 1920 年代開始服務視障者，1927 年哥
倫比亞省立圖書館曾調查境內公共圖書館的視障者服務，發現大部分圖書館無
法提供適當的資源。除了典藏少數點字書、雜誌和參考書外，一般圖書館很難
建置點字館藏。因此，認為「最好的方式是在地區的大型圖書館中，提供集中
式圖書服務，並透過郵寄方式執行圖書借閱，採免費郵寄點字書方式服務」。
故哥倫比亞省立公共圖書館開始提供省境內視障替代文本資源製作與寄送服
務，也協助學校轉製教科書，供應境內視障學生使用（Public Library Services
Branch, 2010）。哥倫比亞省立公共圖書館肩負該省區內替代文本資料取得與寄
送服務，讓區域性大型圖書館負起資料轉製與寄送責任，地方小型圖書館提供
在地讀者諮詢和閱覽服務工作。

三、英國

英國圖書館視障服務體系亦採集中式行政管理模式，是由國家盲人圖書館
（National Library for the Blind, NLB）、英國皇家盲人協會（Royal National
Institute of Blind People, RNIB）和科立比錄音帶圖書館（Calibre Cassette Library）
等三個機構，負責英國境內點字圖書、大字體圖書和有聲讀物等替代文本資料
的製作和供應，並以國家盲人圖書館（NLB）為統籌機構，各地方公共圖書館
主要提供替代文本館藏資源閱覽服務以及辦理推廣服務，促進當地身心障礙者
運用圖書館資源（Owen, 2007）。

英國圖書館專業組織也扮演促進身心障礙讀者服務推手的角色，例如「蘇
格蘭大學及研究圖書館聯盟」（Scottish Confederation of University and Research
Libraries, SCURL）是由蘇格蘭的大學及學術圖書館所組成，對於資訊平等取用
的目標是「提供並改善圖書館服務與設施，供應 SCURL 成員圖書館身心障礙
讀者的需求」，不僅訂定服務標準，並規劃成員圖書館館藏的聯盟採購（Whyte,
2005）。SCURL 為提升各館的專業服務能力，研訂圖書館身心障礙讀者服務作
業指引，提供各成員圖書館評估人員和設備狀況，並出版教育訓練圖書館身心

障礙服務人員的工作手冊，SCURL 最初雖以服務視障及身障讀者為首要考量，其後則擴展服務對象至識字困難或是聽覺有障礙之讀者（Pinder, 2005）。

此外，尚有「促進障礙者使用圖書館服務聯盟」（Creating Libraries Accessible to Users with Disabilities, CLAUD）也是高等教育機構圖書館員為改善身心障礙讀者取用圖書資訊所成立之組織，CLAUD 每年召開會議，探討諸如資訊科技輔助、圖書館無障礙建築等改善身心障礙讀者取用資訊的相關課程（Creating Libraries Accessible to Users with Disabilities, 2020）。CLAUD 網站提供連結至特殊組織或是專業技術機構網站導覽，也考量圖書館服務自閉症、聽障、閱讀障礙學生之需要，在網站提供實用的專業服務資訊（Robertson, 2007）。

至於英國地方公共圖書館服務體系，若以 Glasgow 地區為例，該地區設有 36 所圖書館與學習中心，統整規劃送書到家的服務，對於所有圖書館和學習中心實施建築物升級計畫，分年逐步推動圖書館建築無障礙改善措施，並加強館藏建置與人員訓練。Glasgow 地區公共圖書館網（Community Library Network）的每一所圖書館和學習中心，能將各館讀者推薦需要的圖書，轉製為替代文本（Bcaton, 2005）。Glasgow 地區公共圖書館也組織讀書會，藉由閱讀分享促進身心障礙者人際交流與社交機會。第一線館員的教育訓練很重要，館員的應對態度決定讀者對於圖書館的印象，館員的教育訓練能讓館員知道如何和身心障礙人士溝通，讓身心障礙者在館內感到自在（Charles, 2005）。英國公共圖書館的身心障礙讀者服務，最大的特色是對於有聲資料之製作，尤其能提供有聲報紙服務，滿足身心障礙讀者獲取及時和新穎的新聞資訊。

國外圖書館發展身心障礙讀者服務皆有專責機構統籌規劃全國服務網，或在幅員廣大區域設有區域資源中心圖書館，對於替代文本圖書資源之製作，採用集中統籌規劃方式進行，一方面可避免資料轉製重複，再者也可分擔各館經費與設備缺乏而難以自行製作的問題。而各地方圖書館主要以專注提供當地身心障礙讀者服務事項為主，遠距與宅配服務是減少身心障礙讀者不方便出門的解決方式。至於服務之身心障礙讀者類型，皆已由視障者擴及其他類型身心障

礙讀者，出版界也關注身心障礙讀者權益，有替代文本圖書資源之發行，提供圖書館採購，甚至可提供專責機構或是專責圖書館電子檔，由專責機構負責轉製為替代文本資料。圖書館服務可考量讀者需求面向，提供個別化服務或是家戶服務。國外圖書館對於替代文本資源之製作與供應方式，由專責圖書館集中規劃和統合執行的方式，值得國內參考借鏡。

第二節　我國圖書館身心障礙讀者服務調查

本節對於國內圖書館身心障礙讀者服務情形之介紹，首先根據圖書館網頁資訊及館務資料，概述已具備服務條件之公共圖書館概況，再進一步藉由問卷調查獲取較全面性資料，以瞭解臺灣各圖書館提供身心障礙讀者服務之資源條件與業務意見，囿於問卷量化分析僅能呈現現象，故而輔以訪談方式，納入館員對於發展身心障礙讀者服務的看法，最後彙整問卷調查與訪談資料分析，提出我國圖書館發展身心障礙讀者服務工作之建議。

一、提供身心障礙者服務之圖書館概況

國內圖書館在提供身心障礙讀者服務時，多採附設視聽障服務中心、視障圖書分館、視聽障閱覽室提供服務。其中國立臺灣圖書館早於 1975 年 7 月即成立盲人讀物資料中心，2013 年組織改制為「國立臺灣圖書館」後，併同更名為視障資料中心，1998 年成立「全國視障資訊網」提供視障資源的線上閱聽與下載使用。2011 年 12 月依《身心障礙者權益保障法》30 之 1 條規定，由教育部指定為負責推動及落實「視覺功能障礙者電子化圖書資源利用辦法」之專責圖書館，2012 年建置「視障電子資源整合查詢系統」，提供國內視障資源及單一整合查詢介面，2014 年因應《身心障礙者權益保障法》之修訂，由教育部指定為身心障礙者服務專責圖書館。視障資料中心設置有聲資料閱覽區、視障圖書資訊閱覽區、雙視圖書區、電腦教室及研習教室，並備有盲用電腦組（含觸摸

顯示器）、擴視機、錄放音機、DAISY 播放器及中英文自動閱讀機等輔助閱讀設備（國立臺灣圖書館，2020）。

　　國立公共資訊圖書館前身為國立臺中圖書館，於 2012 年遷至新館後，規劃設置「聽視障資訊中心」，提供有聲書、點字書、雙視圖書等館藏以及盲用電腦等閱讀輔具，並設置無障礙空間及環境，設有專線電話代借館藏資料與免費寄送服務。因該館以數位圖書館為發展趨勢，也與教育部、清大盲友會、臺北市視障家長協會及渣打銀行等單位合作舉辦「視障學生閱讀推廣計畫」，對於視聽障讀者提供服務（國立公共資訊圖書館，2020）。

　　臺北市立圖書館設置之啟明分館為全國第一所專為視障者服務的公共圖書館，前身為 1963 年在盲人福利協進會內設立之「盲人點字圖書室」，1986年遷入大同分館，1994 年於啟明學校舊址設立啟明分館；1998 年改為臺北市啟明服務中心，提供視障讀者點字書及報讀服務。啟明分館館藏以有聲書、點字書、雙視圖書、大字體圖書、點字電子圖書為主，並設置擴視機、盲用電腦供視障讀者使用，每月出版「啟明之音」有聲雜誌提供視障者免費訂閱，並有生活語音專線及免付費讀報專線服務（臺北市立圖書館視障電子圖書館，2020）。

　　高雄市立圖書館新館於 2014 年底揭幕啟用，新設成立視障資料區，館內面積約 45 坪，提供點字圖書、有聲書借還及提供盲用電腦使用、弱視讀者桌上型擴視機等服務。在此之前，其新興分館早於 1992 年已設置視障資料室，提供點字圖書、有聲書借還、盲用電腦教育訓練、說故事等服務，可不定期寄送新書目錄，以及寄送圖書到家服務（高雄市立圖書館，2020）。

　　新北市立圖書館（原名臺北縣立圖書館）新館於 2015 年 6 月 30 日啟用營運，新館建築特色具備通用設計理念，建築環境符合無障礙服務要求，因應新館服務特性，館藏開始採購點字書、有聲書等替代文本圖書資源，並於一樓設有視障區及點字資料室提供視障者閱讀服務（新北市立圖書館，2020）。

　　臺南市立圖書館中西區圖書館（原稱中西區分館）於 1985 年設置盲人資料室，館藏包括臺語與客家文學方面之數位有聲書，並提供點字書與視障圖書

借閱，亦有盲用電腦輔助閱讀設備等（臺南市公共圖書館網，2020）。

　　桃園市立圖書館前身為桃園縣立文化中心圖書館，於 1984 年成立盲人資料室，後更名為視障資訊室，提供紙本點字書及有聲書借閱，設置有盲用電腦、印表機以及擴視機，也提供視障者檢索網路資源。館藏資料有紙本點字書及有聲書。但盲人資料室因使用率低，因而於 1985 年關閉，但仍可提供資料借閱服務，凡領有身心障礙手冊之視障者或提具公立醫院診斷證明有閱讀困難者，皆可採用郵寄、傳真、親自到館或委託親屬辦理借書證申請借閱視障資料，並可提供免費郵寄（桃園市立圖書館，2020）。

　　林巧敏與賀迎春（2015）曾調查國內公共圖書館視障資源與服務型態，發現視障館藏資源以類比有聲書（錄音帶）最為普遍，其次為數位 MP3 有聲書、紙本點字書；而電子點字書鮮少有圖書館典藏，而大字書及立體觸摸書更是罕見，多數圖書館館藏資源類型相當不足。視障服務內容主要以視障資料借閱及免費寄送資料最為普遍，其它服務事項不多。在設備方面，有四成圖書館未配置盲用電腦及閱讀輔具，顯示公共圖書館視障服務閱讀輔具相當不足。各館替代文本資料數量差距極大，視障圖書資源集中於特定圖書館，甚至有單一圖書館之館藏量占所有館藏量近七成之比例，可知多數圖書館可提供使用之替代文本資源相當貧乏。

　　臺灣地區圖書館提供視障讀者服務之困難，在於營運管理、資源徵集與製作，以及資源整合等面向問題。營運管理部分，包括：未正式編列預算以致經費不足、專業人員欠缺、無障礙環境（亦包含無障礙網頁）尚待加強等（翁婉真，2002；葉乃靜，2005；張博雅，2009）；而視障資源徵集與製作方面，則包括重製視障資源的電子檔取得困難、重製過程繁複耗時、視障資源產出有限且學科主題不均、各館自行製作視障資源排版系統不一等問題（章忠信，2006；張博雅，2009；林巧敏，賀迎春，2015）；至於資源整合方面，更有待專責圖書館協助統籌發展。

二、各類型圖書館提供服務之調查分析

　　圖書館替代文本館藏服務對象已由視障者擴大至感知著作有困難之身心障礙者，本文為瞭解國內圖書館提供身心障礙讀者館藏資源與服務情形，採用問卷調查方式蒐集各圖書館作業情形，因考量各館資源差異極大，且缺乏對於身心障礙者服務圖書館之母群界定，故採立意調查館藏有一定規模或已具備服務特色之館室為主，根據《圖書館名錄》資料，將問卷調查各類型圖書館對象釐清如下（國家圖書館，2015）：

（一）國立及公共圖書館：全國公共圖書館資源條件差異極大，多數鄉鎮圖書館因人力與資源條件較不足，如以普查方式將造成圖書館無法填答之困擾，故以縣市級以上公共圖書館（含主題特色分館）為主，總計有 28 所。

（二）大學圖書館：基於填答適用性考量，以大學中設有特殊教育資源中心、視障中心之大學圖書館為發送對象，共 31 所。

（三）特殊教育學校圖書館：學校圖書館數量龐大，基於研究效率並避免填答不適用問卷，僅以特殊教育學校圖書館為調查對象，共 28 所。

（四）其他：以設有圖書館之身心障礙團體為主，包括：財團法人臺北市私立盲人有聲圖書館、中華光鹽愛盲協會、財團法人愛盲文教基金會、財團法人普立爾文教基金會、財團法人臺灣盲人重建院等，共計 5 所。

　　問卷調查以前述 92 所圖書館為對象，採郵寄問卷方式分送各館，敦請負責業務人員填答問卷，問卷內容分為「受訪圖書館基本資料」、「營運管理情形」、「替代文本館藏資源」、「閱覽與使用情形」、「對於身心障礙讀者服務意見」等五部分。

　　問卷於 2015 年 4 月至 6 月進行調查，第一次回收 30 份，經電話和電子郵件再次催覆，總計回收 49 份問卷，回收率為 53.2%，未回覆之圖書館經電話詢問，係因尚未提供服務，認為並無填答必要，故而未予回覆。在 49 份回收問卷中，回覆已提供身心障礙讀者服務者，計有 19 份（38.8%），未提供服務者計

30 份（61.2%），可知國內圖書館對於身心障礙讀者服務有認知，或擁有館藏者並不多。勾選已提供服務之 19 所圖書館，必須填答「營運管理情形」、「替代文本館藏資源」以及「閱覽與使用情形」題組，總數 49 所圖書館皆可填答「對於身心障礙讀者服務意見」。問卷資料根據問題層面，分述分析結果如下：

（一）營運管理情形

1. 身心障礙讀者服務人力

圖書館提供身心障礙讀者的人力資源，以運用志工人力為多，有 5 所圖書館仰賴志工，總人數為 69 人，其次為任用約聘僱人員，共有 8 所圖書館累計聘用人員數為 21.5 人，再者為正式編制之行政人員，共有 9 所圖書館有此編制，任用人員總數為 16.5 人。圖書館提供身心障礙讀者服務業務，雖有編制人員但平均每館不到 2 人，多需仰賴非正式人力協助（如：志工、約聘僱或臨時人員等）。

表 5.1　圖書館身心障礙讀者服務人力統計表

人力類型	填答機構總數	總計人數
志工	5	69.0
約聘僱人員	8	21.5
臨時人員（含工讀生）	3	7.5
正式編制行政人員	9	16.5
教育任用條例人員	1	0.5

註：人力類型參酌圖書館內部人事行政區分，對於志工以外的全時工作人員如為兼任性質，人數採折半方式計算，計為 0.5 人。

2. 身心障礙讀者服務經費

回覆有身心障礙讀者服務之 19 所圖書館中，已編列年度預算者僅 4 所圖

書館，其中有編列「業務費」者有 3 所，數額分別為 5,000 元、123,000 元及 1,111,666 元；有編列「設備費」者，僅 2 所，數額為 90,000 元、98,000 元。其餘圖書館並未編列任何身心障礙讀者服務預算，但會視實際需要自相關經費下勻支或是自政府相關專案及民間團體獲得資助。

3. 身心障礙讀者服務對象

根據辦證人數統計，以視覺障礙者為主，總數達 5,046 人；聽覺障礙者辦證人數，為 85 人；學習障礙者辦證 76 人；肢體障礙者辦證總數 265 人。圖書館入館人數統計（以 2014 年為例），亦以視覺障礙者為大宗，總計 17,780 人次；其次為聽覺障礙者，再者為肢體障礙者，而學習障礙者，僅有 79 人次，目前尚無閱讀困難讀者人數統計。

表 5.2　圖書館身心障礙讀者服務人數統計表

身心障礙讀者類型	辦證總人數	入館總人次
視覺障礙者	5046	17781
聽覺障礙者	85	592
學習障礙者	76	79
閱讀困難障礙者	0	0
肢體障礙者	265	109

（二）替代文本館藏資源

1. 替代文本館藏發展政策

有關圖書館之替代文本館藏是否有館藏發展政策，填答「有」者，共有 6 所，其中 5 所是將替代文本館藏發展列於整體館藏發展政策中，僅 1 所，有針對替代文本發展獨立的館藏書面政策。然而，尚無替代文本館藏發展政策者，反居多數（68.4%），顯示多數的圖書館並未建立替代文本館藏的永續經營政策。

2. 替代文本館藏資源數量成長

詢問圖書館每年替代文本館藏資源成長情形，採近三年（2012-2014）平均數量估算，有 13 所圖書館表示每年平均增加 1-500 種館藏，而每年館藏可以平均增加 501-1000 種及 1001-1500 種者，各有 2 所圖書館，顯示多數館藏數量成長並不多。

表 5.3　替代文本館藏資源成長數量分布統計表

數量	機構數	百分比（%）
近三年館藏量全無新增	1	5.3
每年平均增加 1－500 種	13	68.4
每年平均增加 501－1000 種	2	10.5
每年平均增加 1001－1500 種	2	10.5
未填答	1	5.3
總計	19	100.0

3. 替代文本館藏徵集來源

圖書館替代文本館藏資源徵集來源，以採購為大宗，占一半以上，其次為自行製作與接受贈送，委託製作和取得授權複製之徵集來源不多。

表 5.4　替代文本館藏徵集來源統計表

徵集來源（可複選）	機構數	填答數占總數百分比（%）
採購	10	52.6
自行製作	7	36.8

徵集來源（可複選）	機構數	填答數占總數百分比（%）
贈送	7	36.8
委託製作	3	15.7
取得授權複製	2	10.5
其他	2	10.5

4. 替代文本館藏類型與數量

圖書館現有之替代文本館藏類型，以「數位有聲書（DAISY、MP3）」為多數館擁有的文本類型，57.8%的圖書館皆能提供此類館藏；次多的館藏類型為「紙本點字書（含雜誌）」；而「立體觸覺圖書」與閱讀障礙用的「字彙量少、圖解豐富之替代文本」擁有館數最少，至於提供學習障礙者使用之「版面可編排與標示之電子書」，尚無圖書館擁有此類館藏。如以館藏總數觀之，所有替代文本館藏總數最多者，為「類比有聲書（錄音帶）」，總計有 142,558 冊（件）；其次為「數位有聲書（DAISY、MP3）」，總計有 86,839 冊（件）；數量最少的館藏類型是「立體觸覺圖書」與閱讀障礙用的「字彙量少、圖解豐富之替代文本」。

表 5.5　替代文本館藏類型與數量統計表

類型（可複選）	擁有資料機構數	累計資料總數	平均數
數位有聲書（DAISY、MP3）	11	86839	7894
紙本點字書（含雜誌）	7	28378	4054
雙視圖書（含雜誌）	6	8097	1350
加註字幕/手語的影片（Video/DVD）	6	16174	2695
數位點字書（含雜誌）	5	75845	15169

類型（可複選）	擁有資料機構數	累計資料總數	平均數
類比有聲書（錄音帶）	5	142558	28511
大字體書（含雜誌）	4	561	141
口述影像影片（DVS）	2	23	11
其他	2	73	37
立體觸覺圖書	1	21	21
字彙量少、圖解豐富之替代文本（學習與閱讀障礙用）	1	1	1
版面可編排與標示之電子書	0	0	0

註：勾選「其他」類型之 2 所圖書館資料類型，分別為：特殊教學資料（遊戲、測驗用品）58 件、多媒體組件 15 件。

5. 替代文本館藏徵集之困難

徵集替代文本館藏遭遇的困難，多數館認為主要的問題是「轉製資源之電子檔取得困難」以及「資源轉製無法取得授權」。但如果以標示嚴重程度排序計分後，呈現之優先序為：「採購與製作經費不足」、「轉製資源之電子檔取得困難」、「缺乏替代文本處理專業」、「對於身心障礙讀者需求認識不足」、「資源轉製無法取得授權」，代表除了經費問題外，電子檔取得與資源轉製技術，是圖書館認為比較嚴重的問題。由於市面上缺乏替代文本圖書的出版機構，因此圖書館必須自行製作，即使能自出版社取得圖書電子檔，還需要進行轉檔、校對及加工製作，如無法取得電子檔，尚需自行鍵檔製作，顯然國內圖書館進行替代文本的製作過程困難重重。

表 5.6　替代文本館藏徵集遭遇困難統計表

困難原因（可複選）	選取機構數	序次加權平均分
採購與製作經費不足	12	4.0
轉製資源之電子檔取得困難	9	3.7
資源轉製無法取得授權	9	2.3
缺乏替代文本處理專業	7	3.6
對於身心障礙讀者需求認識不足	7	2.6

（三）閱覽與使用情形

1. 替代文本館藏資源檢索方式

圖書館提供替代文本館藏資源檢索方式，採「併入一般館藏公用目錄」為多數，占 52.6%，其次為建置「特殊館藏線上公用目錄」，占 42.1%；再者為提供「特殊館藏點字目錄」，占 21%。提供「特殊館藏紙本目錄」及「特殊館藏光碟目錄」者，各占 15.7%，而完全未製作目錄供查詢者，僅有 1 所圖書館（5.2%）。

2. 替代文本館藏資源使用情形

分析各類型館藏資源使用統計（以 2014 年為例），前三名借閱人次與借閱數量最多的館藏媒體為：「數位有聲書（DAISY、MP3）」、「數位點字書（含雜誌）」、「雙視圖書（含雜誌）」。但平均人次借閱量最多的前三名媒體則為：「數位點字書（含雜誌）」、「雙視圖書（含雜誌）」、「紙本點字書（含雜誌）」，意味著最常被借閱使用的館藏為有聲書與數位點字書，但單次借閱冊數比較多的是數位點字書與雙視點字書。

表 5.7 替代文本館藏資源使用情形統計表

資源類型	機構數	借閱人次	借閱總冊數	平均借閱冊數
數位有聲書（DAISY、MP3）	9	6992	22172	3.2
紙本點字書（含雜誌）	4	2682	10912	4.1
雙視圖書（含雜誌）	4	2700	11315	4.2
數位點字書（含雜誌）	3	3672	26615	7.2
大字體書（含雜誌）	3	479	755	1.6
加註字幕/手語的影片（Video/DVD）	2	8	10	1.3
立體觸覺圖書	1	不外借	不外借	不外借
類比有聲書（錄音帶）	1	35	77	2.2
口述影像影片（DVS）	1	1	1	1

3. 身心障礙讀者專用閱覽區之設置

圖書館已設置身心障礙讀者專用閱覽區者，計有 11 所圖書館，占 57.95%；設置空間面積以 10-100 坪者居多，占 26.3%，其次為 1-10 坪者，占 21.1%，而 100 坪以上者，占 10.5%。尚有未設置專用閱覽區的圖書館有 8 所，占 42.1%。

4. 圖書館建築符合無障礙空間要求

圖書館建築符合內政部建築物無障礙設施設計規範情形，能完全符合內政部規範者，僅有 36.8%。部分符合內政部建築物無障礙設施設計規範者，占 47.4%。在部分符合項目中，是以符合無障礙坡道為多（36.8%），其次為符合電梯和無障礙廁所（31.5%）。未填答者，多表示係因建築非圖書館初始規劃，無法知悉目前建築設計情形。

表 5.8 圖書館建築物符合無障礙設計情形統計表

選項		機構數	填答數占總數百分比（%）
完全符合建築物無障礙設施設計規範		7	36.8
部分符合建築物無障礙設施設計規範	無障礙坡道	7	36.8
	電梯	6	31.5
	無障礙廁所	6	31.5
	導盲地磚	1	5.2
	閱覽桌椅	1	5.2
	停車位	1	5.2
	服務鈴	1	5.2
未填答		3	15.7

5. 身心障礙讀者輔助閱讀設備

　　圖書館提供身心障礙讀者使用之輔助閱讀設備，能供應「盲用電腦及其輔具（如點字觸摸顯示器等）」、「放大鏡（手持或照明式）」、「擴視機（文字放大設備）」者較多。其次為「語音輸出設備」和「錄放音機」等聲音播放設備，但能夠供應「DAISY 播放器」、「放大列印設備」、「觸控式螢幕」的比例並不高。

表 5.9 圖書館身心障礙讀者輔助閱讀設備統計表

設備類型（可複選）	機構數	填答數占總數百分比（%）
盲用電腦及其輔具（如：點字觸摸顯示器）	9	47.3
放大鏡（手持或照明式）	9	47.3

設備類型（可複選）	機構數	填答數占總數百分比(%)
擴視機（文字放大設備）	8	42.1
語音輸出設備	5	26.3
錄放音機	4	21.0
DAISY 播放器	2	10.5
放大列印設備	2	10.5
觸控式螢幕	2	10.5

6. 身心障礙讀者服務事項

　　圖書館已提供之身心障礙讀者服務事項，以「設置電子圖書館提供線上閱讀或下載內容」為最多；其次為「資料居家宅配或郵寄服務」、「以電話、email、傳真等辦理借閱相關服務」、「提供多種管道參考諮詢服務」。但能提供「有聲書或點字書客製服務」、「建置身心障礙讀者需求主題資源網站」、「閱讀障礙陪讀或相關輔助服務」和「出借閱讀輔助」之圖書館並不多。

表 5.10　圖書館身心障礙讀者服務事項統計表

身心障礙讀者服務事項（可複選）	機構數	填答數占總數百分比（%）
設置電子圖書館提供線上閱讀或下載內容	10	52.6
資料居家宅配或郵寄服務	9	47.3
以電話、email、傳真等辦理借閱相關服務	9	47.3
提供多種管道參考諮詢服務	9	47.3
讀報或朗讀服務	3	15.7
講演類活動手語服務	3	15.7

身心障礙讀者服務事項（可複選）	機構數	填答數占總數百分比（%）
口述影像播映活動	3	15.7
有聲書或點字書客製服務	2	10.5
建置身心障礙讀者需求主題資源網站	2	10.5
閱讀障礙陪讀或相關輔助服務	1	5.2
出借閱讀輔助	1	5.2
即時聽打服務	0	0

　　圖書館通常設置專室提供身心障礙讀者閱覽服務，但部分受訪圖書館因空間條件有限，也有曾提供專室卻因使用率低而關閉，或因空間不足無力騰出專用空間。即使有圖書館目前無專用空間，但仍可接受讀者提出借閱申請，提供郵寄資料服務，或是對到館讀者，採專人陪同方式協助資料取閱及輔助閱覽。

　　國內圖書館提供特殊讀者服務事項，以館藏借閱與免費寄送資料最多，也提供各項研習與交流活動推廣。

（四）對於身心障礙讀者服務之意見

　　分析 49 所圖書館對於圖書館推動身心障礙讀者服務的看法，分述如下：

1. 身心障礙讀者服務主要的問題

　　圖書館認為提供身心障礙讀者服務所遭遇的困難，依填答標示的重要程度轉為加權分，呈現各項因素的優先排序為：「欠缺專業人力」、「經費不足」、「館藏資源不足」，最後為「輔助設施與資訊設備不足」。

2. 發展身心障礙讀者服務的優先事務

　　圖書館認為國內圖書館界發展身心障礙讀者服務，應該優先進行之事項為「辦理圖書館員專業培訓課程提升服務知能」；其次為「加強與身心障礙相關

機構合作事宜」，而「建置國家級替代文本館藏資源典藏中心」與「訂定身心
障礙讀者服務營運標準與規範」也有將近五成的認同值。

表 5.11　身心障礙讀者服務應優先進行事項統計表

建議優先進行事項	機構數	填答數占總數百分比（%）
辦理圖書館員專業培訓課程提升服務知能	34	69.3
加強與身心障礙相關機構合作事宜	25	51.0
訂定身心障礙讀者服務營運標準與規範	24	48.9
建置國家級替代文本館藏資源典藏中心	24	48.9
建置替代文本館藏資源聯合目錄	23	46.9
制訂工作手冊或工作指南	22	44.8
解決圖書資源轉製替代文本的授權問題	21	42.8

3. 尚無法提供身心障礙讀者服務的原因

　　詢問圖書館目前尚未提供身心障礙讀者服務的原因，以「缺乏專業人力」
為主要因素，其次為「館舍空間條件不夠」；再者為「經費不足」、「服務對
象身心障礙讀者人口少」，最後則為「不知如何規劃身心障礙讀者服務」。

表 5.12　圖書館尚未提供身心障礙讀者服務原因統計表

未提供服務的原因	機構數	填答數占總數百分比（%）
缺乏專業人力	28	57.1
館舍空間條件不夠	25	51.0

未提供服務的原因	機構數	填答數占總數 百分比（%）
經費不足	24	48.9
服務對象身心障礙讀者人口少	23	46.9
不知如何規劃身心障礙讀者服務	12	24.5
其他	5	10.2

　　圖書館認為服務讀者的關鍵因素在於人員的態度與認知，加強館員專業教育訓練並改善空間環境設施很重要，也認為替代文本館藏資源製作耗時耗力，若能設立地區資源中心或建立館藏聯盟關係，將有助於替代文本圖書資源之互通有無，可補強地區圖書館因資源不足，而無法提供完善服務的問題。

第三節　身心障礙讀者服務問題訪談研究

　　本文為瞭解國內圖書館對於身心障礙讀者服務之認知與問題癥結，除前述問卷調查外，進一步輔以半結構式深度訪談，探究圖書館實務推動層面的問題。訪談對象徵求設有專室或專人提供身心障礙者服務之國立圖書館與公共圖書館人員進行訪談，因本文探討問題偏向對於館務政策，故以訪談業務主管人員為主，邀約部門主管或是館長針對訪談問題提供館方現況與問題陳述，如主管人員並未涉入業務則由業務同仁接受訪談，總計受訪者 8 人（受訪代碼 S1-S8）。此外，也加入尚無專室，但有受理服務之圖書館受訪，立意選擇具代表性之圖書館業務主管，共 4 人（N1-N4），總計 12 位受訪者。訪談問題層面包括：圖書服務型態、館藏資源與館藏檢索、讀者服務與空間設備供應程度、業務規劃與未來發展等問題。以下引錄受訪紀錄以代碼標示，將節錄之訪談內容置於引號「」中，採不同字體以示區別，以刪節號標示未節錄之冗長文字，並於節錄

內容後面，以括號（）標示逐字稿出處，例如（S2：226-230）表示此段文字取自受訪者 S2 逐字稿第 226 行至 230 行，以資佐證。

一、圖書館服務型態

根據受訪者意見，可知國內圖書館對於身心障礙讀者提供服務的型態，可歸納為三種：

（一）設有專室以服務視障者為主

圖書館之身心障礙讀者服務多數因考量視障者無法直接閱讀館藏資料，故以提供視障者服務為主，對於其他感知著作有困難之讀者，並未規劃具體服務事項。引述相關觀點，例如「*國內以前講身心障礙讀者服務，……可能只有在視障這方面，大家特別感覺到視障朋友在閱讀上遭遇到的困難比較多，針對視障這一塊稍稍有一點服務的成效，……至於其他障別，有些圖書館甚至連無障礙的基本環境設備都沒有。（S2：226-230）*」

（二）設有專室以服務各類特殊需求讀者

部分圖書館已有認知擴大服務對象，將對象由視障者擴大至聽障者，或是關注到學習障礙者，甚至對於肢體障礙者也有考量無障礙設施的需求。目前圖書館已認知到需要輔助服務之族群，包括：視覺障礙、聽覺障礙、學習障礙以及肢體障礙者。相關陳述如 S3：「*我們因為是聽視障中心，所以主要是視障和聽障的部分，……聽障因為使用一般資料比較沒有問題，所以館藏聽障資料是比較少的。（S3：22-29）*」或者 S6 已擴大服務：「*我們的服務對象是以視覺障礙和學習障礙的讀者為主，有少部分讀者有多重障礙……就是有肢體障礙的問題。（S6：16-24）*」

（三）雖無專室但接受申請提供接待服務

圖書館提供替代文本圖書資源、設備與專人服務，通常會設置專室讓身心障礙讀者感受尊重，有部分受訪圖書館因資源條件較為有限，雖曾經設置過專

室但因使用率低而關閉，也有因空間不足而無力騰出專用空間。雖然這些圖書館目前並無專用空間，但仍會接受讀者提出借閱申請，採郵寄資料服務，或是對於已到館讀者，採專人陪同方式提供入館服務。引述重點意見如 N2：「雖然我們目前沒有設置專室，可是也有身心障礙讀者來館使用，我們也不可能拒絕這樣的讀者入館。（N2：15-16）」S5 的情況是：「*我們目前對於到館的身心障礙讀者是有專人服務，用人力補足環境條件的不足，像讀者取書或是找書，我們都用專人陪同協助。（S5：71-73）*」

二、館藏資源與館藏檢索情形

（一）館藏資源類型

　　圖書館陳述目前主要的館藏類型及其特性，包括：有聲書、點字書、雙視圖書、大字書以及立體觸摸書。其中以有聲書較多，大多是採用自行錄製方式為主，並經由採購管道購置有聲書。雙視圖書大多自行加工製作，以兒童繪本為多，大字書是以取自採購為主；亦有少數圖書館擁有來自視障機構贈送的立體觸摸書或教具。

（二）替代文本館藏取得管道

　　圖書館取得替代文本館藏資源的管道，包括：自行製作、採購以及贈送等。不同來源管道取得之資料特性，分述如下：

1. 自行製作

　　自行製作是圖書館替代文本館藏的主要來源管道，點字書的製作，因市面上尚無專門的出版機構，圖書館必須自行製作，經取得出版社的圖書電子檔後進行轉檔、校對及加工製作，如果無法取得電子檔，則需自行鍵檔製作。但是製作點字需要人力和設備，圖書館往往會因為經費和人力支援減少，點字館藏成長緩慢。

　　有聲書的部分，比較容易由志工或是工作人員自行錄製，是館藏數量比較容易增加的類型。而雙視圖書是因應學童閱讀需求，在採購兒童繪本進館後，

採自行加工點字貼在市售的兒童繪本上，成為雙視圖書。引用 S1 所述的過程：「*現在有一個比較新的（作法）就是做親子雙視圖書，因為繪本字數不多、圖案很多，我們會把內容文字一個字一個字打上去，印在膠膜上，然後貼在書上，（視障）小朋友和家長可以一起閱讀，我們可以自己製作或是找人製作。(S1：25-28)*」

2. 採購

採購是最直接取得館藏資源的方式，多數無能力自行轉製館藏的圖書館，會以採購方式為主，採購以有聲書為多，如 S3 提及：「*有聲書可來自採購、製作、索贈，但坊間能購買的量並不多。（S3：25）*」而雙視圖書則是在採購繪本入館後，經自行加工點字而成。採購的經費多數是在圖書館整體採購費用項下統籌支用，並無專門預算，會視當年經費分配狀況變動，不是穩定的經費保障。

3. 贈送

圖書館接受替代文本館藏捐贈，通常是來自視障服務機構、政府專案計畫委託製作後分送，或是民間機構辦理推廣活動後捐贈；也有自己索贈的。通常可以索贈的來源，有來自視障團體、特教學校、社教機構、政府機關。如 S3 所述：「*索贈的部分，我們會向啟明學校、愛盲定期要求資料。（S3：26）*」S6 則是：「*會和一些視障團體或機構去做一些交流館藏，之前曾經和無障礙有聲書協會要求資料，也有跟臺灣圖書館要過一些資料。（S6：22-23）*」但贈送來源大多為短期且非定期贈送，難以成為館藏發展的主要來源。

4. 委託製作

圖書館會因人力不足或是缺乏轉製點字書人才，採委託視障服務機構協助製作點字書或有聲書。S2 的經驗是：「*我們也會委託給視障服務機構承製點字書，幫我們做。（S2：44）*」或者 S7 提到：「*我們採編組就是跟一個視障協會聯繫，請他們幫忙製作。（S7：19）*」

（三）替代文本館藏資源編目作法

圖書館對於替代文本館藏進行編目處理的作法，包括：

1. 替代文本與常規文本是同一筆書目紀錄，分列兩筆館藏

由於替代文本資料皆來自一般常規文本的轉製，因此身心障礙讀者館藏資源的編目，大多與一般圖書相同，採用同一筆書目紀錄，只是加上替代文本館藏紀錄，以資料類型區隔。引述相關作法意見是：「*針對這些轉製的資源類型，在書目資料新增（館藏），並編整在我們的圖書館自動化系統。（S2：59）*」至於 S7 也提及：「*沒有特別的編目方式，就跟一般圖書一樣，只是資料類型會特別採一個資料代碼區別。（S7：27-28）*」

2. 將替代文本索書號加上特藏號或是排架號，提供讀者區別

圖書館對於替代文本的索書號會加上特藏號，便於專室集中陳列，或是在書背打上排架序號，例如 S3 說明：「*編目都是照一般圖書分類與編目規則納到館藏目錄系統，但因為聽視障中心有家長反映如果只用一般的圖書館分類，視障者不容易理解，所以我們會在書標下方加上一個序號，序號有點字，用序號排架，雖然一般圖書館的索書號還在，但等於多加一個聽視障中心的排架序號。（S3：32-25）*」

（四）替代文本館藏目錄查詢方式

圖書館陳述目前對於替代文本館藏提供之查詢方式，包括：

1. 替代文本納入館藏公用目錄以資料類型查詢

所有圖書館之替代文本館藏均可在圖書館本身的公用目錄查詢，類似作法如 S5 所述：「*我們會將視障資料一樣鍵到館藏目錄系統，讀者可以在館藏目錄查詢，因為我們有用分欄鍵入資料類型為點字書，所以也可以用資料類型限縮檢索範圍，能將所有點字書找出來。（S5：29-31）*」

2. 圖書館網頁提供替代文本館藏書目線上瀏覽

有受訪圖書館的作法是在圖書館公用目錄之外，另外在圖書館網站提供目錄清單，提供替代文本館藏的線上瀏覽，主要是考量：「*身心障礙者在找資料的時候，並不用一般館藏目錄，而是用聽視障中心網頁的目錄，找到相對應的書號再到館內自己找，或是請館員幫忙借閱。（S3：39-40）*」

3. 替代文本館藏製作點字目錄提供讀者摸讀

圖書館也有將視障館藏轉成點字目錄，專供視障者查詢使用，如 S6 提到：「*我們有兩種目錄，一種是一般查詢就是在館藏目錄查詢，另一種是用紙本點字目錄查詢。（S6：44）*」

4. 書目匯入視障資源查詢系統提供聯合目錄查詢

受訪圖書館會將館藏匯入國立臺灣圖書館建置之視障電子資源整合查詢系統，提供使用者在查詢本身館藏之外，亦可檢索不只一館的館藏資源，例如 S2 所述：「*我們在視障電子資源整合查詢系統，做了一個介接的功能，……我們會先在我們的（館藏）系統進行編目，再把新增書目抓出來匯到整合系統，我們的視障讀者就可以從資源整合系統進行不只一館的書目查詢。(S2：61-65)*」

（五）圖書館館藏徵集與整理問題

圖書館認為在館藏徵集方面，經費與人力問題最為嚴峻，資料轉製過程也有困難，各項意見分述如下：

1. 經費不足缺乏適足館藏

經費不足是替代文本資源徵集的首要問題，多數圖書館未編列固定經費充實館藏，多是依每年採購經費實際狀況分配，即使每年編列固定經費者，仍表示有所不足，無法符合館藏發展需求。因為「*視障圖書製作成本其實很高，尤其是點字書的部份，……所以同樣的經費可以充實的館藏量本來就會比較少。（S7：32-35）*」

2. 人力不足影響作業成效

多數圖書館缺乏服務身心障礙讀者的專責人員，圖書館因人員編制不足，可能僅有 1 位員工負責此項業務，即使設置有身心障礙讀者服務部門也缺乏正式編制，是以約僱人員或志工組成為多。比較嚴重的是 S8 提到：「*現在越來越少有人會點字，所以越來越少可以擔任資料轉製的人力。（S8：68）*」

由於缺乏人力及人員專業訓練，造成替代文本資料徵集與整理工作難以推展。如同 S1 所述：「*困難就是書出的太慢……感覺好像都會慢半拍，比較沒*

有即時性，一本書要一個字一個字打，……經過轉檔、校對再出版，這都是比較耗時耗力的工作，原本不夠的人力也就更為吃緊。（S1：72-76）」

3. 內容電子檔取得不易或格式轉換困難

轉製替代文本資源需要投入許多人力資源及時間，若能取得出版品的電子檔，將能有效縮短製作的時間。然而出版社基於商業考量，圖書館向出版社徵集電子檔時，常有取得不易的情形。即使取得電子檔，但出版人提供的電子檔格式不一致，也會發生提供的版本與最後出版的版本內容有出入。圖書館認為：「*出版社如果能提供電子檔，可以加速內容轉製成有聲書或點字書，但是大部分的出版社還是有疑慮，所以在電子檔徵集的數量上，成績不是很漂亮。……如果可提供文字檔直接利用，圖書館轉製的速度會快一點。（S2：87-92）」*

4. 替代文本重複轉製問題

由於替代文本資料缺乏有效的資訊交流平台，各館各自轉製替代文本，可能會有重複製作問題，造成人力及資源的浪費。引述 S5 的陳述：「*應該要有一個統一製作的資源中心，而不是讓每一個館自己發展館藏。如果有統一的資料製作中心，每一個圖書館就能將工作重點集中在提供讀者服務和推廣活動，也就不會有資料重複建置問題。（S5：35-37）」*

三、讀者服務與空間設備供應程度

（一）讀者服務事項

圖書館辦理之各項身心障礙讀者服務活動，除了館內舉辦活動外，也將服務擴展至館外與相關機構合作，圖書館辦理之讀者服務事項，包括：

1. 提供替代文本館藏借閱

圖書館均可提供替代文本圖書資料借閱，多數讀者以借閱課外讀物為主。也有受訪圖書館表示因點字書有識讀的門檻，後天失明者較不易使用，故而點字書的利用有下降的趨勢，但有聲書的使用反而有增加的趨勢。以 S4 圖書館的借閱規則為例：「*每張借書證可借閱一般書 6 冊、點字書 6 冊。一般書每冊*

借期是 *30 天；點字書每冊借期 60 天，點字書可以用書面通訊、網路、電話、親自到館或委託親屬借閱。（S4：39-41）*」

2. 提供資料免費郵寄服務

由於對行動不便的讀者而言，出門到圖書館就是一種障礙，所以多數圖書館會提供資料免費寄送服務，讓不便於到館或是外縣市讀者，可以利用圖書館資源。圖書館辦理身心障礙讀者免費寄送圖書的服務有賴於：「*郵局有一個聾者文件服務，可免除郵資，可以讓比較遠端或是外縣市的讀者，透過寄送的方式得到資料。（S6：74）*」也有的是：「*針對身心障礙者提供書香宅急便服務，只要領有身心障礙手冊，我們（圖書館）就會提供免費寄送服務。（S5：61-62）*」

3. 辦理研習活動充實讀者知能

許多圖書館都有開設研習班，例如辦理電腦軟體操作、閱讀輔具使用、語言學習、才藝班、法規常識班等，培養身心障礙讀者各項專長與資訊素養能力。常見的研習內容如 S8 所述：「*像是用手機 APP，教讀者用手機怎麼去上網，然後怎麼去尋找他要的資料，怎麼去買東西，要怎麼坐車，怎麼聽音樂，有很多的課⋯⋯。（S8：113-117）*」

4. 建置主題服務網站專區

圖書館會在官網上設置身心障礙讀者服務主題資源區，在網站上提供經篩選整理的數位資源，或是相關機關、團體的網站連結，方便身心障礙讀者找到他們需要的網路資源。例如 S8 的圖書館是將：「*相關的視障資訊、團體資源放到圖書館網頁，所以身心障礙者要找網路資源的話，可以進到圖書館網頁，就能使用我們（圖書館）精選過的相關網站資源。（S8：126-128）*」

5. 辦理明盲交流活動

圖書館會辦理明盲共讀會，促進彼此交流和理解，或是舉辦明眼讀者體驗導盲服務，親身感受理解視障者的世界。作法如 S6 所述：「*由視障者和明眼讀者共讀一本書，每一年他們會在年初時篩選書單，讓我們（圖書館）先進行有聲書的錄製或是點字書的製作。（S6：76-77）*」或是「*像點字迷宮或是透過*

一些導覽服務的方式，讓明眼讀者到這個地方參訪，體驗瞭解視障讀者會面對的障礙。（S6：237-238）」

6. 將館藏或演講轉為數位檔提供線上服務

數位資源是圖書館服務的趨勢，許多圖書館已將館藏資料或是演講內容轉化為數位方式，提供身心障礙讀者遠端使用，讓讀者能在家中便利地使用圖書館提供的資訊，增加讀者接觸資訊的廣度。如 S6 所述：「*我們所有的館藏，包含用心看電影、有聲書還有點字書，都會放到電子圖書館上面，提供遠端存取和利用，身心障礙讀者只需要透過身分認證的方式就可以使用。（S6：82-85）*」

7. 手機 APP 資訊隨行服務

由於手機的普遍應用，圖書館也開發手機 APP，提供身心障礙讀者透過手機即可下載數位資源，並可隨時隨地使用。引述 S1 的說法：「*電腦 APP 現在只要一開課，馬上就會爆滿，因為我們 iphone、Android 都做得不錯，下載聆聽就可以把書，隨身帶著走，他們覺得這樣子對他們來說最方便。（S1：160-164）*」

8. 與相關單位合作辦理推廣活動

不少圖書館會和身心障礙相關機構團體（例如：淡江大學、國立臺灣圖書館、無障礙科技發展協會等）合作辦理研習班或講座，提供身心障礙讀者更多元的學習機會。如 S2、S6、S8 都有類似的活動經驗。S8 提到：「*暑假會合辦一些給視障者的電腦課程，……有一個智慧生活科技實驗室，圖書館跟他們合作開設，已經開設四個梯次的 iphone 使用課程。（S6：147-150）*」

（二）空間與設備供應情形

圖書館屬於公共空間，需要符合建築法規對於無障礙空間的要求，但對於沿用舊建築的圖書館而言，既有空間很難一次改善，需要逐年編列經費調整，加上新近的通用設計觀念，讓圖書館意識到原有的空間與設備，有調整改善的迫切性。圖書館對於空間與設備發展的需求，包括：

1. 符合無障礙空間要求

因為圖書館是公眾使用空間需要符合無障礙設計規範，至少必須滿足無障

礙坡道、無障礙廁所、無障礙電梯、無障礙停車位之設置，如果現況仍不符合，必須列為優先改善設施，也有圖書館能進一步提供電梯點字標示、聲播系統等設施，但書架高度及走道寬度，多數尚不符合無障礙需求。如 S4 所述：「*我們建築有無障礙設計，可以到每一個樓層，廁所也是符合要求的。但是書架和閱覽室過去都沒有考慮到身心障礙讀者需求，不像現在的書架可以讓讀者的輪椅進入和迴轉。（S4：53-58）*」

2. 鼓勵採用通用設計理念

圖書館表示除了需要符合無障礙環境基本要求之外，圖書館建築未來的趨勢是朝向通用設計理念，對於圖書館家具、走道寬度、地面坡度、櫃臺高度等，將儘量符合通用設計的考量，打造能讓一般讀者與身心障礙讀者都感受舒適的服務環境。如同 S7 所述：「*通用設計這部分應該在整個館舍空間考量，必須針對這樣的需求進行規劃和設計。……在通用設計上面，不管你是不是身障的朋友，一個這樣的空間，對任何人來講都會非常舒服（S7：56,108-110）*」。

3. 提供身心障礙讀者專屬空間和設備

有些圖書館為身心障礙讀者設置專屬的空間或資料中心，讓身心障礙讀者可使用閱讀輔具與設備，也比較不會干擾到其他讀者。專設空間的優點是有專人和閱讀輔具的提供，身心障礙讀者也能感受到專業服務的熱忱。如同 S8 所述：「*我們在櫃檯就會看到有人進來，如果是視障朋友的話，我們就會直接幫他導引，專人服務。（S8：132-133）*」但是需要考量：「*把提供身心障礙讀者服務的地點放在比較低的樓層，這樣應該是對身心障礙讀者比較友善。（N2：83-84）*」

（三）讀者服務的困難

圖書館認為在推動身心障礙讀者服務經常會遭遇到的問題，包括：

1. 對於讀者需求暸解不足

圖書館認為館員對於身心障礙讀者的需求暸解不足，也不太會操作閱讀輔具或設備，致使館員難以解決身心障礙讀者使用圖書館資源遭遇的瓶頸。問題

在於：「*我們也並不知道這些身心障礙讀者真正需要的資料是甚麼，所以應該要有身心障礙讀者服務需求的調查，知道他們需要甚麼，我們才來發展一些重點服務，才不會在經費已經不足的情況下，又做了冤枉功夫。（N1：49-52）*」

2. 人員缺乏專業訓練和輔導

圖書館人員多半缺乏提供身心障礙讀者服務的專業訓練，希望能提供相關訓練課程或專業指導，館員需要瞭解如何採購資料或設備、如何規劃身心障礙讀者服務事項，以及如何和身心障礙讀者互動溝通等專業知識，並希望能有基本的作業指導手冊可以提供參考，也能夠參與新知研習，讓第一線服務人員具備提供服務的專業能力。例如 S3 提及：「*我常常會覺得好像沒跟上視障者現在使用的新配備，或者他們在使用一些資訊系統有問題時，我也很難直接和他們溝通。有時報讀系統操作有問題，讀者跟我說有些內容跑不出來，我也不知道如何處理。（S3：87-90）*」

3. 經費缺乏穩定來源和支持

圖書館表示原本年度預算已經捉襟見肘，但每年撥給的經費卻年年遞減，要維持提供身心障礙讀者服務的品質很不容易。S6 指出：「*耗材很貴，像是點字膠膜、點字印表紙，……然後我們自己做有聲雜誌時，又需要壓片，又需要去買 CD，……現在政府總是撙節經費，每年遞減，經費短少又要做到跟以前一樣的業績，真的是愈來愈難。（S6：160-181）*」

4. 限制替代文本的借閱身份有困難

由於《身心障礙者權益保障法》所稱之身心障礙者類型多，圖書館很難單憑外觀判斷，而讀者出示的醫生診斷證明又太過專業，並非館員非醫學的知識背景可理解。圖書館能自行轉製替代文本館藏，是基於著作權法對於身心障礙者的權益保障，但此類未經授權轉製之替代文本，僅能限於身心障礙讀者使用，但是館員卻經常面對無法出示身心障礙者手冊的讀者，要求借閱替代文本的身份識別爭議，讓館員感到限制使用對象，在實務處理過程有困難之處。尤其是對於圖書館自行轉製的有聲資料，拒絕一般讀者借閱，往往會招致讀者的抱怨。

如 S6 所述:「*因有聲書資料適用對象很廣,我們常常會被一般讀者騷擾,他們會希望可以取得這些有聲資料使用,那我們就只能用智慧財產權的限制拒絕他,通常讀者不太能接受,總是說我也是有繳稅的納稅人,為什麼我不可以使用納稅人的錢所做出來的這些資料。(S6:199-203)*」

四、業務規劃與未來發展

(一)未來工作計畫重點

圖書館提到未來工作計畫重點,多半與前述碰到的問題有關,主要是希望:

1. 加強館員教育訓練

圖書館表示需要加強館員專業教育訓練,培養館員對於身心障礙讀者服務的理念與專業能力,以逐步改善圖書館服務態度和作業方向。如 S2 建議:「*(訓練)起碼在館員服務的心態或認知上可以有比較正確的想法,在相關服務或環境改善方面都要逐步推動,背後還牽涉到經費以及政府的重視。但館員觀念要先形成,才會有比較正確的作法。(S2:320-323)*」

2. 改善圖書館空間設施與設備

多數圖書館希望未來能改善空間環境設施,冀望未來籌畫新館時,能納入身心障礙讀者的需求設計,或是在既有館舍進行空間改善計畫時,能新增設立身心障礙讀者服務專區,如 S4 所述:「*我們現有的館舍空間已經發展有限,無法給身心障礙讀者專屬的空間,市府有未來興建新館的計畫,新的館舍會將身心障礙讀者需求的空間設計納入規劃。(S4:73-75)*」,代表圖書館對於改善身心障礙讀者服務的環境已有共識。

3. 發展資源中心建立合作網

由於個別圖書館推動身心障礙讀者服務的資源較為不足,加上替代文本的製作耗時費力,若能設立地區資源中心或是發展館際合作聯盟,各館的資源與活動可以互通有無,如能在館際間建立館藏發展特色分工,能有助於資源缺乏的小型圖書館解決替代文本館藏不足的問題。如 S5 認為:「*專責圖書館可以*

建立地區資源中心，在北中南找到合作圖書館，在每一個區域提供館藏建置的經費，讓各中心能有主題分工典藏，但由專責圖書館集中採購，這樣比較能節省整體的採購經費成本。（S5：42-44）」

（二）需要專責圖書館協助的事項

圖書館認為專責圖書館的權責是輔導並推廣各圖書館的身心障礙讀者服務，期許專責圖書館的工作能進一步加強下列事項：

1. 提供專業人力培訓

期望專責圖書館可規劃提供館員專業訓練課程，使圖書館能順利開展身心障礙讀者服務。如 N1 說明：「專責圖書館可以提供身心障礙讀者服務專業的人才培訓，因為我們並不熟悉這部份的工作，如果有統籌的機構，幫忙進行指導和人才培訓，這樣我們才能順利發展身心障礙讀者服務工作。（N1：86-88）」

2. 提供專業諮詢窗口

各圖書館期望專責圖書館能建立專業諮詢窗口，當各圖書館提供服務遭遇困難時，能夠有諮詢和請益的對象。如 S3 建議：「需要有專責圖書館開授館員教育訓練課程，也提供我們圖書館在服務碰到問題時，能有專業諮詢對象，現在有問題時，並不知道該去哪裡問。（S3：114-116）」

3. 進行業務檢視與輔導

圖書館期望專責圖書館能夠建立全國服務網，並定期進行專業輔導，協助圖書館規劃身心障礙讀者服務相關業務。如 S4 認為：「既然是專責圖書館可以負責建立組織起全國的服務網絡，由專責圖書館提供館藏建置與作業指導，然後各地方公共圖書館負責在地服務，提供空間與辦理地方推廣活動。（S4：89-92）」如能直接到各區域圖書館訪視輔導，更能直接解決各圖書館的實務作業問題。

4. 提供替代文本圖書資訊

圖書館期望專責圖書館能夠協助取得圖書內容文字的電子檔，或是統一轉製替代文本圖書資源，並以合作館藏資源分享方式，提供館際資料申請和資料寄送服務。「如果能有一個統合機構，統一和出版社爭取或洽談資訊內容的電

子檔取得，視障讀者就可以很快閱讀到這些即時的資訊內容，這是一般圖書館
做不到的，專責圖書館應該去爭取出版社的授權。（S3：111-114）」因為各館
經費都相當有限，「自己的常態館藏經費都不夠，很難再製作無障礙館藏，也
不可能有人力和專業從事館藏資料轉製的工作。（S4：84-86）」，統合性工作
適合由專責機構全力發展，各圖書館則藉由網路分享集中式的館藏資源。

5. 成立身心障礙讀者服務合作聯盟

圖書館期望國立臺灣圖書館可以整合資源，發展區域服務中心，輔導地方
指標性圖書館提供身心障礙讀者服務，並做為各地區服務的據點，讓中央與地
方分層負責，建立臺灣身心障礙讀者服務的館際合作聯盟。如 S5 建議：「就
像圖書館分區資源中心，建立分區的身心障礙讀者服務中心，……中央有計畫
有經費在做，讓地方配合，……各區建立區域中心，逐步擴散往下發展，就能
建立一個身心障礙讀者服務的網絡。（S5：108-114）」

經由前述訪談圖書館的意見，可知國內圖書館提供之替代文本館藏以有聲
書最多，除視障者使用之資料類型外，其他類型館藏尚未受到重視；館藏來源
以自行轉製為大宗，但是轉製費時且電子檔取得不易。圖書館對於替代文本館
藏編目與常規圖書相同，但在書目紀錄加上資料類型以資區辨；進行館藏檢索
可運用館藏公用目錄（OPAC）查詢，也有圖書館會提供紙本點字目錄或是加
入視障電子資源查詢系統。圖書館提供身心障礙讀者服務事項，以館藏借閱和
免費寄送資料最多，有各項研習與交流活動推廣，數位資源與行動閱覽服務是
受到身心障礙讀者青睞的服務項目。館員在推動身心障礙讀者服務工作上，面
臨無法掌握讀者需求、人員缺乏專業訓練、難以限制館藏借閱對象等問題。

第四節　圖書館作業瓶頸與建議

綜合前述國外發展分析以及對於國內圖書館調查和訪談結果，統整歸納說
明我國圖書館發展身心障礙讀者服務主要的問題以及未來改善建議，如下：

一、作業瓶頸

（一）圖書館服務之身心障礙讀者類型仍以視障讀者為主，其次為聽障與身障讀者，其他感知著作困難障礙讀者之館藏與服務事項，有待加強。

圖書館無論是辦證人數或是使用人次統計，均以視覺障礙者最多，其次為聽覺障礙讀者與肢體障礙讀者。對於其他感知著作困難之學習障礙者或閱讀困難者，使用圖書館情形偏低。對照館藏資源類型與讀者服務事項，館藏資料亦以視障資源為大宗，因應學習障礙或是閱讀困難之文本數量稀少，例如字彙量少、圖解豐富之替代文本，是館藏中最少的類型。圖書館規劃之服務事項，對於「閱讀障礙陪讀或相關輔助服務」鮮少有圖書館提供此項服務，可知圖書館過往以接觸常規文本有外顯障礙之視障讀者為主，其他身心障礙族群服務比例較低，對於其他類型身心障礙者的服務認知，也較為不足。

（二）各圖書館推動身心障礙讀者服務之人力與經費差異懸殊，經費不足是普遍現象，館藏建置缺乏館藏政策且館藏量成長緩慢。

圖書館因應此項業務缺乏正式人員編制，多在原有人員中調整人力應對，對照訪談也呈現圖書館仕服務人力方面，需要克服人力不足與人員專業知能培訓問題。問卷調查只有少數圖書館有編列年度預算，編列之「業務費」金額差異懸殊；編列有「設備費」者更少。人員與經費問題是國內各圖書館發展身心障礙讀者服務相當困窘的問題。調查小顯示多數圖書館並未形成計畫性的館藏建置過程，替代文本館藏成長數量，根據三年平均量估算，有超過七成的圖書館館藏量每年僅能增加 1 至 500 種資料，提供身心障礙讀者使用之館藏供應數量，明顯不足。

（三）圖書館對於替代文本館藏的徵集，因經費及電子檔難以取得而受限，對於推動身心障礙讀者服務，則面臨缺乏專業人力、經費與館藏等重重問題。

圖書館認為徵集替代文本館藏的主要困難，是採購與製作經費不足，以及轉製資源之電子檔取得困難。圖書館多數認為提供身心障礙讀者服務的作業瓶

頸，以「欠缺專業人力」最為嚴重，而「經費不足」與「館藏資源不足」，也是造成讀者服務工作無法推展的原因，顯然館藏與服務是互為因果的影響因素。

（四）圖書館建置之替代文本館藏類型以有聲書最多，使用情形也以借閱數位有聲書為主，其他替代文本館藏資料類型較為缺乏。

圖書館的替代文本館藏資料類型，以有聲書的館藏數量最多，主要是因有聲書製作較為迅速，成為近年館藏增加的主流媒體形式，紙本點字書與雙視點字書是另一項主要的館藏類型。對於館藏資源的借閱，以數位有聲書（DAISY、MP3）最多，其次為數位點字書與雙視圖書。但立體觸覺圖書、版面可編排與標示之電子書，以及可供學習障礙者使用之替代文本館藏量相當貧乏，圖書館對於視覺與聽覺障礙之外的其他感知著作困難族群，較缺乏提供服務的認知與準備。

（五）圖書館建築符合無障礙要求以設置殘障坡道、無障礙廁所與電梯為優先項目，圖書館已有設置身心障礙讀者專用閱覽區的認知。

受訪圖書館中完全符合內政部建築物無障礙設施設計規範的比例，不到四成；已符合內政部建築物無障礙設施設計規範者，以符合殘障坡道、電梯和無障礙廁所為多，能考量到導盲地磚、閱覽桌椅、停車位、服務鈴的比例極低。在受訪圖書館中，設有身心障礙讀者服務專用閱覽區的圖書館，約占五成，顯然圖書館已意識到提供專室專人服務的必要性。雖然圖書館建築需要符合無障礙空間要求，但有待編列經費逐年改善，較難以一蹴可幾。

（六）圖書館提供身心障礙讀者服務事項，多以遠距線上方式提供服務，各圖書館期許專責圖書館能協助訪視輔導與人才培訓工作。

圖書館提供身心障礙讀者服務，多數能提供「設置電子圖書館提供線上閱讀或下載內容」、「資料居家宅配或郵寄服務」、「以電話、email、傳真等辦理借閱相關服務」等遠距或線上方式，供應身心障礙讀者服務。但能提供「閱讀障礙陪讀或相關輔助服務」的比例很低，提供之閱讀輔助設備，也以盲用電

腦及放大設備為主。未來持續深耕身心障礙讀者服務，比較希望專責圖書館可以優先進行「輔導各館辦理身心障礙讀者服務業務」，尤其「辦理圖書館員專業培訓課程提升服務知能」是圖書館認為必須優先推動的工作。圖書館認為推動身心障礙讀者服務，需要從加強館員教育訓練、改善圖書館空間設施以及建立資源中心開始著手，至於制訂工作指南和加強觀念宣導，是輔助圖書館業務上軌道的重要措施。

二、改善建議

綜合前述對於圖書館問卷調查與訪談所呈現的身心障礙讀者服務問題，提出對於圖書館發展身心障礙讀者服務之建議。

（一）專責圖書館優先輔導縣市級公共圖書館發展業務，辦理人才培訓並定期進行輔導訪視。

國內圖書館推動身心障礙讀者服務，首要之務在於建置館藏和人員培訓，建議專責圖書館可先輔導縣市級公共圖書館優先推動，並進行工作人員能力培訓，協助各地方縣市級圖書館建立典範，並由縣市級圖書館擔任各地身心障礙讀者服務推動據點，形成全國服務網絡。現階段圖書館人員對於身心障礙讀者服務認知不足，加強工作人員專業知能有迫切性需求，專責圖書館可請益大學相關系所或身心障礙服務團體加入培訓課程設計，培養第一線服務人員與志工具備專業知能。

（二）發展全國替代文本圖書資源集中轉製的作業模式，聯合各地區具有館藏條件之圖書館建立主題分工，建構全國替代文本館藏發展合作聯盟。

有鑑於各館轉製替代文本館藏有經費與人力的困難，專責圖書館應仿效國外體制，扮演資源轉製的統合與集中角色，法規在一定條件下授權專責圖書館可運用出版機構之圖書內容電子檔，由專責圖書館規劃合作館藏發展並建立資源共享聯盟，可提供讀者線上閱覽或是館際資料申請寄送服務。替代文本圖書

轉製過程所費不貲，由專責圖書館統一取得出版機構同意並集中轉製，提供各地圖書館藉由網路分享館藏資訊，建立臺灣身心障礙讀者館藏資源合作共享的聯盟。

（三）鼓勵各類型圖書館與身心障礙團體合作，可擴大服務對象並支持身心障礙團體發展，創造兩者雙贏局面。

借鏡國外推動圖書館身心障礙讀者服務經驗，不乏有藉助專業學會或身心障礙團體之力擴大影響層面，建議圖書館推動身心障礙讀者服務可與身心障礙團體合作，舉凡資料轉製或是辦理推廣活動，身心障礙團體擁有豐沛的人際網絡，彼此合作可擴大參與，對於向來仰仗勸募財源的身心障礙服務團體，藉由協助圖書館資源轉製也能增闢財源，圖書館與身心障礙團體有望建立共生共榮的關係。

（四）各類型圖書館宜善用網路提供線上服務，減少身心障礙讀者取用資訊的交通問題。

多數身心障礙者出門交通就是一種障礙，圖書館應儘量善用網路提供圖書資訊服務，專責圖書館需要統合各館資源，強化線上整合性資訊服務，以提供身心障礙讀者查詢圖書資訊之單一入口網站。整合性資訊平台不僅提供書目查詢，也鼓勵各參與圖書館上傳館藏的替代文本內容，採用帳號限定身心障礙者使用身份，提供身心障礙讀者可線上閱覽。此外，為保障身心障礙讀者利用網路資源的可及性，應提倡圖書館網頁符合無障礙設計，以維護身心障礙讀者取用資訊的權益。

第六章　作業規劃及環境建置

　　圖書館為貫徹資訊取用平等的服務理念，並落實《身心障礙者權益保障法》第 30 之 1 條推動身心障礙者利用數位化圖書資源之意旨。圖書館需要提供視覺功能障礙者、學習障礙者、聽覺障礙者或其他感知著作有困難之特定身心障礙者相關的圖書資訊服務。為促進國內各圖書館因應此一平等服務理念與法規的要求，國立臺灣圖書館曾於 2016 年編寫完成《圖書館身心障礙讀者服務指引》，將圖書館推動身心障礙讀者服務相關工作，先概述背景與過程、說明圖書館職責與任務、解釋相關名詞用語，再介紹關於圖書館作業規劃、人員知能、館藏發展、讀者服務、網站服務、典藏管理、行銷推廣、環境設施與設備等各項工作原則（林巧敏，2016e），期許國內圖書館能逐步發展身心障礙讀者服務事項。

　　《圖書館身心障礙讀者服務指引》內容之編訂，主要參考國際圖書館學會聯盟 2005 年公布的《圖書館身心障礙者服務評估清單》（Access to Libraries for Persons with Disabilities-Checklist）（The International Federation of Library Associations and Institutions, 2005）、美國圖書館學會之專門與合作圖書館委員會（The Association for Specialized and Cooperative Library Agencies）於 2012 年出版的《國會圖書館視障及肢障服務圖書館作業標準與指引修訂本》（Revised Standards and Guidelines of Service for the Library of Congress Network of Libraries for the Blind and Physically Handicapped）（The Association for Specialized and Cooperative Library Agencies, 2012）、加拿大圖書館學會於 1997 年完成的《加拿大圖書資訊使用障礙者服務指引》（Canadian Guidelines on

Library and Information Services for People with Disabilities）（Canadian Library Association, 1997）、澳洲圖書資訊學會於 1998 年完成之《圖書館障礙者服務指引》（Guidelines on Library Standards for People with Disabilities）、以及由英國博物館、檔案館與圖書館委員會（The Council for Museums, Archives and Libraries）於 2002 年發行《視覺障礙者圖書館資訊服務：最佳實施手冊》（Library Services for Visually Impaired People: A Manual of Best Practice）（The Council for Museums, Archives and Libraries, 2002）等類似功能之工作指引，並經學者專家座談後完成修正出版（林巧敏，2016d）。

　　本章根據當時接受國臺圖委託研究而撰寫完成之《圖書館身心障礙讀者服務指引》內容為基本架構，重新經過節錄修正，將圖書館規劃身心障礙讀者服務作業事項分為三節，第一節說明政策規劃原則以及人員、空間和設備等資源建置需求，第二節說明替代文本館藏建置要求以及圖書館讀者服務工作規劃，第三節闡述推廣服務工作重點以及圖書館支援身心障礙讀者研究之重要性。

第一節　作業規劃及資源需求

　　圖書館提供身心障礙讀者服務，首先需要建立明確的政策作為實務推動的依據，並準備因應此一服務所需之人力與環境條件。因此，先介紹圖書館在作業規劃、人力資源發展以及空間設施設備之建立等前置準備工作。

一、作業規劃要求

　　圖書館為確保身心障礙讀者服務能成為館務的常態經營，如果能在館務發展的相關書面政策，陳述理念與工作方向，並納入圖書館營運例行的年度工作計畫中，不僅能確保經費的持續挹注，也能基於執行工作計畫成果的控管及成效評估，形成對於身心障礙讀者服務業務的常態管理。發展工作計畫的作法如下：

（一）落實理念的書面陳述

　　圖書館肩負身心障礙讀者服務任務，為提供館務的長期發展可於服務宗旨等書面文件，明確陳述館方對於身心障礙讀者服務的作業原則，需要揭示的工作理念，包括：

1. 圖書館中所有明示使命或服務宗旨等政策性書面文字，需要加入對於所有服務對象都一視同仁，提供平等取用圖書資訊權利的文字。

2. 圖書館明確要求所有工作人員，對待身心障礙讀者的服務必須等同其他讀者，同樣受到館方的關注與尊重。

3. 圖書館所有的服務文宣，在陳述館方設施與服務事項時，應當提示有否提供身心障礙讀者在內之服務事項。尤其是對於感知著作有困難之身心障礙讀者，如果館方尚無提供相關服務事項，圖書館需要說明尚無法提供身心障礙讀者服務的原因，並指引取得資訊服務的替代方式，同時必須在館方的工作計畫中，逐步制定發展身心障礙讀者服務的具體作為。

4. 圖書館為了履行身心障礙讀者服務職責，可以多方考慮與政府權責機關、身心障礙服務團體合作的可行方式。

5. 因應社會環境、資源條件以及技術的變遷，圖書館需要持續評估既有的工作計畫、服務方式與館藏資源，以確保圖書館服務能有效地滿足各種身心障礙讀者取用資訊之需求。

6. 圖書館不僅要排除肢體障礙者使用圖書館的困難，也必須提供一個友善歡迎的環境，包括提供各種輔助閱讀設備，安排能同理和敏銳感知身心障礙讀者需求的專業服務人員，讓身心障礙者感受圖書館的服務熱誠，縮短身心障礙者使用圖書館的距離。

（二）列為例行工作計畫

　　圖書館對於身心障礙讀者服務工作需要納入圖書館年度與中程發展計畫，並訂定各項工作的具體目標、達成策略及其評估機制，在工作計畫中，儘

可能符合下列對於身心障礙讀者服務的要求：

1. 圖書館需要將身心障礙讀者服務工作列入每年的年度工作計畫中，並保障其推動及實施的優先地位。

2. 圖書館制訂身心障礙讀者服務作業計畫過程需要採納社區身心障礙者與身心障礙服務團體的意見，如果圖書館原本已有館務諮詢委員會之設置，可加入邀請身心障礙者或身心障礙服務團體代表參與，以確保身心障礙讀者的意見，可以納入館方作業規劃的過程。

3. 圖書館需要廣泛徵求社會各界對於身心障礙讀者服務的意見，可藉由問卷調查或是焦點團體座談方式瞭解使用需求，提供規劃工作事項的參考。

4. 隨著社會人口結構以及數位資訊環境的改變，社會大眾對於圖書館提供遠距和行動服務的要求，日益殷切，並對於克服身心障礙族群使用圖書資源的方式，有所期許。圖書館作業規劃需要滿足不同族群藉由網路使用館藏和圖書館各項服務的未來發展趨勢。

5. 圖書館應善用既有的社會資源，運用其他圖書館與資訊提供者已建置之圖書資訊替代文本，避免轉製資料之作業重複，造成非必要的經費支出，合作館藏建置也有助於館際交流，促進專業成長與實務經驗分享。

6. 圖書館對於身心障礙讀者提供的服務與活動成效，可以運用讀者借閱紀錄、調查研究、讀者意見回饋等方式，瞭解館方所有的讀者服務事項是否已有效地傳遞到服務族群中。

（三）維持專款或專用經費

圖書館進行年度預算規劃與經費分配時，根據身心障礙讀者需求，預估推動事項所需的經費，納入年度預算編列考量。圖書館行政主管必須保障身心障礙讀者服務擁有專用經費，此一專用經費可根據服務區域之身心障礙讀者人數與結構，訂定經費分配原則，保留專用科目與經費額度。

圖書館編列身心障礙讀者服務經費時，可參考下列工作原則：

1. 圖書館為因應身心障礙讀者服務與館藏發展，在預算編製過程中，必須視為必要的經費項目。

2. 圖書館進行年度預算分配時，建議在經費表中要有分開匡列的兩項經費：一是納入改善身心障礙讀者取用資訊之硬體設施，二是明確列入辦理身心障礙讀者服務的新興事項。

3. 圖書館對於提供身心障礙讀者的硬體設備和設施，或是因應技術發展的創新服務，可制定建置的優先順序，便於可根據計畫採行階段性發展，並維持經費辦理，經費來源除了仰賴年度經費外，可考量尋求企業、團體或是個人捐贈者的贊助。

4. 圖書館可以瞭解國家政策對於身心障礙者有關之補助政策和計畫，以爭取其他專案計畫經費的挹注。

（四）建立服務評估機制

發展身心障礙讀者服務計畫之圖書館，需要建立身心障礙讀者服務工作評估機制，評估圖書館提供服務的成效，以符合當前使用者與潛在使用者需求，提供未來持續營運的改善檢討。圖書館可透過下列方式，收集分析使用者意見：

1. 定期進行目前與潛在使用者之意見調查。

2. 分析使用者使用紀錄。

3. 進行相關機構團體或使用者意見諮詢會議。

4. 蒐集員工的評論和意見。

潛在使用者的回饋可來自於和社區機構、專家、個人互動過程的意見蒐集，也可邀請社區身心障礙者及學者專家參與諮詢座談，提供對於圖書館工作的建議。

二、人力資源發展

人才是業務發展的基礎，圖書館員需要有服務身心障礙讀者的專業知能和

正確認知，能配合館務發展要求，堅守專業和推展工作。圖書館需要提供館員繼續教育機會，強化人員專業知能，並召募和培訓志工，以協助推展身心障礙讀者服務工作。

（一）人員專業知能要求

圖書館提供身心障礙讀者服務過程中，所有參與工作的人員需要具備健全的服務理念。圖書館必須儘量符合下列對於人員專業能力的要求：

1. 圖書館需要有持續性的培訓計畫，提供圖書館管理者、現有員工、新進員工以及志工皆有受訓的機會，讓所有人員皆能擁有對於身心障礙讀者服務的正確認識和工作準備。

2. 人員培訓課程的規劃，可邀請身心障礙讀者或身心障礙服務團體代表參與課程設計，以反映使用者需求的意見。

3. 圖書館工作人員之培訓內容，需要包含關於尊重隱私、公平服務以及平等取用觀念的指導。

4. 圖書館需要培訓至少一位工作人員或是志工，能大致瞭解點字或手語，或是與身心障礙服務團體合作，聘用具有手語或點字專長的約聘僱人員或志工，提供視覺或聽覺障礙讀者能感受到圖書館專業而親和的溝通方式。

5. 圖書館可以編製一份瞭解各類身心障礙者專業知識的諮詢專家和專業機構名單，有利於館員進行服務時，可多方諮詢和學習。

（二）正確態度的重要性

圖書館人員面對身心障礙讀者，需要有職前訓練，培養館員具備與身心障礙者溝通的合宜態度，館員不適當的用語和肢體語言會造成讀者誤解，可能導致圖書館專業形象損失。

圖書館需要將身心障礙者服務的培訓課程，納入員工年度訓練計畫，參訓人員不限於讀者服務部門，因為具備身心障礙讀者服務的認知是所有館員必須

擁有的能力，必要時，可實地測試讀者服務部門人員對於接待身心障礙讀者的
情形，圖書館員需要瞭解有關身心障礙領域的術語、身心障礙讀者能力的限制，
才能提供適時和適切的服務。

館員教育訓練的目的在於破除態度藩籬，減少對於身心障礙讀者服務認知
的偏差，對於人員態度的教育，比較理想的狀況是能維持定期辦理，確保新進
人員都具備提供服務的基本概念。

（三）提供人員培訓計畫

圖書館對於新進或是現職人員都應該提供完整的培訓課程，協助館員瞭解
身心障礙讀者特性及其資訊需求。館方對於新進人員在聘用後的一定期限內，
需要提供新進人員接受相關課程培訓，或是指派參加館外的研習課程。如果圖
書館自行辦理培訓課程，最直接的方式是邀請不同身心障礙服務團體提供課程
內容和師資建議，但完整的培訓課程內容應該涵蓋下列各知識層面：

1. 與身心障礙者溝通之能力與技巧
2. 面對身心障礙讀者之態度要求
3. 各種身心障礙讀者類型及其資訊需求
4. 與身心障礙者服務有關的法規
5. 降低資訊取用障礙的科技和技術發展
6. 無障礙環境設施與設備之要求

國內專責推動身心障礙讀者服務的國立臺灣圖書館，每年皆會定期為國內
圖書館人員辦理身心障礙讀者服務教育訓練課程，鼓勵圖書館選送相關業務人
員參與課程，並考量在職進修的學習特性，錄製多項有關身心障礙讀者服務的
線上學習課程，可提供館員免費自主學習，圖書館界若能重視此項業務，並可
主動辦理符合實務需求導向之研討會或工作坊，對於提升館員的工作能力會有
莫大的助益。

（四）志工召募與培訓

　　圖書館針對身心障礙讀者服務可尋求兼備熱心與適格能力的志工，協助業務規劃或是參與第一線的讀者服務工作。適格的志工需要經過召募徵選的程序，並完成《志願服務法》所要求的基礎與專業課程訓練。

　　圖書館參與身心障礙讀者服務工作的志工，需要完成下列一般性與專業性培訓課程，圖書館可以自行辦理志工培訓課程或是轉介相關機構的同等課程，讓志工擁有協助圖書館工作之能力。

表 6.1　志工培訓課程內容規劃重點

課程層面	課程內容涵蓋重點
一般性培訓課程	1. 圖書館的環境與資源認識 2. 圖書館主要業務及工作簡介 3. 圖書館召募志工的意義與價值
專業性培訓課程	1. 圖書資訊服務基本理念 2. 圖書資訊服務核心專業知識 3. 身心障礙讀者服務專業知識

三、空間設施及設備

　　圖書館身心障礙讀者服務空間環境需要符合無障礙環境要求，讓每位身心障礙讀者皆能無礙取用館藏資源，並使用館方提供之各項服務。建築物無障礙設施設計需符合內政部訂定之《建築物無障礙設施設計規範》。

　　「無障礙設施」又稱為行動不便者使用設施，是指定著於建築物之建築構件，讓建築物、空間能提供行動不便者，可獨立到達、進出及使用，無障礙設施包括：室外通路、避難層坡道及扶手、避難層出入口、室內出入口、室內通路走廊、樓梯、昇降設備、廁所盥洗室、浴室、輪椅觀眾席位、停車空間等（內

政部營建署，2019）。

「無障礙設備」設置於建築物或設施中，使行動不便者可獨立到達、進出及使用建築空間、建築物或環境。如昇降機之語音設備、廁所之扶手、有拉桿之水龍頭等。既有建築如尚未符合規範，宜根據需求建立改善之優先順序。

無障礙設施與設備之建置採「合理便利」原則，是根據具體情況，在不造成過度負擔的情況下，按需求進行必要的適當修改和調整，以確保身心障礙者在與其他人平等的基礎上，享有或行使所有人權和基本自由。

圖書館在建置身心障礙讀者閱讀環境的規劃上，應注意符合相關法規要求，在館內各空間環境設置相關設施與設備，提供身心障礙者友善的服務環境。

（一）設備採購原則

採購設備需要根據需求評估，並衡酌圖書館現場情況加以規劃，可輔助運用焦點團體或意見調查研究方式，瞭解身心障礙讀者對於館方提供設備的需求。圖書館必須考量至少能供應視障、聽障、學習障礙與肢體障礙讀者閱讀的基本設備。採購設備過程必須留意：

1. 設備之日後維護與備品更換價格。
2. 當地特殊教育中心或其他圖書館有否相同設備及其可用性。
3. 評估其他可替代資源的價格與可靠性。

設備的耗損與維護問題很重要，圖書館需要與設備供應商訂有服務合約，要求設備供應商提供維護、人員訓練以及使用諮詢解答。為符合日新月異的技術進展腳步，圖書館需要考量是否需要在初置階段採購完成所有的設備，還是可保留一部分經費，可供應日後採購較新規格的設備，因此，館員也需要具備判斷不同類型身心障礙者閱讀輔具和識別必要設備的專業能力。

（二）設備操作原則

圖書館設置各種身心障礙讀者輔助閱讀設備，需要注意：

1. 圖書館人員必須盡可能熟悉各種輔助閱讀設備的操作技術，當讀者或

館內其他人員發生使用困難時,可提供諮詢與協助。

2. 圖書館需要製作設備使用手冊與說明書,提供工作人員與讀者參閱。

3. 設備使用手冊與說明書能夠提供不同格式呈現,例如:錄音、大字體、點字、文字電子檔等。

(三)環境設施建構之基本原則

因應身心障礙讀者入館使用,圖書館整體空間和環境建置,需要考量下列設置原則:

1. 圖書館興建新設施或改造既有設施時,必要時,可諮詢社區身心障礙讀者與身心障礙服務團體的使用經驗;或透過辦理使用者諮詢座談方式瞭解身心障礙讀者對於館方的建議。

2. 建置無障礙資訊取用設施,除了期許能完全符合《建築物無障礙設施設計規範》之外,下列基本要求事項需要優先滿足:

   (1) 讀者進入圖書館建築、參考室與流通櫃臺等區域的無障礙環境設施需要優先完備。

   (2) 圖書館需要採用無眩光、可觸覺感知、色彩對比明顯之文圖並陳的清晰指標。

   (3) 室內照明充足,尤其在行進動線與閱覽室中,避免照明不足。

   (4) 室內設置兼具視覺與聲音引導的緊急逃生系統,例如:聽障逃生警示燈。

   (5) 圖書館提供替代格式版本館藏資源與目錄檢索系統。

3. 圖書館將身心障礙讀者閱覽室與服務設施,盡可能設在主要的動線區域。

4. 新館的建築規劃需要考量符合法規與科技趨勢,滿足無障礙設施環境

設計，並納入通用設計原則。[1]

5. 建築物如有變更必須遵守營建署之既有建築物替代改善原則，但若變更現有建築過於困難且成本過高，可先進行小規模且花費較少之變更，至少達到增設斜坡、昇降機和無障礙廁所。

（四）各區域環境設施建構原則

對於圖書館內外所有環境設施的建構要求，分區說明如下：

1. 圖書館周遭

圖書館周遭環境設施，需要注意：

(1) 留意所有可提供身心障礙讀者順利抵達圖書館入口的周遭環境，例如：主要入口宜考量增設聲音導盲設備，入口處設置全區平面圖及設施標示，注意解說牌高度、斜角度、前方平面空間以適合輪椅族瀏覽。如果建築物現況的主要入口不方便身心障礙者進入，應該設置第二入口，並配置自動門、斜坡道以及可與工作人員通話的設備。

(2) 保留無障礙停車位，且採用具國際通行之無障礙指標符號。無障礙車位必須設置於最接近圖書館入口處，如館方無自有停車位應向停管單位申請路邊無障礙停車位做為替代改善計畫，並且需要注意引導路標必須清楚而易讀，通行路徑照明良好。圖書館入口處必須是平坦且非光滑的路面，而無障礙坡道之設計，也同樣必須是路面平坦且非光滑面的緩坡，且緩坡兩側設有扶手。

2. 圖書館入口

圖書館入口處的設計，建議注意下列事項：

(1) 圖書館入口必須考量不論是對於使用輪椅、枴杖、助行器或是有導

---

[1] 通用設計（Universal Design）是讓所有人（包含高齡者、身心障礙者和兒童）都能使用的產品及環境設計。希望產品或空間等設計能讓男女老幼、身障或行動不便等使用族群都可以使用，但並非專為少數或弱勢等特定的使用族群所進行的設計，而是相信，如果一樣產品能被功能有障礙的人使用，對一般人來說一定更容易使用。通用設計理念是以人為本，人性化的使用、安全與友善的設計理念。

盲犬陪同之身心障礙者和行動不便的讀者，都能從圖書館主要入口處進入，可便利抵達入口處設置的證件出示區和通行區。

(2) 圖書館入口區域的環境設施，需要仔細確認：

──要有足夠空間允許輪椅進入，並包括能讓輪椅迴轉的空間。

──自動門若有按鈕裝置，必須考量坐輪椅者的高度，符合輪椅可碰觸的高度設計（60-85 公分），且自動門前方必須為平面空間讓輪椅可以暫時停駐。

──避免設置門檻。

──採用鮮明對比的顏色標示臺階、柱腳與突出牆面。

──採用圖示及聲音作為電梯導引，電梯內提供良好照明，具備點字按鈕與符號指標，設有同步廣播設施，且注意按鈕高度必須符合輪椅讀者可碰觸的高度。

3. 閱覽區

圖書館內各閱覽區需要有清楚指標，並在入口處公布樓層空間配置圖，如果圖書館條件允許，最好將樓層配置圖能同時提供點字標示。對於閱覽室整體環境設施的注意事項，建議考量下列事項：

(1) 若圖書館閱覽設施不只一個樓層，需要提供輪椅讀者能行進於不同樓層的昇降設備或是斜坡道。

(2) 圖書館內部讀者空間盡量減少門的設計，如為必要的門禁入口，建議可採用自動門，以減少身心障礙者進入困難。

(3) 館內書架需要考量能讓坐輪椅讀者自由取書的高度，如果無法完全遷就輪椅高度，需要有專人或是設備輔助取書的服務。

(4) 館內必須提供一定數量的閱覽桌及電腦工作站，適合坐輪椅讀者閱覽使用。

(5) 館內書架之間的通道不能存在任何阻礙物，且空間大小能讓輪椅自由出入，且能讓輪椅有迴轉的空間。

4. 洗手間

館舍空間必須設置身心障礙讀者專用洗手間；洗手間設計需要符合《建築物無障礙設施設計規範》，並注意下列事項：

(1) 洗手間位置必須有清楚圖示指標，可依標指引行進。

(2) 洗手間入口寬度必須讓輪椅可無礙進入，並有足夠空間讓輪椅轉動。

(3) 洗手間內設有輔助設施（如：扶手）讓坐輪椅讀者可順利換坐至馬桶。

(4) 馬桶沖水桿、緊急安全通知鈕必須是坐輪椅讀者容易碰觸到的位置。

(5) 洗手臺、鏡子或相關設施皆必須注意到坐輪椅讀者的高度。

5. 流通櫃臺及參考諮詢臺

館內流通櫃臺與參考服務諮詢臺對於提供身心障礙讀者服務，需要注意下列事項：

(1) 流通櫃臺及參考諮詢服務臺可設置不同高度或是採用可調整高度的桌臺，提供所有讀者皆能臨櫃諮詢。

(2) 服務櫃臺可考量為聽障人士提供手語或聽打服務，或是導入視訊手語翻譯系統。

(3) 考量配置身心障礙讀者專用座椅。

(4) 提供自助借閱流通站。

(5) 等待區提供顯示號碼的叫號服務。

6. 兒童區

館內兒童閱覽室需要滿足所有兒童讀者入館使用的權利，考量身心障礙兒童讀者的使用需求，兒童閱覽室需要注意下列事項：

(1) 設置清晰易懂的圖示指標。

(2) 採用顏色鮮豔或是以觸覺引導的指標，指引讀者至兒童區。

(3) 書架間距符合無障礙通行要求。

(4) 圖書資料可提供有聲書或是其他替代文本型式。

(5) 配備能提供閱讀困難兒童使用的電腦。

(6) 書架高度符合身心障礙讀者取用的便利性，必要時，提供專人協助取書服務。

7. 身心障礙讀者閱覽專區

館內如有設置身心障礙讀者服務的閱覽專區，需要配置能瞭解各種身心障礙類型讀者閱讀特性之專業館員，以因應不同類型讀者需求，規劃適切的服務方式。身心障礙讀者閱覽室（或閱覽區）的館藏有來自採購或是自行製作，資料類型可包含：有聲書、易讀文本、點字書、大字體書、觸覺圖畫書等替代文本型式，閱覽空間之設施及設備，需要注意：

(1) 採用顏色鮮豔或是以觸覺引導的指標，引導身心障礙讀者至閱覽專區。

(2) 指標除文字外加上容易理解的圖示。

(3) 室內空間有明亮的閱讀照明設備。

(4) 閱覽空間備有輔助閱讀設備，例如：盲用電腦及其輔具（如點字觸摸顯示器等）、擴視機（文字放大設備）、放大鏡（手持或照明式）、錄放音機、DAISY 播放器、放大列印設備、語音輸出設備、閱讀架、聲音增幅機、觸控式螢幕等。

8. 電腦查詢區

館內如果有提供讀者上網和檢索的電腦查詢區，除非另有身心障礙讀者閱覽專區提供電腦查詢服務，否則電腦查詢區需要納入身心障礙讀者的使用，建議考量：

(1) 提供身心障礙讀者專用電腦工作站。

(2) 提供特殊使用的鍵盤，市面上有各種身心障礙者專用電腦鍵盤或滑鼠，可考量購置較為通用的輸入設備。

(3) 設置特定的電腦，配備螢幕閱讀程式可放大字體與同步發聲。

(4) 設置特定的電腦，配備有拼音及必要的教學軟體，提供識字困難讀者使用。

(5) 提供專人指導身心障礙讀者使用電腦，並提供輔助閱讀系統相關問題諮詢。

第二節　館藏建置及讀者服務

　　圖書館服務身心障礙讀者的重點工作之一，是能供應身心障礙讀者閱讀使用的館藏，並提供等同一般讀者的各項閱覽服務。由於身心障礙讀者通常無法直接閱讀一般讀者使用的常規文本，圖書館的館藏發展需要徵集各種替代文本格式，所有的閱覽服務事項也需要納入身心障礙讀者可用的設計。關於館藏發展、讀者服務事項與館藏檢索工作，分述重要概念如下：

一、館藏發展

　　館藏發展是圖書館建置館藏資料的過程，透過館藏現況與使用者分析，瞭解現有使用者需求，也設法瞭解潛在使用者需求，並配合圖書館服務目的，訂定書面館藏發展政策，以便能根據明確地原則從事館藏徵集工作。圖書館為能提供身心障礙讀者使用的館藏資源，圖書館的館藏發展政策與資料徵集重點，需要考量下列工作原則：

（一）館藏發展政策

　　身心障礙讀者的資訊需求和一般民眾相似，但使用的資料格式不同，圖書館需要為身心障礙讀者建立館藏發展政策，反映其特殊需求，並徵詢身心障礙讀者與專家意見納入館藏發展政策內容。圖書館身心障礙讀者館藏發展政策內容必須採納的作業原則，包括：

1. 圖書館身心障礙讀者館藏發展政策內容需要包含：館藏內容描述、資源類型和建置程度、資源共享計畫、設備維護制度、資源取用的保障。
2. 館藏資源類型必須符合身心障礙讀者需求的格式，例如：點字書、大字體書、錄音資料、影像資料、有聲書、觸覺圖畫書、電子書、網路

資源等。

3. 館藏資源需要兼顧身心障礙讀者各種興趣需求，滿足讀者有關娛樂、教育、就業與終身學習所需，並可提供與政府機關、社會福利機構和身心障礙團體相關的資訊。

4. 圖書館對於供應視覺障礙或聽覺障礙者使用的資料型式宜列為優先徵集標的，因其感知常規文本較為困難，然後再擴充至其他類型身心障礙讀者使用的替代文本格式。

5. 圖書館可檢視既有的館藏資源中，是否已有適合身心障礙讀者使用之一般館藏資源，可將此類資源彙整為主題目錄，指引身心障礙讀者使用，此類資料形式，包括：

   (1) 可讀性高、字彙量少的文本

   (2) 有聲出版品

   (3) 圖畫書

   (4) 大字體圖書

   (5) 音樂資料

6. 對於能提供身心障礙讀者與一般讀者，皆可使用之資訊內容與資料型式可優先採購，例如：指導手語之圖書、小冊子或字典等；具備可關閉或開放字幕之錄影資料；容易閱讀的文本等。相反狀況是如果有專供身心障礙讀者使用之替代文本館藏資源（如：有聲出版品），能否提供一般讀者使用，必須先確認資料內容轉製後，可授權使用的對象。

7. 網路是重要資訊來源，有助於身心障礙讀者獲取最新資訊，促進資訊傳遞和交流，也能降低身心障礙讀者到館使用的交通問題。圖書館可為身心障礙讀者整理適用之網路資源主題指引（subject gateway），提供虛擬館藏資源服務。

（二）館藏徵集工作

圖書館館藏徵集應根據身心障礙讀者需求優先購置或轉製讀者需要的資

訊內容，館藏主題儘量兼顧各學科主題之均衡發展，並維持基本參考工具書、教學或考試用書。圖書館不僅徵集館藏，對於閱讀設備與輔助閱讀軟體亦可併同提供，播放設備之建置可採用購置或是租用方式，但需要注意下列問題：

1. 圖書館必須要有能操作和維護館內各種閱讀輔具的工作人員。
2. 圖書館必須配置能提供感知著作有障礙的各類讀者，在從事閱讀時需要的閱讀輔具，並儘量配置可滿足多用途的閱讀設備。
3. 無論是圖書館本身購置或是轉介租借機構提供的設備，皆需要有足夠替換的設備數量，能確保為因應閱覽需要而提出設備借用申請時，館方能供應讀者需要的設備或是閱讀輔具。

二、讀者服務

圖書館對於身心障礙讀者之服務需要與一般讀者無異，皆能提供相同的讀者服務事項，但因身心障礙讀者的使用特性，其服務理念與工作事項分述如下：

（一）讀者服務理念與要求

圖書館應將身心障礙讀者服務納入常規的讀者服務作業，並讓所有身心障礙讀者感受到歡迎，讀者才會保有持續使用的意願。圖書館提供身心障礙讀者服務工作要求，包括：

1. 提供給所有讀者的標準服務事項，需要等同提供身心障礙讀者使用，這些服務事項包括：讀者諮詢服務、參考服務、讀者利用教育、社區資訊服務與館際互借等。為了達到等同服務的目標，圖書館必須建置相關設備與專責人員，也必須善用資訊設備，提供館藏與參考資料的轉製服務。
2. 圖書館需要向外擴展身心障礙讀者服務，發掘潛在使用者，提供無法到館的身心障礙讀者可以遠距檢索目錄，並能以網路、電話、傳真、電子郵件等方式，進行參考諮詢，或是提供居家宅配服務，將服務延伸至公共收容機構或安養中心之身心障礙讀者。

3. 圖書館辦理對公眾開放之演講、研習或討論會，必須考慮視障、聽障、肢障等各類型身心障礙讀者之參與權利，並提供相應的輔助服務措施。

4. 圖書館對於視障讀者宜提供專人引導服務，對於不同閱讀困難讀者，可設置專室提供閱覽服務。

5. 圖書館需要善用媒體，宣傳圖書館提供之無障礙服務，以身心障礙讀者可閱讀之格式，製作書籤或印刷品，分送學校、銀行、書店、社區公告處，以加強宣傳；亦可藉助新聞傳播管道或是社群媒體加強宣傳。

6. 圖書館需要和友館合作，透過館際互借或合作協定，共享身心障礙讀者需要之館藏資源，並事先評估館際互借之收費、檢索與合法性等問題。

7. 圖書館需要進行服務社區的使用者需求調查，瞭解身心障礙讀者使用圖書館感受不理想的原因，以便優先改善讀者感受不佳的服務，並提供個別化需求設計。

8. 圖書館人員需要瞭解各種替代文本館藏資料取用、版權限制及借閱政策，以協助身心障礙讀者運用科技輔助設備瀏覽圖書資源。

9. 圖書館網站和目錄之設計，必須容易理解與閱讀，減少框架、表格、動態圖案之使用；並可提供放大或改變字體、加入同步發音或點字功能，以利身心障礙讀者閱讀網頁的內容資訊。

（二）讀者服務事項

圖書館對於身心障礙讀者所提供之服務事項，可分列館內與館外兩個層面提供下列服務：

1. 館外讀者服務

(1) 圖書資源居家宅配或郵寄服務

(2) 提供電話、email、傳真等方式辦理圖書借閱

(3) 提供多種管道之參考諮詢服務

(4) 設置電子圖書館提供線上閱讀或下載館藏資源

　　(5) 整理建置身心障礙讀者需求資訊之主題資源網站

2. 館內讀者服務

　　(1) 提供申請有聲書或點字書轉製服務

　　(2) 提供入館專人接待及諮詢服務

　　(3) 提供語音報讀或朗讀服務

　　(4) 辦理口述影像播映活動

　　(5) 演講類活動提供手語或即時同步聽打服務

　　(6) 演講與研習場地配置聲場系統

　　(7) 提供閱讀困難者伴讀或閱讀輔助工具

　　(8) 免費出借閱讀輔助設備

三、網站資訊服務

　　身心障礙者普遍有出門交通不便問題，網路與各項閱讀輔具的發展，可降低身心障礙者出門取用資訊的困難，網站對於身心障礙者而言是重要的資訊來源，圖書館的網站必須能提供身心障礙讀者瀏覽時，可依需求選擇縮放文字，或是能將內容以語音讀出（參閱圖 6.1），如果搭配螢幕輔助閱讀設備可以用語音或點字呈現，使不同感知著作困難者，均可取用資訊。圖書館網站基於資訊取用平等的服務理念，必須優先符合無障礙網頁開發規範，並配合閱讀輔助科技發展，解決障礙者取用網頁資訊的限制。

圖 6.1　網站可選擇放大字體或是點按讀出內容

資料來源：National Organization on Disability.（2019）. Research and publications. Retrieved from https://www.nod.org/about/

（一）無障礙網頁規範

　　我國「無障礙網頁開發規範」是由國家通訊傳播委員會參酌「全球資訊網協會」（W3C），於 2008 年底發布的「無障礙網頁內容可及性規範 2.0 版」（WCAG 2.0），重新檢討我國的無障礙網頁規範，改善過往網站經常以通過機器檢測為主，但網頁內容仍有識讀問題的缺失。於 2015 年 11 月修正公布「網站無障礙規範 2.0 版」，相對於前一版「無障礙網頁開發規範」更接近符合 WCAG 的標準，內容分為 A、AA、AAA 三個檢測等級以及四項無障礙設計原則（可感知、可操作、可理解、穩健性），並於 2017 年 2 月 15 日施行，凡屬政府機關網站皆必須遵行採用（國家通訊傳播委員會，2017a）。

（二）無障礙網頁設計原則

　　圖書館網頁需要符合上述無障礙網頁設計規範並經檢測通過，於網站首頁清楚標示檢測通過之等級標章。有關網頁無障礙設計問題於後續第七章「無障礙網頁設計」有深入探討，並提供圖書館對於改善網頁設計的建議。但符合無障礙網頁檢測規範僅是基本層次要求，圖書館網站基於提供社會大眾友善使用的介面設計，需要盡可能符合：

1. 資訊架構符合邏輯且介面容易操作瀏覽。
2. 提供可選擇放大文字、改變字體和顏色對比的功能。
3. 建議可在白底或淺色背景上採用黑色文字，但不可在黑色背景上使用明亮的文字。
4. 網站應包含搜尋功能。
5. 內容避免框架和表格型式呈現。
6. 避免動態圖案和特效文字。
7. 文本內容可增加同步發音的選擇。

四、館藏檢索服務

　　身心障礙讀者檢索館藏資訊主要藉助館藏目錄檢索系統，最理想的狀況是圖書館不只提供本身館藏目錄，亦可結合其他館際資源提供聯合目錄檢索，讓圖書館藏資源獲得最大程度之運用。對於館藏目錄之編製以及館際資源共享服務，闡述核心概念如下：

（一）資源格式與目錄

　　圖書館對於替代文本館藏目錄之建置，必須考量下述原則：

1. 圖書資訊替代文本目錄之編製應與常規文本圖書著錄格式一致，至於是否納入一般公用館藏查詢目錄（OPAC）或是獨立設置身心障礙讀者查詢系統，可視各館資源條件而定。
2. 圖書館提供之圖書資訊替代文本格式，儘可能符合國際主流與開放資

源格式。

3. 各圖書館之替代文本資料目錄應儘量彙整上傳至專責圖書館所建置之聯合目錄,並提供館藏地資訊,讓讀者可就近取用或是線上直接申請閱覽。

(二) 館藏資源共享

替代文本館藏轉製過程不易,已完成轉製的館藏資源基於《著作權法》對於身心障礙者的資訊取用保障,鼓勵圖書館可儘量開放館際彼此流通運用,促進館藏資源共享理念,具體做法包括:

1. 各圖書館可根據館際互借政策訂定相關借閱規定,資料借閱和借期展延規定宜有彈性,如果對於實體之替代文本發生遺失或是損壞要求賠償責任,圖書館最好是另外訂定明確規定,且能同理考量讀者的問題。

2. 圖書館儘量配合館藏資源共享目標,可將替代文本館藏資源共享理念納入館藏發展政策。

3. 製作圖書資訊替代文本之圖書館,擁有該項資料是否提供館際互借的主權,但基本上是以服務本館身心障礙讀者為優先。

4. 為促進資源取用,圖書館必須具備各種輔助閱讀設備並定期維護,至於各種閱讀輔具購置之完備程度,依各館經費多寡而定。比較常用的設備包括:

(1) 協助閱讀困難讀者之設備(含取用錄音資料的設備、放大資料的設備等),例如:有聲書播放器、錄音機、手持放大鏡、微縮單片放大器、光學文字辨識設備、點字處理機、點字輸出設備、放大列印及語音輸出設備。

(2) 協助聽覺障礙讀者之設備,包括:文字輸出設備(如電子布幕或是可手寫的平版電腦)、清楚的指標、會議聲場系統。

(3) 其他輔助性設備,例如:閱讀架、取書推車等。

第三節 推廣服務及研究發展

　　圖書館業務推廣的目的在於藉此促進外界對於圖書館業務的理解，爭取民眾的支持與認同，藉此提升圖書館角色和功能之能見度，達成圖書館的使命與宗旨。圖書館對於推廣業務之規劃，主要是透過活動形式吸引社會大眾對於圖書館的瞭解，並促進對於圖書館活動的參與度。活動的內容可以發揮各種創意思考，活動項目也必須不斷推陳出新，有一些經常進行且能取得認同的基本活動項目，例如：辦理座談、演講、研習，舉辦主題性展覽，或是拍攝製作與推廣內容相關之節目及宣導短片，皆可常態辦理。

一、文宣用語要求

　　有鑑於圖書館書面說明文字所採用之語彙，將影響所有讀者對於圖書館身心障礙讀者服務的認知、態度與對外溝通印象，圖書館應檢視所有文件所採用的相關用語，表達友善服務，並注意儘量符合下列要求：

（一）圖書館需要檢視館方所有出版品與文宣資料、書目、工具書、培訓文件、公眾集會以及晤談過程，不能有任何對於身心障礙讀者歧視之文字用語。

（二）由於身心障礙相關術語可能因時變遷，圖書館最好徵詢各種障礙服務團體專業人士的意見，維持館方採用術語的正確性。

（三）圖書館出版品必須採用已廣泛接受之一般用語，避免不易理解之罕用或冷僻用語。

（四）對於國際已通行之無障礙圖示、符號或名詞術語，圖書館需要及時反映並採納修正。

（五）因應身心障礙專業術語的增加或是涵義分衍改變，館方最好能釐清並維護這些語彙的詞庫，以提供內部員工參閱。

二、推廣服務工作

　　圖書館應主動推廣身心障礙讀者服務事項，透過各種傳播管道延伸服務的接觸面，讓更多讀者認識身心障礙讀者服務。圖書館辦理身心障礙讀者服務推廣工作重點，包括：

（一）進行身心障礙讀者服務需求評估、作業規劃與預算編列，各館根據自身年度工作發展目標，建立各項工作之優先順序。

（二）圖書館需要每年檢視行銷工作內容重點，並配合年度事件與議題，創造吸引力，例如可配合國際身心障礙者日（每年 12 月 3 日）擴大辦理活動。

（三）行銷服務可根據讀者統計分析結果，依據目標顧客差異，採用多元行銷管道以促進成效，並可藉助身心障礙服務團體、醫療院所、特殊教育機構、社會福利機構，進行口碑與人際網絡行銷。

（四）圖書館可配合特定身心障礙者類型之宣導日活動加強推廣，例如：「國際聽障意識週」（9 月最後一週）、「國際盲人節」（10 月 15 日）、「國際導盲犬日」（4 月最後一週的星期三）等。

（五）推廣活動宣導對象不僅是身心障礙讀者也包含一般讀者，藉由文宣與各項主題活動，讓一般社會大眾也能瞭解圖書館對於身心障礙讀者的服務。

（六）圖書館可與身心障礙者服務團體或個人合作，建立推廣及行銷活動之合作關係，合作方式可能包括：聯合舉辦展覽或研討會、定期召開活動會議、共同經營媒體公關等。

（七）圖書館需要將無障礙服務意識在教育環境推廣，將身心障礙讀者服務理念與服務事項融入大專院校相關系所課程，讓圖書資訊學、教育學、社會服務相關學科領域之大專校院學生，能瞭解身心障礙讀者服務之意義與內涵。

（八）對於政府機關之出版品除發行常規文本外，宣導盡可能增加提供替代文

本格式，以滿足身心障礙讀者取用政府資訊的權利。

三、研究發展工作

圖書館需要持續提升身心障礙讀者服務的內涵，並強化館員提供身心障礙讀者服務的知能，能瞭解相關法規的進展，以增進服務品質。因此，圖書館需要針對業務發展進行研究調查，圖書館不僅可鼓勵館員自行研究，亦可透過與圖書資訊學校系所之合作研究或委託研究方式，促進對於身心障礙讀者服務業務之規劃與進展，建議可辦理之事項包括：

（一）圖書資訊專業學校課程、圖書館人員在職進修與圖書教師培訓課程中，宜納入圖書館身心障礙讀者服務有關之課程內容。

（二）藉由設置獎學金或助學金方式，鼓勵圖書資訊專業領域進行身心障礙讀者相關研究之發展。

（三）圖書館界參與身心障礙者相關法規之研訂或修訂，以保障並促進圖書館整體服務環境條件的改善，例如：

1. 中央與縣市政府的政策需要考量各地情形，由政府機構協助健全所屬公共圖書館的身心障礙讀者服務條件。

2. 教育所有圖書館人員有關建築物無障礙設施與相關權益保障法規，讓所有圖書館成員皆瞭解法令要求。

（四）圖書館針對身心障礙讀者服務實務推動問題，設置館內專案工作小組討論各項改善提案或提出工作計畫，亦可委託館外學者專家進行實務研究。

（五）負責推動全國圖書館身心障礙讀者服務之專責圖書館，需要有較為全面性的中長期計畫，持續研究身心障礙讀者服務議題，此一發展計畫需要徵詢讀者意見，並加入上級機關、身心障礙服務團體的參與，計畫內容則必須包含可評量的目標，以及各項目標完成的時間表。

（六）各圖書館需要維持各項身心障礙讀者服務統計，記錄館藏數量、資料使用情形以及使用人次，以提供業務檢討和改善的依據。

第七章　無障礙網頁設計

資訊自由應保障每個人擁有平等接觸資訊的基本權利，然而目前資訊的提供方式，多數是以視覺或聽覺才能接收，導致感知著作有困難者取用資訊較一般人處於劣勢。而網際網路因其資訊傳播便捷的特性，早已成為社會大眾找尋資訊的主要管道，尤其對於身心障礙者而言，網路沒有交通與行動不便的問題，原可讓身心障礙者不受生理障礙限制，而擁有取用寰宇資訊的機會。特別是針對感知著作有困難的視覺或是聽覺障礙者，本可藉由閱讀輔助科技將網頁資訊轉化為點字或語音輸出，能夠大幅減少生理障礙的限制。但是如果多數網站提供的內容形式，無法藉出輔助科技讀取，所有克服資訊取用落差的努力亦將枉然，如同身障者進入公共建築卻只有樓梯，仍然不得其門而入。所以，網站內容必須符合無障礙網頁設計要求，才能提供身心障礙者無礙閱讀的機會。

尤其是公共圖書館肩負服務社會大眾的功能，優先符合網頁無障礙才能全民受益，但過往研究顯示公共圖書館網站符合無障礙比例偏低（侯曉君，2010；Lilly & Van Fleet, 2000; Oud, 2012）。因此，本章闡述無障礙網頁設計理念以及網站檢測實務問題，第一節先說明無障礙網頁設計之原則與規範，第二節簡述過往進行圖書館網頁無障礙檢測相關研究結果，第三節以國內公共圖書館網站為對象，實際進行網頁無障礙檢測分析，探討圖書館網頁出現的錯誤率、錯誤類型、違反的檢測碼，提供國內圖書館自我檢查網頁修正的參考，第四節進一步藉由訪談瞭解身心障礙者使用圖書館網站的經驗，分析身心障礙者使用圖書館網站問題，第五節綜合檢測結果與訪談意見調查，提出對於無障礙網頁設計之建議。

第一節　無障礙網頁設計原則與規範

一、無障礙網頁規範之發展

「無障礙網頁」是指能讓所有人不因所處環境之軟體、硬體及本身能力之虧損，都能成功地進入網站，並獲取完整資訊（陳嬿仔，2005）。英文「web accessibility」意指網頁資訊的可及性，特別是對於身心障礙者而言，可以感知（perceive）、理解（understand）、瀏覽（navigate）並與網頁互動（interact），甚至能參與貢獻（contribute）網站資訊（W3C Web Accessibility Initiative, 2005）。

為達到網頁資訊無障礙化，各國都致力於制訂適用本國之無障礙網頁規範，我國也參考國際標準開展國內障礙網頁規範，使網頁內容設計趨向於可及性。2002 年由行政院研究發展考核委員會（簡稱行政院研考會）參照各國無障礙網頁相關政策和推廣策略，制訂我國的「無障礙網頁開發規範」，期許政府機構網站必須通過無障礙網頁檢測標章。又根據《身心障礙者權益保障法》第 52 之 2 條的要求：「各級政府及其附屬機關（構）、學校所建置之網站，應通過第一優先等級以上之無障礙檢測，並取得認證標章」（身心障礙者權益保障法，2015）。

尤其當圖書館藉由網路大量提供資訊服務之際，圖書館更應該優先符合網站無障礙網頁的檢測。我國「網站無障礙規範 2.0 版」業於 2017 年 2 月施行，新版的網站無障礙規範更貼近於國際標準，對於網頁設計更關注於因生理限制而產生感知著作有困難之族群需求。

近年對於網頁設計「無障礙」的意涵，已擴展到對於所有人（含身心障礙者）都能在無障礙的情況下，使用網際網路並能充分感知、理解不同資訊內容，不只對身心障礙者有助益，一般社會大眾也能更輕易理解網站資訊。網頁無障礙是符合通用設計（universal design）的理念，讓建置網頁不需要額外的特殊設計，只要滿足要求元素，即可同時因應身心障礙者與一般民眾瀏覽網頁資訊的需求（Web Accessibility Initiative, 2012）。尤其，圖書館網站肩負資訊傳播

功能，網站設計應以傳達資訊為主，網站符合無障礙設計不僅可改善網站檢索效率，亦可降低網站維護成本與負擔，大幅增加網站資訊的可及性（Kirkpatrick, 2003）。

圖書館隨著網路與電子資源的快速發展，提供數位資訊服務，不斷擴展充實圖書館網站資訊，不論是圖書館網頁、館藏檢索目錄、數位典藏系統等數位圖書館服務管道，因其藉由網站介面呈現資訊，更需要符合無障礙網頁設計（Brophy & Craven, 2007）。因此，圖書館網站基於資訊取用平等的服務理念，應優先符合無障礙網頁開發規範，並配合閱讀輔助科技發展，解決生理障礙者取用網頁資訊的限制，以降低資訊傳播失衡與數位落差之社會問題。

國際上普遍接受並執行之無障礙網頁規範是由「全球資訊網協會」（World Wide Web Consortium，簡稱 W3C）的「無障礙網路創制」（Web Accessibility Initiative，簡稱 WAI）於 1995 年發表首版「無障礙網頁內容可及性規範」（Web Content Accessibility Guidelines 1.0，簡稱 WCAG 1.0）。我國於 2002 年由行政院研考會以 WCAG 1.0 為範本，參照各國所制訂之無障礙網頁相關政策和推廣策略，研訂我國的「無障礙網頁開發規範」（Accessible Web Development Guidelines, AWDG），以建置臺灣無障礙網頁空間環境（國家通訊傳播委員會，2003）。

我國「無障礙網頁開發規範」經施行多年後，為適用於現今網頁科技發展，國家通訊傳播委員會又參酌「全球資訊網協會」（W3C），於 2008 年底發布的「無障礙網頁內容可及性規範 2.0 版」（WCAG 2.0），重新檢討我國的無障礙網頁規範，改善過往網站經常以通過機器檢測為主，但網頁內容仍有識讀問題的缺失。2015 年 11 月國家通訊傳播委員會新公布之「網站無障礙規範 2.0 版」，相對於前一版「無障礙網頁開發規範」更接近符合 WCAG 的標準，內容調整為 4 原則、3 檢測等級與 12 項指引（國家通訊傳播委員會，2017a）。歷經一年多的適用與意見徵詢修正後，「網站無障礙規範 2.0 版」於 2017 年 2 月 15 日施行。2.0 版規範分為 3 個等級、4 大原則以及 12 項指引，內容說明詳

如表 7.1。

表 **7.1** **臺灣「網站無障礙規範 2.0 版」規範內容**

項目	臺灣「網站無障礙規範 2.0 版」
標章與等級	分第 A、AA、AAA 優先等級（Level A, AA, AAA）
	 A 等級標章
	 AA 等級標章
	 AAA 等級標章
原則	1. 可感知：資訊及使用者介面元件應以使用者能察覺之方式呈現，使用者一定要能察覺呈現出來的資訊（也就是資訊不能對使用者所有的感官均無形）。用以闡釋此原則所設置的指引，包括了指引 1、2、3、4。 2. 可操作：使用者介面元件及導覽功能應具可操作性，使用者一定要能夠操作介面（介面不能要求使用者無法執行的互動方式）。用以闡釋此原則所設置的指引，包括了指引 5、6、7、8。 3. 可理解：資訊及使用者介面之操作應具可理解性，使用者一定要能夠明白資訊及使用者介面的操作（亦即內容及操作皆不能超出使用者的理解能力）。用以闡釋此原則所設置的指引，包括了指引 9、10、11。

4. 穩健性：網頁內容應可供身心障礙者以輔助工具讀取，並具有相容性。隨著科技進步，使用者一定要能取用內容（也就是說當科技及使用者代理演進後，內容仍應保有可及性）。用以闡釋此原則之設置為指引12。

| 指引 | 指引 1（替代文字）：為任何非文字的內容提供相等意義的替代文字，使這些內容能依人們的需求，轉變成大字版、點字、語音、符號或簡化過的語言等不同型態。 |

指引 2（時序媒體）：針對時序媒體提供替代內容。

指引 3（可調適）：建立能以不同方式（例如簡化的版面）呈現，而仍不會喪失資訊或結構的內容。

指引 4（可辨識）：讓使用者能更容易地看見及聽到內容、區分前景和背景。

指引 5（鍵盤可操作）：讓所有的功能都能透過鍵盤使用。

指引 6（充足時間）：提供使用者充分的時間進行閱讀及使用內容。

指引 7（防痙攣）：不要用任何已知會引發痙攣的方式來設計內容。

指引 8（可導覽）：提供協助使用者導覽、尋找內容及判斷所在的方法。

指引 9（可讀性）：讓文字內容可讀並可理解。

指引 10（可預期性）：讓網頁以可預期的方式來呈現及運作。

指引 11（輸入協助）：幫助使用者避開及更正錯誤。

指引 12（相容性）：針對目前及未來的使用者運用代理
與輔助科技，並最大化其相容性。

資料來源：整理自國家通訊傳播委員會（2017a）。網站無障礙規範 2.0 版，檢
自 https://www.handicap-free.nat.gov.tw/Accessible/Category/46/1

「網站無障礙規範 2.0 版」實施後，不再受理舊版規範的申請，但已於新
版規範實施前取得無障礙網頁開發規範標章之網站，標章有效期仍維持 3 年。
有效期到期後，必須以 2.0 版規範為準，再次提出標章申請，可預期國內圖書
館網站會陸續面臨舊有標章屆期，需要通過新標章申請的問題。因此，在本章
第三節中將以 2.0 版的規範，實際檢測國內公共圖書館網站，整理檢測不通過
的常見問題類型，期許可協助圖書館自我檢查修正，降低申請新標章的困難。

二、無障礙網頁檢測理念

理想的無障礙環境是能以「整合」的角度思考，不論是實體環境，還是在
網際網路中，都沒有一般人與身心障礙者之別，能完全地迎合所有人，無須外
加輔助技術皆可適應滿足（Kerkmann & Lewandowski, 2012）。而網站內容的
可及性，原本是網站內容設計的一環，是網站自然必須符合的條件之一。瀏覽
網頁的障礙有一部份是網頁設計上的缺失造成，如果網頁有版面資訊排列雜
亂、路徑不清楚、頁面設計風格不一、各功能點選方式不同、特殊的操作邏輯
等問題，自然造成使用者操作瀏覽網頁資訊的障礙（林巧敏、范維媛，2013）。

但對於非一般使用者的障礙，則是增加了網頁內容採用符號、圖檔、表格、
多媒體等內容呈現方式，造成身心障礙者無法藉由閱讀輔具讀取的障礙。過去
網頁內容以文字為主，身心障礙者使用閱讀輔具上網並無太大問題，如今網頁
設計愈來愈複雜，典藏資訊內容也愈來愈多元，不僅是以圖形介面取代文字介
面，也大量使用圖像加上聲音的內容。然而這些網頁內容以動態呈現的方式，
反而加深身心障礙族群對於資訊內容取用的瓶頸。因此，需要無障礙網頁規範

指導修正網頁設計，避免網頁資訊無法讓身心障礙族群取用。

　　國內外均有開發無障礙網頁檢測工具，以協助網站設計進行自我檢查，國外早期使用「特殊科技應用中心」（Center for Applied Special Technology, CAST）所研發之 Bobby 軟體檢測網頁，Bobby 不僅可檢測國際普遍採用之 WAI 的 WCAG 1.0 標準，同時可檢測美國的 Section 508 標準以及英國的國家規範，目前則以採用「網站可及性評估工具」（Web Accessibility Evaluation Tool，簡稱 WAVE）為主流（Wikipedia, 2019）。

　　我國推廣無障礙網頁建置之權責機構為國家通訊傳播委員會，目前國內各機構可根據其網站上公布之「無障礙網頁開發規範」標準設計網站，並可利用該委員會發展之 Freego 軟體，進行網站無障礙檢測。雖然臺灣「無障礙網頁開發規範」是根據 WCAG 1.0 標準開發，兩者內容相近，但臺灣網站之檢測仍以使用 Freego 軟體為準。

　　網站經過 Freego 軟體檢測後，可至國家通訊傳播委員會「標章申請及查詢」頁面，進行認證標章的線上申請程序。但建立無障礙網路環境，不只是通過檢測取得認證標章，更重要的是人員教育訓練，圖書館不只需要瞭解無障礙設計理念與目的，更需要成立小組負責無障礙網頁開發且依循標準，督促系統開發廠商提供無障礙網頁設計產品（Burgstahler, 2002; Lewis & Klauber, 2002）。

　　由於檢測規範要求詳盡，加上法規對於機關網頁符合無障礙設計有改善時程要求，國內各政府機關進行無障礙網頁檢測形成網頁建置者的壓力。兼及近年網頁設計為增加網站吸引力，採用大量影音動態呈現，讓網頁的無障礙設計與內容豐富有趣，儼然形成拉鋸戰。針對無障礙網站設計常見的誤解，逐一解釋說明如下（張瑞哲，2007；Clark, 2003; Lazar, Dudley-Sponaugle, & Greenidge, 2004）：

（一）無障礙網頁只能是純文字版本的內容：然而無障礙網頁並不是簡化網頁內容，不是只能有純文字資訊，而是圖片與影像也要處理成可被讀取的資訊。

（二）無障礙網頁是專為身心障礙者需求所設計：此一說法並不公允，既然網路是公共空間，任何人皆能瀏覽，無障礙網路空間並非只有身心障礙者受益，是能讓所有民眾皆無須藉助額外配備要求，即可隨意瀏覽每一個網頁。

（三）製作無障礙網頁是昂貴且製作困難：其實無障礙網頁可以吸引更多潛在使用者瀏覽網頁，增加網頁價值與效益，與有限的網頁修改成本相比，應該是很值得的投資。再者，符合第一優先等級所增加的花費應是微乎其微（Zeldman, 2007），並不如想像中的困難與遙不可及。

（四）為符合無障礙不得不讓網頁設計折衷化：此一說法並不客觀，因為網頁設計常用的 HTML、XHTML、Javascript 均已符合 WAI 的規範，管理者只是要將視覺呈現的資訊，加上替代文字說明，並注意避免版面設計的誤引，並不會犧牲掉版面的美觀性。

（五）為提供無障礙服務必須建立兩種版本的網頁：然而基本上並無此必要性，除非網頁設計師用盡各種方法都無法讓網頁無障礙，才需要建立專門的無障礙版本網站，否則製作兩個版本不但不符合成本效益，也會增加未來網頁同時更新的麻煩。也有少數機構將所謂的無障礙版本網站精簡資訊內容以求通過檢測，這樣也不符合網頁資訊服務的目的。

（六）通過工具檢測就可以完全符合網頁無障礙目標：事實上檢測工具是幫助設計者快速檢查網站是否無障礙的基本條件，檢測軟體無法進行文字內容完整性判斷，只能作為輔佐工具。無障礙網頁設計必須回歸設計者的自我把關，所以，新版規範才會有人工檢測與自我評量的要求。

　　由於網站設計者對於無障礙網頁概念多數只停留在規範與網站能否取得標章上，或認為網頁皆應製作出一般使用版本與無障礙網頁版本，才有利於網站無障礙檢測之通過，可見設計者對於無障礙網頁仍有誤解。網站設計者應在設計網頁當下，即同時依據無障礙網頁設計原則進行編排與修正，進而使網頁更具「親和性」（張凱勛、王年燦，2010）。因此，本章第三節的圖書館網站

實測不以檢測是否通過為分析重點，而是關切圖書館如何將無障礙規範納入網頁設計，故在檢測軟體找出設計錯誤之處後，進一步輔以訪談，於第四節訪談調查中呈現身心障礙者使用圖書館網站的感受，期許可提升圖書館網站內容的可及性。

第二節　圖書館網頁無障礙設計之研究

溯自 1996 年圖書館學文獻開始探討無障礙網頁設計問題，至 1999 年此方面英文文獻量明顯增加（Schmetzke, 2005）。但實際施行面仍有待加強，雖然諸多檢測調查結果發現圖書館網頁的無障礙程度不佳，然而圖書館改善的腳步發展緩慢（Baker, 2014; Potter, 2002; Schmetzke & Comeaux, 2009）。綜觀圖書館進行無障礙網頁設計之相關文獻，可分為兩類研究取向，一為進行調查研究，以問卷、訪談等方式，探知圖書館使用者、網站管理者或是館員意見；另一為利用軟體進行網站檢測分析，瞭解圖書館網頁符合無障礙設計的程度。網站檢測之研究，主要是對於政府機關、教育機構、學校、非營利組織之網站進行符合無障礙規範程度的分析。但多是採用軟體工具進行自動檢測，根據檢測結果提供量化分析說明現象。

由於本章第三節及第四節會探討公共圖書館網站無障礙規範檢測以及使用者意見調查分析，故本節陳述之圖書館網頁無障礙相關研究，是以公共圖書館檢測分析調查結果為主。根據 Lilly 與 Van Fleet（2000）的研究，是採用 Hennen's 美國公共圖書館排行榜前 100 所熱門公共圖書館網站為對象，進行無障礙設計檢測，採 Bobby 軟體測試通過率，排除沒有建置獨立網站的圖書館，將總計 74 所公共圖書館列入檢測對象，其中僅有 19% 的圖書館通過第一優先等級的檢測，通過率並不高。Forgrave 與 Mckechnie（2001）是以 313 所加拿大公共圖書館為對象，隨機抽選 30 所公共圖書館網站進行檢測，結果僅有 10% 通過第一優先等級的檢測，研究發現公共圖書館網站設計最常發生的障礙問

題為：頁面文字大小不相稱，前景與背景顏色對比不明顯，網頁若採用顏色強調資訊，需要另外提供替代方式呈現內容，要避免使用過時語言描述屬性，圖片應提供替代文字說明。

　　雖然視障者能透過輔助閱讀器讀取網頁內容，但他們被迫聽取網頁編寫順序的所有龐雜資訊，太多重複性質的內容對於視障者只會產生資訊超載。因此，Ramakrishnan、Mahmud、Borodin、Islam 與 Ahmed（2009）測試三種輔助閱讀器的讀取過程，發現受訪者對於能在網頁內容輸入希望查找的詞彙概念，而網站可立即查詢並藉由視障輔助閱讀器讀取，是最理想的資訊查找方式。此與明眼人使用之全站搜尋功能相當，但對於視障者的差別是要能結合輔助閱讀器順利定位讀取，因此，網頁即使遵循無障礙規範，更重要的是需要測試出與視障者使用的輔助閱讀科技能否相容的問題。

　　Conway（2011）利用網頁檢測工具、查核清單與訪談法進行西澳大利亞地區 29 所公共圖書館的網站無障礙設計分析，研究找出網頁設計發生障礙的原因，主要是缺乏對圖片做文字說明描述，設計者通常是根據一般人使用網路經驗設計網頁資訊，因而忽略身心障礙者使用的方式。也發現圖書館行政人員與館員都支持圖書館無障礙網頁建設，可是對於建置無障礙網頁的道德、法律規定等相關知識概念不清，也不瞭解建設無障礙網頁使用的檢測工具與網頁管理方式。

　　關於探討網頁無障礙設計的檢測分析，根據 Oud（2012）進行加拿大安大略地區共 64 所大學及公共圖書館的網頁檢測，統計該地區圖書館網頁設計與無障礙規範抵觸比率，發現被檢測的圖書館網站，平均一個網頁有 14.75 個違反檢測碼的錯誤。此外，莊曉喆（2014）以 WCAG 2.0 的檢測標準，進行中國國家圖書館、美國國會圖書館及大英圖書館網站的無障礙檢測，發現中國國家圖書館平均每個網頁有 26 個錯誤，遠高於美國國會圖書館被檢測出的平均一個網頁有 6 項的錯誤，也高於大英圖書館的一個網頁平均有 7 項錯誤的結果，建議中國國家圖書館宜積極改善網頁設計，以符合國際無障礙網頁標準的檢測要求。

國內進行公共圖書館網站檢測之研究，有侯曉君（2010）以臺灣地區公共圖書館與大學圖書館網站為研究對象，以 Freego 軟體進行無障礙網頁檢測，研究發現公共圖書館網站有 39.62%通過自動檢測，而大學圖書館則有 19.05%通過，經由統計檢定可知不同類型圖書館、不同區域公共圖書館，在圖書館網頁無障礙程度之表現顯著不同，整體而言，圖書館網站無障礙空間仍需要努力改善。

前述國內外之圖書館網站檢測文獻，可知公共圖書館網站通過檢測比率不高，即使網頁有通過無障礙檢測，可是當使用者實際使用輔助閱讀科技瀏覽網頁時，發生的狀況依然沒有減少，閱讀輔具的開發是為協助身心障礙者克服生理限制，將資訊轉換為其可讀取的方式，如果網頁設計者無視於與閱讀輔具的配合，仍然無法解決身心障礙者在取用網頁資訊時的問題與障礙（Baker, 2014; Billingham, 2014）。

目前探討圖書館網頁無障礙的文獻，多數是針對網頁無障礙設計理念陳述或是歸納經常發生的網頁設計問題，對於使用者感受不友善或是如何修正的實務問題，缺乏基於實測結果提供具體修正建議，對於個別網頁發生立即改善的成效不大，甚至圖書館會因成本效益問題，質疑無障礙網頁設計的必要性（Baker, 2014）。在 Rømen 與 Svanæs （2012）的調查指出，即使網站通過無障礙網頁設計規範的檢測，但還是會有身心障礙者取用網頁資訊可及性問題，意味著身心障礙者面對的網頁使用障礙並非全部可被檢測軟體找出來，所以檢測軟體只是提供網頁設計者找出設計問題的自我評估工具，並不是網頁設計無障礙追求的終極目標。

第三節　國內圖書館網頁無障礙檢測分析

由於公共圖書館扮演履行公眾服務的角色，網頁無障礙才能全民受益。因此，本文選取我國之國立與公共圖書館為對象，以最新之「網站無障礙規範 2.0

版」進行檢測分析，探究的重點並不僅止於網站是否通過檢測的比率，更重要的是希望能找出無法通過檢測的網站設計問題，進而可藉由實測分析結果，協助國內公共圖書館在新版檢測規範頒布實施後，能自我檢查並調整修正。

一、分析對象

本文進行圖書館網站檢測，是以服務社會大眾之 3 所國立圖書館、6 所直轄市圖書館、16 所縣立公共圖書館網頁為主，至於鄉鎮圖書館因其網站建置有併入縣立圖書館或尚未建立獨立網站的情形，故不納入本次網站檢測對象。選擇公共圖書館是因公共圖書館肩負服務社會大眾的功能，優先符合網頁無障礙才能全民受益，且過往研究顯示公共圖書館符合無障礙的比例偏低。

二、分析工具

網站檢測工具以「網站無障礙規範 2.0 版」開發之檢測工具 Freego 2.0（國家通訊傳播委員會，2017b）進行檢測，此檢測工具可提供單一網頁或全網站之檢測報告，可設定排除的網頁與檔案類型，亦能設定檢測之網頁層數與檢測標章等級。研究者下載安裝 Freego2.0 後，在畫面左上角輸入檢測網頁網址，並設定檢測等級。按照臺灣現行無障礙網頁標章申請要求，選擇預設值「全網站」層次，並按下「開始」進行檢測。本文進行之網站檢測調查於 2017 年 5 月實施，檢查結果為當時之網頁內容資訊，檢測結束後，畫面會出現訊息提醒檢測結束並呈現錯誤通知。檢測報告於「機器檢測」一欄，以 YES 或 NO 表示通過或不通過，在「第一、二、三優先（機器／人工）」欄位中，代表的數字分別是通過以及不通過的網頁數，最後為進行檢測的各網址所在。檢測工具會檢測所有的檢測碼，本文根據《身心障礙者權益保障法》第 52 之 2 條的要求，以符合第一等級（A）的檢測碼為分析標準，將不通過的網頁問題進行分析。檢測結果可選取全網站報告，讀取綜合性的檢測報告，也可根據檢測報告結果與詳細的行號，修正網站內的原始碼缺失，方便網站設計者據以修正後，再次以 Freego

檢測，直到全數網頁皆通過檢測為止。

三、檢測結果分析

（一）圖書館檢測通過率

　　本文採新版檢測軟體進行測試，以瞭解因應新版檢測標準上路，臺灣 25 所公立圖書館檢測發生的問題，研究目的在於說明整體情形，並不針對個別情況，故圖書館名稱以代碼顯示，並以分析整體結果為主。根據圖書館類型分析，國立圖書館檢測發生錯誤的平均未達成率為 93.34%，直轄市圖書館的平均未達成率高達 100%，縣市立圖書館的平均未達成率同樣高達 100%（表 7.2）。

　　25 所公共圖書館無障礙網頁檢測結果未達成率接近 100%，主要原因是同一網頁檢測發生錯誤次數不只一項，單一網頁的平均錯誤次數少則 0.84 次，多者高達 5.96 次，平均每一網頁有 3.29 次錯誤。臺灣公共圖書館的每頁平均錯誤數和 Oud（2012）在加拿大圖書館檢測到的每頁 14.75 個問題，或是莊曉喆（2014）在中國國家圖書館測出每頁 26 個錯誤相互比較，可知臺灣公共圖書館網頁平均錯誤次數仍算少。但我國縣市立圖書館網站的網頁總數不多，無法通過檢測的錯誤問題經常是在同樣頁面，或是相同錯誤在同一網站不斷重複發生，導致未達成率高達 100%。

　　圖書館無法通過最基本的 A 等級檢測，一方面固然是圖書館現有網站主要是依循舊有的標章，另一方面是圖書館網頁經不斷上稿更新內容後，新增網頁內容經常會忽略無障礙要求，致使經營一段時間後，即使原先網站申請通過掛上標章，但網頁內容歷經修改後，可能已逐漸悖離檢測規範的要求。

表 7.2　各類型圖書館網頁無障礙未達成率分析

圖書館類型與代碼		累計錯誤次數	檢測網頁總數	未達成率 %	單一網頁平均錯誤次數
國立圖書館	A	5,230	6,233	83.91	0.84
	B	322	335	96.12	0.96
	C	4,905	1,376	100.00	3.56
直轄市圖書館	D	335	267	100.00	1.25
	E	1,075	264	100.00	4.07
	F	1,022	328	100.00	3.12
	G	5,318	1,317	100.00	4.04
	H	6,777	2,607	100.00	2.60
	I	10,660	2,668	100.00	4.00
縣市立圖書館	J	1,837	426	100.00	4.31
	K	1,877	419	100.00	4.48
	L	968	233	100.00	4.15
	M	4,747	2,223	100.00	2.14
	N	1,226	289	100.00	4.24
	O	429	72	100.00	5.96
	P	2,135	573	100.00	3.73
	Q	875	377	100.00	2.32
	R	5,748	1,923	100.00	2.99
	S	335	114	100.00	2.94

圖書館類型與代碼		累計錯誤次數	檢測網頁總數	未達成率 %	單一網頁平均錯誤次數
	T	10,334	3,791	100.00	2.73
	U	2,733	582	100.00	4.70
	V	289	176	100.00	1.64
	W	321	68	100.00	4.72
	X	221	54	100.00	4.09
	Y	491	192	100.00	2.56
總計		70,210	26,907	2,480.03	82.14
平均數（$n=25$）		2,808.4	1,076.28	99.20	3.29

（二）檢測錯誤類型分布

　　本檢測重點在於找出無法通過新版無障礙規範的共同問題，以協助圖書館面對新規範實施時，能有所參考。因此，將無法通過檢測的問題類型加以分析，各項錯誤類型之說明，可參閱前述第一節網站無障礙規範內容介紹（表 7.1）。將各館檢測結果逐一編碼錯誤類型後，發現「可感知」與「可理解」的錯誤次數最高，如果比較發生錯誤類型最多和最少次數的差異，顯然「可理解」原則的錯誤類型，是各館發生次數落差最大的項目。

　　在圖書館網頁發生錯誤的指引類型與違反的設計原則中，排名第一的常見錯誤是違反「可理解」原則的「可讀性」錯誤問題，次數高達 21,609 次，占被檢測總頁數之 80.31%。排名第二的是「可感知」原則的「可調適」錯誤，次數達 20,182 次，占 75%。其他發生錯誤的指引類型，包括：替代文字、可預期性、相容性等。而在臺灣的公共圖書館網站不會發生錯誤的指引類型，則是：時序媒體、可辨識、鍵盤可操作、充足時間、防痙攣等問題（表 7.3）。

表 7.3　圖書館發生錯誤的指引類型分布

錯誤類型		錯誤次數	錯誤率% （$n = 26,907$）	同一網站 發生錯誤 最高次數	同一網站 發生錯誤 最低次數
原則	指引				
可感知	可調適	20,182	75.00	3,851	32
	替代文字	2054	7.63		
	時序媒體	0	0.00		
	可辨識	0	0.00		
	小計	22,236	82.63		
可操作	可導覽	19,854	73.79	1,699	4
	鍵盤可操作	0	0.00		
	充足時間	0	0.00		
	防痙攣	0	0.00		
	小計	19,854	73.79		
可理解	可讀性	21,609	80.31	5,038	1
	可預期性	594	2.21		
	輸入協助	0	0.00		
	小計	22,203	82.52		
穩健性	相容性	3,102	11.53	425	0
	小計	3,102	11.53		

　　本文為便於網站管理者瞭解檢測報告出現錯誤類型的檢測碼內容，將前述檢測發現之錯誤類型對照「網站無障礙規範 2.0 版」的檢測碼，將 25 所圖書館違反檢測工具 Freego 2.0 檢測碼的錯誤次數加以排序，呈現檢測碼及其內容描述（如表 7.4），以利修改參閱。其中檢測報告出現錯誤最多的檢測碼是「網頁根組件需有語言屬性（檢測碼 9.1）」，檢測不符合次數達 21,609 次；其次為「網頁中標頭組件必須要按照正確的巢狀層次結構配置（檢測碼 3.1）」，檢測發生錯誤次數，共 13,290 次；排名第三的是「連往相同資源的毗鄰圖片與文字，其由文字內容及替代文字產生之鏈結文字只能有一份（檢測碼 8.4）」，檢測發生錯誤次數共 9,319 次。這些高排名的發生錯誤檢測碼，是圖書館網站設計者需要優先自我檢查改善的問題。

表 7.4　錯誤類型之檢測碼內容說明及其次數分布

排名	原則	指引類型	檢測碼	檢測碼描述	錯誤次數	錯誤率%（$n=26,907$）
1	可理解	可讀性	9.1：XH1090100	網頁根組件需有語言屬性，且其值必須合於規範，不得為空字串或空白	21,609	80.31
2	可感知	可調適	3.1：XH1030100	網頁中的標頭組件必須要按照正確的巢狀層次結構來配置	13,290	49.39
3	可操作	可導覽	8.4：XH1080400	連往相同資源的毗鄰圖片與文字，由文字內容及替代文字產生之鏈結文字只能有一份	9,319	34.63

排名	原則	指引類型	檢測碼	檢測碼描述	錯誤次數	錯誤率%（$n=26,907$）
4	可操作	可導覽	8.4：XH1080401	具有連結目的之鏈結組件均需有鏈結文字，且其內容不得為空字串或空白；若此鏈結組件前後尚有其他內容，則亦需有標題屬性，且其值不得為空字串或空白	9,314	34.62
5	可感知	可調適	3.1：XH1030103	可見的表單控制元件均需有對應的標籤組件，或有標題屬性，且其內容或值均不得為空字串或空白	4,080	15.16
6	穩健性	相容性	12.2：XH1120200	依據規格使用表單控制元件組件及鏈結組件，完整提供各組件之角色、名稱、屬性、值	3,102	11.53
7	可感知	可調適	3.1：XH1030101	有多層標頭的表格，應使用範疇屬性，或使用對應標頭屬性，來建立表格標頭儲存格與資料儲存格之間的關連	2,812	10.45
8	可感知	替代文字	1.1：XH1010100	圖片組件需有替代文字屬性	1,517	5.64

排名	原則	指引類型	檢測碼	檢測碼描述	錯誤次數	錯誤率% （$n=26,907$）
9	可操作	可導覽	8.2：XH1080200	網頁需有標題組件，且其值不得為空字串或空白	1,221	4.54
10	可理解	可預期性	10.2：ME1100200	提供下載之檔案格式應為開放格式如 ODF、PDF、HTML 等檔案格式	594	2.21
11	可感知	替代文字	1.1：XH1010600	替代文字屬性值為空字串的圖片組件，不得有標題屬性	291	1.08
12	可感知	替代文字	1.1：XH1010101	影像地圖的區域組件需有替代文字屬性，且其值不得為空字串或空白	117	0.43
13	可感知	替代文字	1.1：XH1010103	字符圖案、表情符號、其他挪用文字外型作為表意功能之語言形式等內容，需透過合適組件的標題屬性來提供替代文字，且其值不得為空字串或空白	68	0.25
14	可感知	替代文字	1.1：XH1010102	圖片組件之長描述屬性值需為有效之 URI，且其目的資源末端能以超連結回到此圖片組件	51	0.19

排名	原則	指引類型	檢測碼	檢測碼描述	錯誤次數	錯誤率% （$n = 26,907$）
15	可感知	替代文字	1.1：XH1010104	型別屬性值為圖片之輸入組件，需有替代文字屬性，且其值不得為空字串或空白	10	0.04

　　25 所圖書館未通過檢測的錯誤，明顯集中在前述之 15 項檢測碼。為便於圖書館理解無障礙規範的檢測碼意義，本文將前述經常發生錯誤的檢測碼加以歸納說明，其中凡是以 1 開頭的檢測碼編號（如 1.1），對應「網站無障礙規範2.0 版」（表 7.1），皆屬於指引一的類型錯誤，指引一的核心概念是要為所有非文字內容提供相等意義的替代說明文字。由於身心障礙者使用閱讀輔具讀取網頁資訊時，對於缺乏文字說明的任何圖像類資訊皆無法讀取，故需要為圖像類資訊加上替代文字說明。

　　檢測網頁未能通過指引三（檢測碼 3.1 開頭編號）的錯誤，主要是由於資訊的呈現方式、結構組成等沒有依程式化方式架構，或是提供對應的關係解說等。當身心障礙者使用閱讀輔具讀取網頁，如頁面資訊缺乏清楚的架構，也沒有適當文字說明資訊關係時，身心障礙者將無法理解內容之間的層屬關係。

　　檢測網頁未能通過指引八（檢測碼 8.2、8.4 開頭編號）的錯誤，主要是網頁缺乏以清單組件或地圖組件加以分群，或是網頁缺乏標題組件。身心障礙者無法使用閱讀輔具讀取缺乏文字說明的標題或鏈結組件，此類圖示資訊應加上文字說明。

　　被檢測網頁未能通過指引九（檢測碼 9.1 開頭編號）的錯誤，主要是網頁內容缺乏語言屬性，此指引需為網頁組件加入語言屬性，且不能為空白。

　　被檢測網頁未能通過指引十（檢測碼 10.2 開頭編號）的錯誤，是提供下載之檔案格式並非為 odf、pdf、html 等格式，如非此類檔案格式將不利身心障礙

者以閱讀輔具讀取。

被檢測網頁未能通過指引十二（檢測碼 12.2 開頭編號）的錯誤，原因是提供使用者的介面，需具備能由使用者所設定的狀態、屬性、值等。否則，身心障礙者使用閱讀輔助工具讀取網頁時，會因缺乏項目設定變更通知，而迷失於網頁內。

檢視圖書館網站無障礙設計錯誤分布，可發現 25 所圖書館網頁無障礙設計未達成情形皆有集中特定檢測碼的問題，亦即經常發生錯誤的問題在同一網站設計會重複出現，意味著同一網站設計者，可能對於特定檢測問題沒有處理到，同樣問題不斷發生，錯誤次數累計後，導致未達成比率偏高。前述發生錯誤率較高的檢測項目，是多數網頁容易犯下的無障礙設計問題，圖書館未來進行網頁調整時，可針對此類問題優先進行自我檢查修正。

第四節　身心障礙者使用圖書館網站意見調查

進行身心障礙者使用圖書館網站的實測觀察是先由身心障礙團體引介有使用圖書館網站經驗的使用者，採任務導向的實測觀察研究，實測過程至受訪者熟悉的場域，以其慣用的電腦安裝實測任務並進行觀察紀錄。為協調所有受訪者線上操作歷程的一致性，研究設計所有受訪者執行同樣的檢索任務，任務是以瀏覽網站頁面第一至第二層為主，並檢索常用的資訊做為題目（例如：在「館藏查詢」裡找到「總圖主題書展」資訊、找到圖書館總館各樓層的簡介資訊等）。研究者於受訪者電腦設定網址後，說明研究目的與流程，請受訪者自行操作，並鼓勵受訪者以放聲思考方式，一邊操作一邊口述想法，執行過程全程錄音並記錄受訪者反應與頁面操作問題。

參與實測者經交付任務實際操作後，進行深度訪談以獲知實測過程的使用經驗與感受，訪談問題聚焦在兩個面向：一是對無障礙網頁設計之認知與看法，二是使用網頁時遇到的問題。訪談過程中，使用錄音設備全程記錄訪談內容，

並整理謄錄成文字電子檔，引錄受訪者意見以代碼呈現，並註明引錄文字所在之逐字稿段落，以利檢驗。

一、參與實測受訪對象

本文召募受訪者參與實測觀察，是以取用常規資訊較為困難之視覺或聽覺障礙者為對象，因在所有身心障礙族群中，以視覺與聽覺障礙者在取用網路資源所遭遇的困難最多，圖書館網站若能為他們經營公平取用資訊的空間，將可協助他們融入社會。受測者必須具備網路與圖書館網站使用經驗，因實驗對象較為有限，共召募視障或聽障者 10 名，參與任務導向的實測研究，受訪者背景資料如下：

表 7.5　受訪者代碼與基本資料

代碼	性別	障礙類型	背景陳述
A1	女	視障	使用網路 15 年以上，曾使用圖書館網站，多利用 Google 查找資料。
A2	女	視障	使用網路 3 到 5 年，曾使用圖書館網站，經常使用休閒與購物網站。
A3	男	聽障	使用網路 20 年以上，頻繁使用圖書館與學校網站，常用 Google 或維基百科找資料。
A4	男	聽障	使用網路 20 年以上，常使用圖書館與學校網站，慣用 Google 查找資料。
A5	男	視障	使用網路約 12 年，較少使用圖書館與學校網站，多直接使用 Google 查找資料。
A6	男	視障	使用網路約 10 年，曾使用圖書館與學校網站，較常使用社群網站。

代碼	性別	障礙類型	背景陳述
A7	女	聽障	使用網路約 6 到 7 年，很少使用圖書館與學校網站，主要使用 Google 查找資料。
A8	男	視障	使用網路約 10 年，較少使用圖書館與學校網站，常用 Google 查找資料。
A9	女	視障	使用網路約 15 年，很少使用圖書館與學校網站，常用 Google 查找資料。
A10	女	聽障	使用網路 10 年以上，經常使用圖書館網站，利用社群媒體提問找尋資訊。

二、實測過程之觀察分析

　　進行實測觀察研究是為瞭解在機器檢測之外，視覺及聽覺障礙者在實際使用過程中，所感受的網頁設計不易用問題。分析視覺及聽覺障礙者實測操作圖書館網站所遭遇之問題樣態，整理歸納為下列 12 種常見問題，至於問題網頁畫面之列舉說明，可進一步參閱林巧敏（2019）一文，本文不再贅述。

（一）頁面資訊過多或是不同頁面有資訊重複，導致視覺及聽覺障礙者難以尋獲特定資訊。

　　明眼人對於螢幕顯示跨頁的資訊可以轉動捲軸逐一檢視需要的內容，但視障者是憑藉報讀軟體快速讀出所有文字，或是移動 Tab 鍵依序逐一讀取網頁中每個字。當首頁資訊繁多，視障者經歷逐字報讀內容，很難定位找出特定資訊。尤其是頁面資訊結構雜亂，視障者在逐字聽取過程中，不容易形成資訊架構，造成理解困難。如果再加上在不同頁面間，有重複性資訊，更會干擾使用者對於網站資訊架構的判斷，通常無法完成指定任務需要尋取的資訊。

（二）頁面嵌入連結資訊（如臉書等社群網站），進入頁框後難以回到原網頁。

　　觀察受訪者操作過程會發現當網頁有嵌入連結，最常出現的是圖書館臉書官網，輔助閱讀軟體讀至此處，會自動進入臉書而跳脫本網頁資訊內容，報讀軟體不斷持續讀取臉書內容，讓視障者迷失在連結的資訊中，不知目前聽取的資訊位置為何，也不知該如何回到主網頁內容。

（三）缺乏網站資訊分類架構，或是類目名稱混淆、不符合判斷習慣，致使找尋網頁特定資訊遍尋不著。

　　視障者是仰賴輔助閱讀軟體將頁面文字逐字報讀出來，會比一般人對於頁面呈現的資訊架構要求更高，首頁應提供網站資訊架構，讓視覺及聽覺障礙者可以根據資訊分類架構判斷需要讀取的內容選項，再進入第二層網頁，否則在網頁內經報讀軟體逐字讀取瀏覽會花費很多時間，而且難以憑記憶找到特定資訊選項。如果網頁資訊排列雜亂且複雜，視障者將更難以判斷特定資訊的屬性分類及其位置。

（四）圖像缺乏文字說明，或是頁面資訊選項使用視覺點選的設計。

　　圖書館網站提供輪播的活動消息，往往是圖像缺乏文字說明，或是頁面資訊選項使用視覺點選的設計（如：後分類有「＋」號展開的設計，此類視覺圖像對於視障者無法讀出內容）。當缺乏文字說明時，視障者將無法使用報讀軟體讀取資訊。

（五）頁面設計未配合閱讀軟體功能，視覺障礙者無法使用 Tab 鍵定位及找尋資訊。

　　視障者閱讀網頁經常發生的問題是使用報讀軟體（如：導盲鼠）的 Tab 鍵下移，位置會自動跑掉；畫面轉動也沒有跳動的通知。因此，也就無法完整讀到網頁內容，顯然是網頁設計缺乏與報讀軟體相容的考量，也沒經過使用者測試，才會讓報讀軟體功能無法發揮。

（六）找不到檢索輸入框，頁面設計未提示輸入打字的設計；或是按 **Tab** 鍵無
　　　法移動，一直卡在輸入欄位。

　　視障者使用網站查詢功能時，會發生無法定位至輸入檢索框，即使利用 Tab
鍵逐一點按，當游標至關鍵字輸入位置時，還是會自動往下移至下一個項目，
完全無法提供站內檢索功能。也有相反狀況是按 Tab 鍵無法往下，游標反而是
一直停留在輸入檢索框，無法繼續提供頁面資訊的語音報讀。

（七）日期資訊採日曆表方式呈現，視聽障礙者無法理解讀取之日期意義。

　　網頁的休館日採用表格或是日曆方式呈現，明眼人可以很容易根據位置對
應理解表格和日曆，但視障者是逐字報讀，只聽到一些連貫數字，並不知道讀
到的數字意義為何，對於開館日或是活動日程以圖表或日曆呈現，都會讓視障
者難以理解讀出的資訊意義。如果網站採用此類以視覺對應方式呈現日期，應
該要有替代資訊提供報讀。

（八）頁面資訊讀取順序不合邏輯與習慣，或是同一網站不同頁面的讀取順序
　　　不一致。

　　受訪者瀏覽圖書館網站會遭遇進入網頁後讀取網頁資訊的順序不合乎邏
輯，對於明眼人而言，以視覺一目瞭然版面資訊內容，但視障者在進入網頁後
是使用 Tab 鍵逐一讀取資訊，如果當網頁讀取順序不合乎先從上方網頁標頭區
（header）、再往下左右兩邊欄（sidebar_left、sidebar_right）的讀取順序設定，
對於視障者而言會有資訊混淆問題。通常網頁設計有上、左、中、右四塊資訊
區域，正常讀取順序是先從上方網頁標頭區（header）、再往下左右兩邊欄
（sidebar_left、sidebar_right）的讀取順序，如果在不同網頁的內容讀取順序設
定也不同，更會造成視障者難以理解資訊位置的相對關係。

（九）申請服務需輸入驗證碼，但缺乏提供語音輸出的輔助設計，或是無法定
　　　位到輸入框。

　　圖書館網站有部分服務需要輸入讀者閱覽證號，輸入驗證碼必須要有語音

讀出功能，視障者才能據以輸入驗證碼。但實測過程發現，部分頁面當視障者使用 Tab 鍵定位時，游標移至「讀者登入」項，會跳出輸入讀者帳號資訊的視窗，即使跳離或是將網頁重新整理後，再至同一畫面仍然碰到同樣問題，因此，受訪者無法順利通過網頁要求讀者身份驗證的畫面。

（十）表格資訊讀取設計不良，使用者無法理解各欄位值的意涵。

　　表格資訊對於明眼人可直觀理解，但對於視障者而言，表格內容是逐欄讀出來的，當表格全部內容用聆聽或是用點字逐一摸讀，需要對於表格的第一列與第一欄項目有清楚概念，才能理解所有欄框內的資訊。當讀取每列資訊數值時，必須重複報讀欄位標頭的資訊。

　　此外，在表格呈現設計上，讓受訪者操作過程困擾之處，是表格內容無法被辨識，亦無法讀取欄位名稱只能讀取到部分文字內容，或是表格完全以圖檔呈現，都會造成使用者無法讀取表格資訊。

（十一）缺乏網站檢索功能，或是該項功能無法運作。

　　明眼人可以輕易從首頁資訊架構，正確點選進入第二層網頁找到館藏資源分類，但視障者必須於網頁內逐一讀取頁面所有資訊，多位受訪者皆表示首頁資訊排列雜亂，導致讀取頁內資訊費時，如果網站也沒有提供站內資訊檢索功能，幾乎無法有效找到特定資訊。即使有些網站有設計網頁檢索功能，但當輸入關鍵字檢索，卻連結至 Google 檢索功能，此項網站內搜尋功能形同虛設。

（十二）頁面字體太小、文字間距不足或是顏色對比不明顯，造成弱視與視力退化者閱讀困難。

　　網站內容文字字體過小、間距不足或是顏色對比不明顯，不僅對於弱視者讀取資訊有困難，即使是明眼人閱讀也有負擔，圖書館網頁內容字體最好儘量避免小於 10pt 的字級，頁面文字採用的顏色不要過多，最好是有對比的顏色，對於弱視者而言，將頁面放大後，文字能有明顯的顏色與粗細區別，會比較容易閱讀。

　　本文將受訪者使用圖書館網站遭遇的主要問題，歸納為前述 12 種類型，根據受訪者實測過程指出圖書館網頁普遍存在的問題樣態，主要是圖像缺乏文字說明、閱讀輔助 Tab 鍵失效的情況比較嚴重，前兩項問題會導致視障者完全無法讀取資訊，需要網站設計者優先處理改善。至於其他有關頁面資訊繁雜過多、資訊架構不清、頁面資訊讀取順序不一致、頁面設計顏色對比不明顯等問題，雖是本次受訪者感受到圖書館網站會經常發生的問題，但也會是明眼人在瀏覽網頁時，感受到不友善的設計，提醒圖書館網站設計時需要多加留意。

三、受訪者訪談意見分析

　　受訪者於實測任務後經徵求同意進行訪談，訪談問題重點分為三個面向：實測任務過程遭遇的障礙、期許圖書館優先解決的無障礙設計問題、網頁檢測對於身心障礙者的協助。藉由訪談可釐清或映證前述實測過程觀察到的問題，並瞭解視覺及聽覺障礙者使用圖書館網站的感受，整理受訪者意見如下：

（一）圖書館網站實測任務過程遭遇的障礙

　　受訪者進行檢測任務過程會經常碰到的障礙，包括：圖片缺乏說明文字、缺乏快捷鍵（accesskey）設定、網頁進入下一層次沒有跳動的通知、網站首頁資訊過多、重要資訊未置於主頁面或明顯處、網頁框架設計不明確等問題。

　　因圖像資料是以視覺感知內容，網站放置的圖片如果缺乏文字說明，視障者完全無法藉由閱讀輔具轉為聽讀或是摸讀，受訪者 A1 就指出：「*如果遇到圖片一定要有替代文字才有用（A1：25-26）。*」

　　視障者讀取網頁資訊是由閱讀輔助軟體從頭讀取整個網頁內容，當頁面資訊較多時，視障者會利用快捷鍵選取重要標題，所以快捷鍵功能正常，對於資訊定位很重要。受訪者 A1 認為：「*首頁上資訊很多也沒有關係，可是我需要一進到網頁就有快捷鍵，這樣可以到中央主要內容或是直接到右邊欄，至少不用從第一個項目慢慢滑走很久才到主要的內容。（A1：26-28）*」A5 亦認為：「*遇到網頁快捷鍵設定有問題，就會找不到所需要的資訊（A5：20-21）。*」

　　明眼人點選網頁資訊會看到視窗的變化，但視障者對於網頁內容點選換頁需要有轉換動作，網頁撰寫過程需要加上換頁通知。受訪者 A1 陳述：「*每當我執行任何動作時，網頁上都應該有跳動，這樣我才知道網頁有在執行動作（A1：28-29）。*」

　　視障者閱讀網頁是逐字逐頁讀取，當頁面資訊過多，讀到後面可能會忘記前面資訊，所以單一頁面設計最好不要呈現過多資訊，可以將資訊分類轉換為下一層分頁提供選擇，避免所有資訊紛陳在同一頁面。受訪者 A1 認為：「*不針對哪一個網頁，我大致上會覺得首面上資訊越少越好，在頁面上的都應該是重要而且不重複的訊息（A1：25-26）。*」

　　如果是重要資訊編排在頁面開頭，會讓視障者比較快找到重要資訊，對於其他身心障礙者（學習障礙、聽障者）將重要資訊置於頁面中間，可以減少捲頁動作，都是比較理想的設計。引述受訪者 A8 碰到的困擾是：「*網頁並沒有把最重要的資訊，如開館時間、地址、電話等放在頁面的最前面，需要逐行往下細讀才能找到，需要花費很多時間（A8：19-21）。*」

　　因為視障者會用 Tab 鍵讀取分段的資訊，如果網頁沒有清楚的資訊分類架構與頁框設計，無論是在聽讀或是摸讀過程，都不容易理解頁面資訊架構，也難以找尋特定資訊段落。例如受訪者 A5 提到：「*網頁框架設計上沒有明顯定位點區塊，會找不到所需要的資訊（A5：20）。*」

（二）期許圖書館網站優先解決的無障礙設計

　　受訪者認為圖書館網頁當前應優先解決的無障礙問題，包括：圖片需要替代文字說明、需要提供站內關鍵字檢索、減少無資訊價值的影音設計、影音資料呈現需要有替代設計、網頁需要有定位點區塊功能、網頁文字字體與背景顏色問題、網站會員登入區塊不利使用等。

　　對視障者而言，網頁內圖片需要有替代文字說明幾乎是所有受訪者認同最需要被解決的問題。受訪者 A1 認為：「*應該優先處理的是圖形替代文字，如網頁連結至下一層次或新頁面的連結沒有文字說明，僅是以圖像呈現，會不知*

道頁面資訊，最起碼要用文字說明連結下一層次的內容為何（A1：39-41）。」
受訪者 A9 也認同：「*希望能先解決圖片的問題，並盡量用文字表達（A9：27）。*」
A1 強調：「*明眼人可以看得到圖片代表的內容，可是對於視障者來說，沒有文字說明，不會知道圖片所代表的意思（A1：43-44）。*」

　　當網頁內資訊太多，視障者難以由報讀軟體讀取記住讀過的資訊，如果能使用關鍵字進行網站資訊的檢索，可以協助找到需要的特定資訊內容，也能提高使用網站的意願。受訪者 A2 提到：「*我不常使用網路或是獨自使用網路，是因為在使用時一定要很細心的逐字聽、摸，才會知道想找到的資訊在哪裡，若有一百行字，我就要聽一百遍才能找到想要的資訊，因此非常困難與不方便。……我比較希望網頁有輸入關鍵字的功能，不需要在網頁內逐行讀取，也比較容易讓我們搜尋到想要的資訊（A2：38-45）。*」

　　網頁內容呈現往往為求視覺美觀效果而使用圖像或影音特效設計，但單純為求美感的圖檔，卻反而增加內容瀏覽的障礙，在內容呈現上可以盡量回歸資訊價值，提供內容性資訊而非追求視覺美感設計。所以 A9 提到：「*不要有太複雜的超連結或是圖示符號（A9：28）。*」受訪者 A3 也認為：「*我覺得影音資料太多並不好，如果可以用文字呈現的資訊，為何一定要換成圖檔呈現（A3：28-29）。*」

　　無障礙網頁設計上為了方便使用，應有頁面主要內容的定位點區塊，包括左側區塊、右側區塊、上方區塊、下方區塊、中央區塊。主要用途在於幫助使用者快速定位和進行搜尋，以免使用者迷失於網頁內，並且能依照使用者瀏覽網頁的行為，快速跳至所需的頁面區塊中。受訪者 A5 認為：「*要解決的問題應該是網頁有時候不能直接讓我們到中央正文內容，無法定位也有可能是瀏覽器的影響，不同網頁瀏覽器在使用定位點時會有差異（A5：27-28）。*」

　　受訪者認為網站的會員登入區塊與要求驗證碼（Completely Automated Public Turing test to tell Computers and Humans Apart，簡稱 CAPTCHA）輸入，對於視障者深感困擾，多數網頁要求輸入驗證碼，並沒有加註語音朗讀功能，

視障者會無法繼續執行操作。受訪者 A1 提出：「*會員區塊內的驗證碼問題是我感到最困難的地方（A1：45）。*」受訪者 A6 也認為：「*登入會員或是需要輸入驗證碼時比較困擾，很多圖片驗證碼現在都沒有提供語音服務（A6：28-29）。*」

無障礙網頁設計，需要將只能憑鍵盤操作瀏覽的身心障礙者使用行為，納入考量，因此需要設定 TabIndex 功能[1]，才能利用 Tab 鍵依序瀏覽內容。受訪者 A1 認為：「*剛剛使用 Tab 鍵無法順利移動到想要的位置上，或是一直停留在同一位置上，因此網頁應先設定 Tab 鍵移動的順序（A1：51-53）。*」

（三）無障礙網頁檢測對於身心障礙者的協助

無障礙網頁檢測只是幫助網頁達到無障礙的起碼要求，即使網頁通過無障礙的檢測規範，還是需要經由人工檢測才能真正達到網頁瀏覽無障礙的程度。對於身心障礙者而言，通過無障礙檢測的網頁雖然使用上較為友善，但是仍期許設計網站能回歸資訊傳播的原意，不必然以炫麗的頁面特效吸引人，尤其圖書館網站的經營價值在於資訊提供，雖然符合無障礙網頁會犧牲動畫或特效設計，但卻能符合機構提供資訊取用的宗旨，兩者必須有所取決。

受訪者覺得通過無障礙網頁檢測至少能讓網頁呈現資訊的方式，達到基本的使用要求。受訪者 A1 的看法：「*通過檢測一定會有幫助，網頁設計好，我才會使用它，也能方便資訊的找尋（A1：55-56）。*」受訪者 A5 認為：「*通過檢測一定是有幫助的，對於查詢會有直接的協助，例如輸入文字進行查詢後……，能直接跳至中央正文內容區塊。因為是針對特定資訊進行檢索，我覺得能直接至正文找內容很重要，可以節省逐行讀取瀏覽的時間（A5：41-44）。*」受訪者 A6 也認同：「*很多網頁到現在也沒有無障礙網頁標章，內容比較混亂，如果是有經過檢測的網頁，的確比較好用（A6：36-37）。*」

受訪者認為目前無障礙網頁檢測雖然有一定程度的協助，可是要達到完全

---

[1] 網頁 HTML 語法需要設定（TabIndex）快速鍵，瀏覽頁面只要按鍵盤的 Tab 鍵，就會依照指定的順序 Tabindex＝"n"移動欄位。

無障礙還是需要進一步的改善。如受訪者 A3 認為：「*通過檢測會有一定程度的幫助，但針對一些網路資源缺之文字呈現就比較可惜。還有很多網頁即使通過無障礙網頁檢測，但是日後網頁內容的更新，是否也是按照無障礙網頁規範就不一定了（A3：44-46）*。」所以，通過檢測只是一個基本要求，最終還是要有網站建置者對於無障礙讀者服務的認知，願意支持資訊平等取用，必須有維護網站資訊的付出，否則只會流於標章取得，而沒有落實維護網頁內容的決心。

　　雖然網頁通過無障礙檢測會犧牲一般大眾認知的美感，但是否要將網頁美觀設計放到第一位，還是要看網站經營的宗旨，圖書館網站非商業機構，不以花俏吸睛為訴求，應該是以提供資訊為最重要的考量。受訪者 A6 指出：「*一般大眾可能會比較不喜歡沒有動畫的設計，會犧牲美觀設計或互動版面，因為大家都喜歡看圖片，但視障者卻必須有清楚文字說明才能讀取（A6：37-39）*。」A9 也指出：「*實際上不會特別注意去使用掛有無障礙標章的圖書館網站，而是先用網路搜尋引擎（A9：37-38）*。」主要是因為搜尋引擎有很實用的檢索功能，比瀏覽圖書館網站需要逐一找尋資訊更好用，意味著網站能被身心障礙者使用，網站建置機構知名度或是內容資訊價值並不是首選，能被容易檢索和讀取，才是身心障礙者可以取用的資訊。

第五節　圖書館網頁無障礙設計建議

　　前述調查是以 2017 年新通過之「網站無障礙規範 2.0 版」檢測工具 Freego 2.0，檢驗 25 所圖書館網頁，發現沒有一所圖書館完全通過基本的 A 等級檢測，檢測目的不在呈現各館通過率不佳的事實，而是希望藉由新規範檢測結果，提醒各館面對舊有標章效期屆滿後，重新申請新標章認證時，對於網頁必須優先調整的設計問題。

　　各館網站檢測發現之無障礙設計問題集中且各館問題差異不大，主要的錯

誤包括：圖片、影像、地圖等圖像資訊需要有替代文字說明、網頁需有標頭組件與使用正確的巢狀設計、連往相同資源的圖片文字需有替代文字等，幾乎每一所圖書館多少都有此類問題。在第一等級機器檢測碼總數 26 條中，圖書館被檢測未通過數集中在其中的 15 條，多數圖書館被檢測出的問題類型相似度頗高，而且經常發生錯誤的問題在同一網站設計會重複出現，顯然網站設計者對於特定檢測問題沒有關照到，導致同樣問題不斷發生，如果能根據前述常見之錯誤類型分析與檢測碼說明，將這些在網頁設計會發生的共同錯誤，加以檢視修正，應能快速提升各館的無障礙檢測達成率。

觀察視覺或聽覺障礙者實際瀏覽網站的過程，發現各網頁存在的問題以圖像缺乏文字說明（可感知類型）以及閱讀輔助 Tab 鍵失效（可操作類型），對於使用者的影響最為嚴重，這些在檢測軟體與使用者實測過程皆發現的問題，多屬於可感知或是可操作的網頁設計問題。但使用者實測過程指出的頁面資訊繁雜、資訊架構不清、資訊讀取順序不一致等，屬於資訊呈現方式問題，即使不在檢測過程發現，但仍是受訪者認為圖書館網站不友善的原因。這些頁面資訊呈現不佳之處，雖然無法由無障礙檢測軟體測得，卻是使用者感受比較在乎的不易用問題，也代表通過軟體檢測只是最基本的要求，最終仍必須回歸使用者的使用感受，需要有使用者實測，發掘網站不易用的設計。

綜合檢測與實測分析結果，圖書館網站設計可優先檢查並調整驗證碼、快捷鍵定位設計，即可立即改善視覺障礙者在使用圖書館網站的困難，雖然在實測過程與訪談意見中，發現圖書館網站需要解決的無障礙設計不少，但是如果能為圖像資訊加上替代文字說明，符合 Tab 鍵移動的定位設計，在網站增加站內檢索功能，並在固定位置提供網站資訊架構，即可大幅改善視覺與聽覺障礙者使用圖書館網站的瓶頸。

圖書館網站是民眾接觸圖書館資訊的窗口，網頁設計應以不同使用者需求為考量，圖書館有責任建置無障礙網頁並透過檢測發掘網站設計問題，且持續修正，才能使網站發揮資訊服務的目標。無障礙網頁的精神在於讓所有使用者

都能無障礙使用相同網頁資訊，而非特意架構另一無障礙版本的網頁。圖書館網站本以傳播資訊為主，沒有資訊價值的花俏設計不是網站經營重點，讓網站符合無障礙設計不只是針對身心障礙者，而是能提高所有人查詢網站資訊的可及性。

　　根據網站檢測與使用者實測分析結果，本文提出對於網站修改以及網站管理層面之未來工作建議如下：

一、網站修改面向建議

（一）減少不具資訊價值的頁面特殊效果設計：機構網站經常會設計有動畫效果的歡迎頁，但對於視障者而言是最不受歡迎的設計，因為歡迎頁圖檔經常缺乏文字說明，加上如果還有選擇語文別才能進入網站的圖檔設計，視障者幾乎無法進入網站內容瀏覽。但這些講究視覺效果的頁面設計，並無任何資訊價值，身為資訊服務機構之圖書館，仍以回歸資訊服務角色為重，不需如同商業網站需要引人的首頁設計集結人氣，圖書館網站以提供資訊內容服務為經營重點，厚實內容經營、滿足資訊取用，才是圖書館網站真正的價值。

（二）邀請身心障礙者參與網站無障礙檢測：「網站無障礙規範 2.0 版」於網頁通過無障礙網頁軟體檢測後，還需進行自我評量的人工檢測，皆通過後才能提出標章的申請。但由於網頁內容變更快速，當網頁更新內容或是改換設計時，雖然是遵循無障礙網頁開發規範進行內容調整，但新架構的網頁未必能完全符合身心障礙者使用的閱讀輔具與瀏覽習慣。根據研究結果發現，如果能在設計網頁時同時加入身心障礙者的意見並使用輔助科技協助架構的過程，比較能有效提升網頁無障礙程度，並可維持整體網頁環境之無障礙品質。

（三）圖書館建置網站遵循網頁友善設計原則：根據過往研究與使用者意見可知，在網頁設計過程需要掌握的基本注意事項，包括：在文字編排上，

採用字體以 10pt 與 12pt 為佳、避免閃爍或不斷移動的字體、文字顏色以不超過 3 種顏色為佳；在版面設計上，版面分割避免過於複雜、不要使用過多閃爍或動態圖像、網站圖像與主題應有關聯性、不要單獨依靠色彩提供特殊資訊；在內容配置上，指標、圖案、動態位置以及主要訊息，不可輕易改變其於網站內的位置，且表格需有良好的編排；網站地圖或資訊架構應以層級方式呈現（張凱勛、王年燦，2010）。推廣這些網站設計的基本原則，將有助於提升所有人瀏覽圖書館網站的觀感。

二、網站管理面向建議

（一）根據資訊內容權衡輕重，分優先緩急處理無障礙規範修正問題：針對使用者需要知悉的重要資訊（例如開館基本資訊、使用規章、活動訊息等），需要優先符合頁面無障礙規範要求，讓所有族群都能取用資訊，使圖書館網站提供之基本資訊能夠無礙瀏覽，但針對數位館藏查詢瀏覽或是影音資料庫，目前難以逐一增列替代文字說明的內容，建議可先暫採另建網頁方式，亦即不先強求掛上無障礙標章，等內容完成替代方案處理後，再重新檢測認證。

（二）無障礙設計是經常性維護工作，需要建立人員正確認知與態度：無障礙網頁真正的問題不在網頁設計技術，而是如何持續維護上稿內容符合要求，因此需要建立全員對於無障礙網頁的正確認知，增加影像文字說明與減少特殊設計，並不是專為身心障礙者所做的犧牲，而是能讓所有使用者皆受益的回歸資訊價值呈現方式，不僅可降低日後網頁維護成本，另一方面也可減少開啟網頁，需要等待無意義影像下載而耗費時間的問題。

（三）瞭解身心障礙者使用圖書館資訊需求，對於常用資訊符合高規格要求：新版檢測規範分為三級，1A 只是基本規範要求，而符合 3A 可能需要投注更多內容調整人力與經費，圖書館基於便利所有族群使用考量，即使

全網站採用 1A 級檢測標準，但對於重要或基本性資訊，仍可考量以符合 1A 以上的等級檢測為努力目標。

第八章　主題資源網站服務

根據國際身心障礙組織（The National Organization on Disability）調查研究指出：網路、電腦與閱讀輔具可讓身心障礙者有機會接觸更多元的資訊，網路與電腦可開啟身心障礙者與社區及社會資源的連結（The National Organization on Disability, 2000, 2010），甚至身心障礙者慣用網路資源的人口比例，是非身心障礙族群人口比例的兩倍（Lollar & Andresen, 2011）。身心障礙者的個人電腦與網路設備擁有率，並不遜於一般人，可知網路已成為身心障礙者獲取資訊的重要管道。但面對數量繁多且龐雜的網路資源，身心障礙者卻經常面臨找不到網頁、不知道那些網頁值得瀏覽，以及網頁內容無法順利讀取等問題。

圖書館基於資訊中介者角色，應提供適切的網路資源與服務，以指引身心障礙者善用網路資訊。圖書館扮演的角色不單純是圖書典藏與閱覽處所，更重要的是發展成為兼具知識傳播與學習資訊中心的角色。因此，圖書館除了提供身心障礙者需要的數位化圖書資源外，也要滿足身心障礙者在新知學習、生活、就業以及取得福利資訊等方面的需求。豐沛的網站資訊可開啟身心障礙者接觸多元資訊的機會，但網路資源內容品質不一，需要經過評估與篩選的過程，始能降低身心障礙者取用網路資源的困難。

圖書館主題資源網站（subject gateway）建置觀念已發展有年，但過往對於身心障礙族群需求之網路資源整理，較為缺乏。再者，身心障礙者在浩瀚的網路世界搜尋資訊時，反而更需要指引，圖書館有必要針對身心障礙者的資訊需求，整理有特色之主題網站，成為圖書館虛擬館藏服務的一部分。

因此，本章第一節說明身心障礙者使用網路資訊需求，第二節介紹主題網站之建置與評選原則，第三節，實際評選建立可供身心障礙者使用之國內網路資源，並輔以深度訪談方式，瞭解身心障礙者認為有用的網路資源與使用意見，據此建立網路資源評選原則和主題分類架構，第四節將評選建立之主題網站資源，開放使用並記錄為期一年之網站點閱次數，據以檢討修正身心障礙主題資源網站未來整理收錄的方向。本章論述主題資源網站建置的過程，目的在於提供圖書館建置身心障礙讀者主題網站評選資源過程之參考。

第一節　身心障礙者使用網路資訊需求

國內針對身心障礙者之資訊需求研究不多，多數是針對視障者之資訊需求調查，發現視障者之資訊需求大致分為課程資訊、就業規劃、新知消息、個人興趣、日常生活、人際關係與精神勵志幾類。視障者對於未來就業所需的技能會十分重視，比較積極的人會主動尋求就業或生涯規劃的相關資訊。尤其是新知消息、個人興趣與日常生活，更是視障者經常發生的資訊需求，新知消息多半是新聞報導以及目前流行事物；個人興趣則會影響他們選擇收聽的節目、錄音帶類型，也會成為他們與朋友討論的話題（張瀚文，2000）。

張博雅、林珊如（2010）綜合國內外學者之研究結果，將視障者之資訊需求歸類為以下幾項，包括生活資訊（休閒娛樂、個人興趣、旅遊資訊、消費資訊等）、醫療健康資訊、工作資訊、課業資訊、社交資訊（人際關係資訊、聊天話題）、政府資訊（選舉、社會福利、政府機構服務資訊），以及自我成長相關資訊（自我成長、增加個人知識、尋求自我肯定、評估自我能力、精神勵志）等七大面向。

陳仕祐（2003）曾針對重度視覺障礙大學生的資訊搜尋行為進行分析，研究發現重度視障的大學生資訊需求面向，包括外在需求（例如：報告撰寫、修課所需資訊）及內在需求（例如：個人興趣與生活所需）；在尋求資訊媒介方

面，有圖書館、網路、人際網路、尋求支援、大眾傳播、商店賣場、詢問他人、利用資源中心、實地探訪等。

陳怡佩（2006）因調查兒童及青少年視障讀者使用圖書館資訊需求，建議圖書館在館藏資源方面，可進行分齡設計，並可運用流行之話題進行主題設計，結合時事及青少年專用語以吸引利用，尤其視障讀者因其行動不便，親自到館的意願比較低，但對於網路接受度高，因此，可以將圖書館資源置於網站，或主動整理相關主題資料，寄到讀者電子信箱。

大陸地區陳豔偉（2012）對於視障人士的電腦操作與使用網路的情況進行研究，依據視障人士之資訊需求與障礙，探討視障圖書館之建設。研究顯示視障者使用之網路資源類型，以搜尋引擎為主，主要是因為此類的頁面較容易操作。此外，有些專為視障者設計之網站亦深受歡迎，因其內容以線條排列，且去除多餘的圖片、動畫與廣告，較符合視障者之瀏覽需求。而視障者利用網路資源的主要用途為資訊查找，其次為娛樂休閒、對外通訊交友、工作需要。由調查可得知，視障者最關注的資訊主題，為醫療保健、時政新聞、與身心障礙者有關的政策法規以及休閒娛樂。

楊俊英、趙林靜、鄭宏（2011）針對先天與後天之視障者、不同年齡與職業之視障者的資訊需求進行研究，發現他們的資訊需求與使用網路之目的，皆存有差異。先天視障者相較於後天視障者因其與外界交流較少，亦較少接觸網路，使用網路的目的多集中於娛樂，如網路交友、聽音樂、聊天等。相對地，因事故或疾病而成為視障者之族群，由於原有的專業與教育背景，使用網路時，多數是集中於發展自身興趣或學習專業知識。而不同年齡視障者之資訊需求，亦存在差異，青年視障者利用圖書館網路資源時，較傾向於尋找與職業相關之資源，或是思想、哲學類書籍。中老年視障者則傾向於娛樂需求，如音樂類資源。

深圳圖書館曾以問卷調查大陸共 11 所規模較大且較早提供視障讀者服務的公共圖書館，探討公共圖書館視障讀者之資訊需求。研究顯示，數位資訊產

品在視障讀者群體中的普及率與使用率皆很高,包括電腦、手機、聽書機等使用人數皆超過五成。且相較於使用放大鏡、盲用書寫器材等閱讀輔具,視障者反而更容易接受在電腦或手機上安裝輔助閱讀軟體。根據調查,視障讀者使用網際網路時,最常使用的是搜尋引擎,其次為特定主題資源網站、專為視障者服務的網站等。而最為關注的資訊類型,依序為:醫療保健、與身心障礙人士相關的政策法規、時事新聞、休閒娛樂等(李婉彬、李燕娜,2013)。

建置主題資源網站首要面臨如何將為數眾多的網站加以組織分類,對於網路資源組織及其分類架構,需要根據前人研究基礎與目前相關網站資源特性,建立主題分類,如依其資訊需求角度,可分成醫療保健、課業資訊、就業規劃、新知消息、個人興趣、法規政策、休閒娛樂等主題,但同一網路資源有可能涵蓋不同主題;又如果是根據網站建置機構屬性分類,雖然分類資源不重複,但機構屬性分類,需要使用者對於機構屬性認知非常清楚,可不經學習即能理解。因此,無論何種主題分類方式,均有歸屬主題判斷認知有歧異的問題,需要輔助網站資源詮釋資料(metadata)之建置,才能提供收錄網站資源有多元檢索方式,並可兼顧不同使用者交叉運用瀏覽或是檢索的使用行為。

再者,不同類型身心障礙者取用網路資源的困難程度也有很大的差異,就視覺功能障礙者而言,因視覺障礙程度產生的閱讀困難不同,對於閱讀媒介之偏好可能會因障礙等級或學習能力,而有所差異。故而,圖書館所提供之資訊需求與閱讀媒介需考量不同讀者之需求,而進行適性化之服務(毛慶禎,2014)。雖然網際網路發展迅速,但身心障礙者卻因其個人的認知、感官或動作能力的缺損,而無法如同一般人能快速取得及判斷網路上的資訊(陳明聰,官怡君,林妤芳,2004),而無法順利接觸寰宇資訊。

造成身心障礙者無法使用網站的因素,除了缺乏資訊設備與資訊素養能力外,網頁有障礙是無法使用網站數位資訊的主要因素(翁慧娟,1999)。試想當身心障礙者克服本身的生理操作與資訊接收問題時,如果多數網站提供的內容形式無法被讀取,所有的努力都是枉然,就如同身障者進入公共建築卻只有

樓梯，仍然不得其門而入。所以，網頁資訊設計需要符合無障礙要求，身心障礙者才能透過閱讀輔具讀取內容。圖書館為了降低身心障礙者搜尋與過濾網路資源的困難，有必要為身心障礙者建立主題資源網站。

第二節　主題資源網站之建置與評選

一、主題網站之建置與管理

　　主題式資源指引網站是一種以網路資源為本，以收集高品質、經評鑑且能支援特定主題研究的管道通稱，所關注的是蒐集網路上分散的資源，提供主題分類架構，讓使用者藉以瀏覽和獲取資源。主題資源網站是圖書館館藏服務的延伸，必須符合圖書資訊服務品質的要求，收錄資源的評鑑標準與呈現方式需要人工參與評估及維護。對於主題資源網站的建置包含下列過程（Dempsey, 2000；卜小蝶、鍾季倫、郭佩宜，2005）：

（一）資源評鑑：多數是以人工評選合適的網路資源，檢驗資源的品質、權威性、取用性、新穎性與相關性而將網路資源選入。

（二）資源維護：定期檢查排除不適合或是資料有誤的網路資源，尤其是網址異動無法連結時，需要加以調整或刪除。

（三）資源描述：對於選入的網路資源以人工進行內容描述，可採用事先定義好的結構化資料欄位（如 metadata），進行格式一致的描述。

（四）主題分類：採用主題分類架構將網路資源進行分類，可提供收錄資源的主題瀏覽。

　　主題資源網站是針對特定對象使用需求，將相關網路資源進行篩選、描述與分類的工作，與一般網路搜尋引擎（如 Google）提供鍵入條件找尋網站方式，不同是主題資源網站會針對特定主題使用需求，將網站資源經過評選與描述，並藉由描述資源的詮釋資料（metadata）作為搜尋與瀏覽的基礎，省卻使用者在搜尋引擎檢索後，仍必須逐一判斷資訊品質與相關性問題（Howarth, 2004）。

目前網路存在的主題資源網站，以收集各種專業或學術性主題網站為主，較少關注身心障礙族群找尋網路資源的需求。通常建置主題資源網站會根據收錄資源特性有不同的分類方式，採用的分類架構有根據主題領域、目標對象、建置機構、合作模式或收錄範疇等，將網路資源分類整理（Monopoli, & Nicholas, 2000）。建置與維護一個主題資源網站並不容易，其建置與管理所牽涉的問題，包括（Stoklasova, 2004；Munshi, 2009；Xi,& Yao, 2013；卜小蝶等，2008）：

（一）資源收集方面：多數主題資源網站以收錄開放取用的網站為主，對於網路資源品質的要求，多以人工方式評選網路資源，並藉由專家或目標族群參與審選過濾。

（二）資源組織整理方面：大部分主題資源網站在描述資源時，會採用詮釋資料格式著錄，最好是採用具有擴充彈性且單純的詮釋資料格式。也有不少主題資源網站採用既有的圖書分類表或標題表，進行資源組織以便使用者瀏覽和查詢。

（三）資源維護方面：管理主題資源網站最嚴重的問題，是對於資源進行更新與連結的有效性查核。即使採用自動檢查連結是否有效的軟體，也未必能完全掌握資源的變動情況，如何建立一套有效的更新與檢核機制，是建置主題資源網站的重要議題。

（四）檢索與加值方面：通常主題網站會提供簡易查詢功能，甚至推出與使用者互動的功能，例如使用者可以推薦資源、對資源寫下評論或提出系統改善意見等，甚至也有主題資源網站提供 RSS 服務，主動寄發新進的網路資源簡介。

通常建置主題資源網站的技術並不是問題，主要的困難是如何篩選符合需求且品質值得推薦之網路資源，如果以身心障礙者查詢資訊的角度考量，對於網路資源的分類，應該要兼顧主題需求和使用族群的差異，進行資源整理。本文接續將綜合前述文獻的概念，進行身心障礙者網路資源之評選與分類，根據使用族群資訊需求，建立主題資源分類架構，並參考前人網路資源評選原則，

訂出身心障礙主題資源網站收錄資源之評估標準，同時研訂主題網站資源的詮釋資料格式（metadata format），以提供圖書館建置身心障礙主題資源網站之參考。

二、網站資源評選原則

　　使用者透過網路連結瀏覽網站資訊，網站的資訊架構與頁面設計親和性，往往會影響使用者瀏覽網站的意願。理想的網站內容設計，除了具備清晰的網站資訊架構，擁有設計風格一致的版面，更應該注重使用者瀏覽網站的經驗，讓網站版面設計具備使用者親和性（user friendly），也能根據使用者回饋意見進行網站內容之改善（林巧敏，2018）。

　　由於網站已成為資訊傳播的重要管道，進行網站資源的評估顯得重要。我國政府機關對於建置機關網站，有要求必須符合國家發展委員會公布的網站建置指引和檢核指標，2018 年的檢核項目共有 8 項，可做為網站資訊內容評估的基礎，該檢核評估之項目包括（國家發展委員會，2018）：

（一）網站介面：含版面規劃、頁尾設計、網站導覽功能等。

（二）網站內容：含重大政策、資訊圖像化、公開資訊、內容分類、相關連結等。

（三）維運管理：含有效連結、連結一致性、內容更新、更新頻率、加密連線、流量統計、符合 HTML 標準、符合 CSS 標準、網頁動畫等。

（四）網站服務：含搜尋服務、熱門關鍵字、搜尋建議、意見信箱等。

（五）行動友善：含響應式設計、網頁載入。

（六）社群服務：含社群分享、社群互動。

（七）外語網站維運：含定期檢測、內容更新、業務說明等。

（八）其他項目：含網站服務創新應用、流量儀表板、網站外語版等。

　　前述網站評選指標比較偏重頁面設計與網站功能面的檢核，但對於網站內容的評鑑，根據 Cooke（1999）的觀點，認為網路資源的權威性、資訊內容的

正確性、完整性、獨特性、資源的結構和組織、資料新穎性,應屬內容評估的重點。而 Pitschmann(2001)認為除了內容正確性、權威性、獨特性、完整性、新穎性之外,也強調內容是否符合目標族群使用者之需求。CCCOnline(2018)則是在內容正確性之外,加上內容客觀性、即時性以及收錄資料範圍等因素。綜合前述對於網站內容的評鑑因素,可得知評選網站內容的考量,最重要的因素是:

(一)收錄的資料內容要與網站主題範疇有關

(二)收錄的資料內容具有獨特性與不可替代性

(三)收錄的資料內容正確且保持新穎性

(四)內容程度符合使用對象需求

(五)資訊的結構和組織容易理解

　　對於網路資源之評選,本章下一節將建立量化及質性評選指標,參考臺灣「2018 年政府網站營運績效檢核指標」進行網站整體形式的量化評分項目(國家發展委員會,2018),並針對使用者關心的內容品質問題,進行網站內容相關性、獨特性、新穎性以及符合需求等質性的評估,最終根據檢核指標量化評分和使用者對於內容的質性判斷結果,於第四節提出對於發展身心障礙者主題網站資源的建置成果。

第三節　網站評選過程設計與分析

一、網站評選過程設計

　　本文為了蒐集整理符合身心障礙者需求主題之網路資源,藉由瀏覽與評選網站過程,建立資源收錄原則。本文選錄網路資源的過程如下:

(一)根據文獻分析瞭解身心障礙者需要的資訊主題,以 2018 年 2 月當時的臺灣地區網站為範圍,採用「身心障礙者」一詞與「福利服務」、「學習資源」、「法令政策」、「休閒娛樂」、「就業諮詢」、「圖書館服

務」、「輔助科技」等關鍵字，利用網路資源搜尋引擎（Google）交叉檢索，並由人工判斷 Google 檢索結果的網站，將網站分為 6 類主題，經人工瀏覽選取與主題相關的網站共有 257 個，各主題收錄的內容範圍說明如下（表 8.1）：

表 8.1　身心障礙主題資源網站收錄之各主題內容說明

主題名稱	收錄內容
福利服務	提供身心障礙者居家生活、經濟補助、社會救助與各種無障礙服務之政府機構，可協助障礙者因應社會、經濟、教育與健康需求之資源網站。
學習資源	提供適合身心障礙者使用之各類數位學習資源，主要收錄政府機關委託建置的線上課程平臺、教育部特殊教育相關資源網站以及民間團體所建置之學習資源網站。
法令政策	提供與身心障礙者生活相關之法規與政策內容，協助其瞭解自身權利與義務，收錄網站含相關法規主管機關所建置之法規與政策說明等。
生活與就業	提供身心障礙者工作機會資訊，包含相關之職業訓練、技能檢定、就業服務、創業協助等，並提供可與身心障礙社群互動和生活有關的資訊，例如舉辦與生活重建、旅行健走、才藝學習相關的活動或是讀書會。
圖書資訊服務	提供符合身心障礙者閱讀格式之圖書資源，如：點字書、有聲書、電子書等，主要收錄公共圖書館所建置之館藏資源網站，以及各大學相關組織或民間團體所建置之書目查詢平臺。

主題名稱	收錄內容
輔助科技	輔助科技係指用以增進、維持或改善身心障礙者生理功能障礙的設備或產品，如：擴視機、盲用電腦軟體、點字觸摸顯示器等。此主題提供不同障礙類型者所需要的輔具介紹、申請方式、租借與歸還服務、保養方式等資訊。

（二）將符合收錄主題的網站，根據評估指標進行量化分析，評分標準是參考臺灣國家發展委員會（2018）檢核網站品質之「2018 政府網站營運績效檢核計畫」指標，選用與身心障礙者使用網站相關的檢核項目，刪除不必要之項目（如：資訊圖像化、網頁動畫、加密連線等不適用身心障礙者情境的項目），經調整項目與配分後，建立本文評選網站之檢核指標，採用的檢核項目及計分說明如下表（表 8.2）：

表 8.2　收錄網站檢核指標項目及計分說明

項目		分數	計分標準
網站介面	版面規劃	6	版面是否提供網站基本資訊： (1) 機構名稱/主題名稱 (2) 其他語言的網頁版本（如英文版） (3) 網站資料開放宣告或版權所有宣告 (4) 隱私權及資訊安全宣告 (5) 機構通訊地址 (6) 聯絡電話
	無障礙標章	4	網站是否有無障礙標章
	頁尾設計	1	頁尾是否提供更多資訊連結（如 fat footer）

	項目	分數	計分標準
	網站導覽	2	(1) 提供網站導覽 (2) 提供路徑導覽
網站 內容	重要政策內容	1	是否提供業務服務資訊與網站建置目的說明
	內容分類	2	是否有依據資訊功能將網站資訊進行分類組織
	相關連結	1	是否提供相關組織的網站資源連結
維運 管理	有效連結	2	隨機抽樣該網站的連結，檢核連結之有效性
	連結一致性	1	檢核連結項目的名稱與連結後顯示的內容是否一致
	內容更新	2	是否提供最新消息、公告資訊等，且有標示更新日期
網站 服務	搜尋服務	2	是否提供全站搜尋服務
	熱門關鍵字	1	是否提供常用查詢關鍵詞或是熱門搜尋詞的提示
	搜尋建議	1	若找不到相符資料時，能否提供搜尋建議
	意見信箱	1	是否提供意見信箱或首長信箱
	通用文件	1	檢核提供下載的文件是否為通用格式（如 PDF、WORD 等）

項目		分數	計分標準
社群 服務	社群分享	1	能否透過社群媒體（如 Facebook）即時分享網頁內容
	社群互動	1	有否標示社群媒體連結資訊（如 Facebook /Twitter/YouTube /Flickr 等）
總計			30 分

（三）將 257 個初選網站以上述網站檢核指標，由人工瀏覽網站內容並逐項進行評分。

（四）將評分後初選之網站清單，接續進行身心障礙者訪談收集使用者選擇網站的意見。

二、網站量化評估分析

（一）各網站評分情形

在臺灣網域檢索找出的 257 個符合收錄主題之網站資源，根據前述（表 8.2）網站檢核指標項目，逐一瀏覽網頁並根據指標進行評分，將 257 個網站完成評分後，呈現「福利服務」（平均數 24.23）、「法令政策」（平均數 23.30）、「圖書資訊服務」（平均數 23.13）此三項主題網站得分較高，平均數皆達 20 分以上。以網站屬性觀之，得分較高之網站多數為政府機關所建置，可知因政府機關對於網站內容品質有一定的要求，故而經檢核指標計分後，網站量化評估結果表現較為理想。反觀「學習資源」（平均數 16.29）、「生活與就業」（平均數 18.95）、「輔助科技」（平均數 18.97）等主題之網站評分偏低，因此類網站多數為特殊教育學校、民間團體以及醫療機構所建，缺乏對於網站內容的維護和更新，致使評分結果表現較為不佳。

表 8.3　各網站經檢核指標評分結果統計表

網站主題	指標評分分布		網站總數	評分平均數
	分數區間	網站數		
福利服務	1-10 分	0	22	24.23
	11-20 分	3		
	21-30 分	19		
學習資源	1-10 分	2	69	16.29
	11-20 分	60		
	21-30 分	7		
法令政策	1-10 分	0	23	23.30
	11-20 分	3		
	21-30 分	20		
生活與就業	1-10 分	3	98	18.95
	11-20 分	62		
	21-30 分	33		
圖書資訊服務	1-10 分	0	8	23.13
	11-20 分	1		
	21-30 分	7		
輔助科技	1-10 分	1	37	18.97
	11-20 分	23		
	21-30 分	13		
小計			257	124.87

（二）各項檢核指標評分情形

分析 257 個網站在各項檢核指標分數分布情形，在網站介面方面，得分數表現最差的項目是「無障礙標章」，亦即多數網站並沒有通過無障礙標章，此為目前網站設計最大的問題。

在網站內容方面，表現最好的是「內容分類」，多數網站皆能將資訊內容建立標題，在頁面有組織呈現。但比較不理想的是「相關連結」，顯示網站缺乏提供其他相關資源的連結，多數網站是以自身建置的資訊提供瀏覽，對於網路相關資源的整理比較缺乏，也凸顯出需要圖書館肩負對於網路資源整理的必要性。

在維運管理方面，表現最好的是「連結一致性」，意味多數網站至少已達到點選標題之後和連結顯示出的內容是符合的，並無錯誤連結問題。表現比較差的是「有效連結」，因標準差數值偏高，代表此項指標之網站評分呈兩極化分布，顯然是少數網站未進行網站維運管理，需要定期檢查相關連結的有效性。

在網站服務方面，表現最好的是「搜尋服務」，多數網站已經能提供全站搜尋服務，網站若能提供站內搜尋服務，是身心障礙者使用網站最需要的功能（林巧敏，2016b）。但表現比較差的是「搜尋建議」，當使用者在網站內找不到相符資料時，網站應提供搜尋建議，但此項功能屬於較進階的設計，目前多數網站尚未符合此項要求。

最後在社群服務方面，「社群分享」是得分比較高的指標，雖然「社群互動」不及「社群分享」得分高，但此兩項功能是吸引使用者參與的設計，未來有強化此類功能的必要。

表 8.4　各檢核指標評分結果統計表

檢核指標項目		配分	平均數	常態平均數	標準差
網站介面	版面規劃	6	4.26	0.71	1.29
	無障礙標章	4	1.28	0.32	1.87
	頁尾設計	1	0.50	0.50	0.50
	網站導覽功能	2	1.19	0.60	0.85
網站內容	重大政策	1	0.95	0.95	0.21
	內容分類	2	2.00	1.00	0.00
	相關連結	1	0.90	0.90	0.30
維運管理	有效連結	2	1.84	0.92	0.54
	連結一致性	1	1.00	1.00	0.06
	內容更新	2	1.95	0.98	0.30
網站服務	搜尋服務	2	1.29	0.65	0.96
	熱門關鍵字	1	0.09	0.09	0.29
	搜尋建議	1	0.04	0.04	0.19
	意見信箱	1	0.61	0.61	0.49
	通用文件	1	0.44	0.44	0.50
社群服務	社群分享	1	0.52	0.52	0.50
	社群互動	1	0.34	0.34	0.48

　　經過網站檢核指標量化分析和身心障礙者服務主題相關網站，對於此一主題網站內容品質有整體的掌握和瞭解後，進一步根據量化分析結果，徵詢身心

障礙者對於網站資源選擇和內容判斷的意見，邀請身心障礙者根據網站內容進行內容獨特性、權威性、適用性、新穎性以及資訊結構和組織等層面建議，提供網站是否值得收錄的參考。

三、使用者訪談研究設計

　　本文徵求身心障礙者參與網站使用意見訪談，受訪者需具備網路檢索與瀏覽經驗，可提供網路資源評選與主題網站建置意見，在身心障礙者中因生理條件感知資訊較為困難的族群是視覺與聽覺障礙者，尤以視障者困難更大，故訪談對象選擇視障者 6 人、聽障者 4 人參與訪談。受訪者皆有 10 年以上使用網路經驗，使用網路次數頻繁，屬於網路資源的重度使用者。參與訪談之受訪者背景陳述如下：

表 8.5　受訪者背景資料說明

編號	性別	障別	使用網路年資	使用網路頻率	使用圖書館網站情形
D1	男	聽障	20 年	每天 15 小時	使用目的：蒐集資料、查找書單、回應讀者意見 頻率：2 至 3 天使用 1 次
D2	女	視障	20 年	每天長時間使用	使用目的：閱讀小說與散文 頻率：經常使用
D3	男	視障	15 年	每天長時間使用	使用目的：查找書目與論文 頻率：每半個月使用 1 次
D4	男	視障	22 年	每天長時間使用	使用目的：下載點字書與有聲書、閱讀電子報 頻率：每天
D5	男	視障	25 年	每天長時間使用	使用目的：查找文獻、技術報告、一般書籍 頻率：一周 1 至 2 次

編號	性別	障別	使用網路年資	使用網路頻率	使用圖書館網站情形
D6	男	視障	20 年	每天長時間使用	使用目的：查找書籍 頻率：使用網站不到 5 次，但常使用圖書館的 APP
D7	女	聽障	13 年	每天長時間使用	使用目的：查找書目、預約借書 頻率：很少使用
D8	女	聽障	23 年	每天 10 小時	使用目的：查找書籍或資料 頻率：一周 1 次
D9	女	聽障	16 年	每天 8 小時	使用目的：查找書籍或資料 頻率：一周 2 次
D10	女	視障	20 年	每天 8 小時	使用目的：查找書籍、閱讀有聲書 頻率：一周 2 次

　　訪談問題主要圍繞探討身心障礙者網路資源需求以及對於圖書館收錄網路資源的建議，訪談題目包含下列四個層面：

（一）身心障礙者常使用的網路資源主題與類型

（二）希望圖書館收錄哪些網路資源

（三）根據初選收錄的網路資源清單提供增刪意見

（四）對於圖書館建置身心障礙主題網站的功能建議

四、使用者質性訪談意見分析

　　依訪談問題層面將訪談內容進行意見分類，並加以比較、歸納。訪談資料引用標示受訪者編號與引錄逐字稿紀錄位置，例如（D2，21-25）代表引錄受訪者 D2 意見在逐字稿第 21 至 25 行處。訪談意見分項整理如下：

（一）身心障礙者需要的網路資源主題

　　徵詢身心障礙者使用網路資源需求之目的，主要包括：因應工作需求查找

資訊、查詢休閒娛樂資訊、查找日常生活相關資訊、瞭解新聞時事和學習新知，也有參與社群網站和論壇的需求，會藉由在網路提問諮詢獲得資訊。尤其為因應日常生活所需，人們幾乎是仰賴網路查找資訊，目前多數與日常生活相關的資訊，皆可透過網路便利地取得。

尤其透過網路可大幅降低身心障礙者出門的交通不便，如受訪者 D3 提到：「*我幾乎所有事情都在網路上解決，最常使用網路銀行、線上拍賣、繳稅等生活購物與財務方面的網站。*」網路資源對於身心障礙者學習新知也會變得更有效率，能夠打破時空限制，快速取得資訊，例如 D4 陳述：「*會常用電子報閱讀新聞時事，用網路下載點字書閱讀。*」D5 指出：「*多數時候會經常使用社交軟體，例如：Facebook、Twitter 參與社群討論。*」

（二）身心障礙者希望圖書館收錄的網路資源

徵詢身心障礙者希望圖書館收錄網路資源的意見，受訪者基於資訊需求的角度，希望圖書館能夠加強學習資源、醫學健康知識或提供聽打和手語翻譯等網路資源的整理，因為這些資訊網站比較難在網路尋獲，也比較難以判斷資訊的正確性，期許圖書館能代為過濾和整理。

在因應學習和日常生活需求上，希望圖書館能提供新書通報或暢銷書排行等即時資訊，如受訪者 D4 表示：「*希望圖書館可主動提供暢銷書排行榜資訊，並連結電子書的下載，讓我們可以直接閱讀，減少找尋和連結無效的問題。*」

（三）身心障礙者對於初選清單的增刪意見

針對前述經過網站評選指標評分後的網站清單，受訪者認為圖書館收錄的身心障礙主題資源網站，應該特別注重內容資訊的變動程度、網頁介面之無障礙設計、網站內容資訊要即時而完整。尤其對於資訊內容的適用性，希望能以符合身心障礙者需求為前提，對於影音資源要優先考量有字幕或手譯輔助，如果是法規網站則以呈現文字資訊為主的網站會比較有利於閱讀。

對於內容穩定度較低的社群網站，以及內容新穎性不足的民間基金會網

站，可以刪除不收。如受訪者 D6 說法：「*從圖書館經營的角度，可以蒐集一些變動不大的資訊。*」又如 D4 所述：「*圖書館連結出去的網路資源要有無障礙網頁標章，否則網站使用有障礙，資源再多也沒用。*」對於民間基金會網站的意見，引錄 D5 的說法是「*我們通常會透過 Line 群組得知有那些提供障礙者服務的基金會訊息，比較不會拜訪網站，而且基金會網站資訊往往不更新。*」

（四）對於建置身心障礙主題網站的功能建議

　　針對身心障礙主題資源網站介面功能之建議，身心障礙者認為最重要的因素是網站必須先通過無障礙標章認證，確保是適合身心障礙者使用的介面。此外，應建立層級清晰的分類瀏覽架構，並提供整合式檢索功能，且能依照不同使用族群的習慣，提供不同障礙族群分開選取資源的設計。頁面呈現上，希望同一頁面不要呈現過多龐雜資訊，網站圖表型資訊需要加入替代文字說明，視障者才能瀏覽。

　　引錄受訪者 D1 提及：「*希望圖書館建置的主題網站分類架構清晰、層次分明。*」而 D6 和 D8 建議網站要有搜尋功能，可以提供關鍵字搜尋。D4 建議：「*對於視障者來說，會希望圖片要有替代文字說明。*」

第四節　身心障礙主題資源網站建置成果

　　綜合前述經過網站檢核指標量化評選，加上身心障礙者需求意見質性訪談結果，對於選擇過濾身心障礙讀者適用之主題資源網站已有較為明確之參考依據，將原先海選的 257 個網站，根據評分與訪談意見調整為 86 個精選網站，以下說明網站評選結果，並將完成建置之主題網站開放使用後，蒐集為期近一年之使用點選紀錄，瞭解主題網站使用情形，可提供未來繼續更新維護網站資源之參考。

一、主題資源網站評選結果

參酌受訪者意見重整收錄網站資源清單，刪除建議不收錄之網站，例如：

（一）在「福利服務」主題刪除各縣市社會局，因其資訊多有重複，以收錄整合性資訊的網站為主。

（二）在「學習資源」主題刪除內容較無關聯或是介面設計不佳的網站，留存較能引起學習興趣的網站。

（三）在「法令政策」主題刪除相關性不高，改用內容無可取代性的優選網站。

（四）在「生活與就業」主題，大幅減少介面設計不友善的網站。

（五）在「圖書資訊服務」主題，刪除沒有提供替代文本館藏資源的圖書館網站。

（六）在「輔助科技」主題，刪除廣告性質強的商業網站資源。

收錄資源清單並不拘泥於收錄數量的多寡，而是以受訪者意見提供增刪依據，同時要符合網站檢核指標量化分數 20 分以上者為原則，經過訪談後調整為精選有用的網站為主，調整後所收錄的網站數縮減至 86 個，各主題網站數量統計如下（表 8.6）：

表 8.6　各主題資源網站調整後收錄數量與收錄原因

網站主題分類	網站數量	選擇網站的關鍵因素
福利服務	7	避免內容雷同的網站，以提供整合資訊的網站為主
學習資源	17	重視操作介面友善，網站內容有學習興趣
法令政策	5	內容需與身心障礙相關法令為主
生活與就業	29	重視操作介面友善，資訊分類架構清晰
圖書資訊服務	13	能提供替代文本館藏查詢與使用
輔助科技	15	刪除商業產品行銷網站，以諮詢性資訊為主

　　對於身心障礙主題資源網站之建置是以身心障礙者意見及網站品質檢核指標為基礎，針對網站內容獨特性、權威性、適用性、新穎性以及資訊結構和資訊組織等條件進行綜合評估，以下將評選身心障礙主題資源網站過程，發現網站被評定收錄與否的原因，加以分列說明，可提供圖書館未來判斷此類主題網路資源是否選擇的具體判斷依據。

（一）收錄的原因

1. 收錄的網站能將身心障礙服務相關資訊統整在一起，方便身心障礙者找尋並瀏覽資訊。
2. 收錄的網站可提供整理過的資訊內容，而非僅是指引資訊來源，提供之資訊必須具有獨特性，如：電子點字書、導盲犬資訊，或是針對身心障礙者類型提供特定需求的服務。
3. 收錄的網站可提供即時的線上諮詢服務。
4. 收錄的網站內容資料為專家學者所撰寫，並有署名以示對於資訊內容的負責。
5. 收錄的網站考慮到符合無障礙網頁設計，也有語音報讀功能，圖像資料有替代文字說明。

（二）不收錄的原因

1. 盡量不收網站內容缺乏組織，沒有將類似屬性資訊統整在一起。
2. 盡量不收網站指引的資源僅提供文字說明，未提供直接連結服務。
3. 盡量不收網站以 facebook 或 blog 建置，導致資源分散，查找過往資訊不易。
4. 盡量不收網站內容許久未更新，或網站未進行維護，許多資源連結失效。
5. 盡量不收使用網站資源需要申請帳號或者付費才能使用的網站。
6. 盡量不收網站資源僅提供服務表單下載，缺乏友善的文字解說與聯

絡資訊。

　　7. 儘量不收網站未提供建置機構的聯絡資訊，也缺乏意見諮詢管道。

　　所有收錄之網站為提供未來建置主題資源網站使用，需要著錄詮釋資料，參酌身心障礙之受訪者對於主題網站功能的建議，本文提出之詮釋資料欄位，需符合主題網站提供分類瀏覽、網站檢索與後分類呈現的系統功能需求，故設計有 16 個著錄欄位，詮釋資料內容描述範例如下表。

表 8.7　身心障礙主題資源網站詮釋資料（metadata）格式範例

1. 基本資料	
資源名稱	國立臺灣圖書館視障電子資源整合查詢系統
資源網址	http://viis.ntl.edu.tw/mp.asp?mp=1
主網站名稱	國立臺灣圖書館
主網站網址	https://www.ntl.edu.tw/mp.asp?mp=1
建置機構	國立臺灣圖書館
建置背景	國立臺灣圖書館於 2008 年建置「視障圖書資訊系統」，提供視障館藏查詢介面、線上全文閱讀與下載、新書通報及點閱排行榜等功能。2012 年為提供視覺障礙者線上學習，建置符合 AAA 等級無障礙網頁，以「視障電子資源整合查詢系統」取代原有系統。2014 年將系統服務擴大至所有身心障礙族群。
建置目的	促進身心障礙者公平閱讀權益及資訊接收機會
目標對象	■身心障礙者　□照顧者
適用障別	■視障 ■聽障 ■學習障礙 ■閱讀障礙 ■肢障 ■腦性麻痺

適用年齡	■學童 ■青壯年 ■銀髮族
無障礙標章	AAA
2.內容資訊	
內容簡介	提供身心障礙者圖書資訊服務，包括全國視障圖書書目整合查詢、電子點字書及有聲書下載，可線上閱讀或申請借閱，並提供身心障礙者知識講座及活動資訊。
內容選擇政策	根據圖書館館藏政策
資源費用	■免費 □內容資源有收費，收費項目＿＿＿＿＿＿
主題分類	□ 福利服務 ■ 學習資源 □ 法令政策 □ 生活與就業 ■ 圖書資訊服務 ■ 輔助科技
網站地圖	A.有網站導覽。 B.首頁左方導覽區塊（主選單區）提供最新消息、圖書資訊、圖書精選、資源教室、個人專區、相關網站、常見問題、聯絡我們、網站統計等 9 項功能選項。

二、主題資源網站使用成效分析

　　為瞭解根據前述網站評選原則以及使用者意見所建立之主題資源網頁（https://viis.ntl.edu.tw/web），於開放使用後實際使用情形，由網站後端管理系統累計使用者為期一年（2019 年 3 月至 2020 年 2 月）點閱紀錄，分析點閱網站之主題與網站內容屬性，提供後續網站資源更新及調整之參考。

（一）主題資源網站使用紀錄

86 個身心障礙主題網站於 2019 年 3 月開放使用，累計使用一年的紀錄分析如下：

1. 主題分類點閱分析

根據網站主題統計點閱使用頻率，以「圖書資訊服務」主題平均單一網站被點閱次數最高，「法規政策」主題網站平均點閱次數最少，顯示「圖書資訊服務」主題所選錄之網站比較切合使用需求。

表 8.8　主題資源各主題分類點閱數統計

網站主題分類	網站數量	總點閱次數	單一網站平均點閱次數
福利服務	7	496	71
學習資源	17	1118	66
法規政策	5	294	59
生活與就業	29	1740	60
圖書資訊服務	13	1066	82
輔助科技	15	1010	67
總計	86	5724	338

2. 適用障礙類型點閱分析

主題網站適用對象分類是根據網站內容提供哪些身心障礙資訊加以歸類，同一網站如適用於不同族群則採分別重複計入。經計算不同障礙類型網站點閱次數，以「視覺障礙」主題網站平均單一網站點閱次數較高，但不同障礙類型網站之間的平均點閱次數差異不大，亦即使用者對於不同障礙類型網站使用需求並沒有明顯的差異。

表 8.9　主題資源適用障礙類型點閱數統計

適用障礙者類型	網站數量	總點閱次數	單一網站平均點閱次數
視覺障礙	66	4412	67
聽覺障礙	54	3479	64
學習障礙	40	2614	65
閱讀障礙	40	2659	66
肢體障礙	39	2585	66
腦性麻痺	39	2555	66

3. 建置機構類型點閱分析

　　將網站根據建置機構分開統計使用頻率，發現是以「政府機構」所建置之網站被點閱次數最高，「民間團體」所建置之網站點閱次數較少，顯然政府機構建置之網站內容資訊與品質，比較受到身心障礙者青睞。

表 8.10　主題資源建置機構類型點閱數統計

建置機構類型	網站數量	總點閱次數	單一網站平均點閱次數
政府機構	45	3217	71
民間團體	41	2507	61
總計	86	5724	132

三、建置主題資源網站心得與建議

　　綜合前述主題網站之建置過程經驗以及使用分析檢討，提出對於發展身心障礙主題資源網站之結論與建議，分述如下：

（一）在網站內容以指標量化分析過程，發現網站缺乏無障礙網站標章是最大問題；在網站內容由使用者進行質性評估的過程，則發現網站內容未更新是最常見問題。

採用網站品質檢核指標分析，發現臺灣的身心障礙資訊網站在檢核指標得分差異最大的項目是「無障礙標章」，不少網站缺乏無障礙網站標章。在檢核指標表現較好的是「搜尋服務」，顯示多數網站已可提供全站搜尋服務，此點對於視障者找尋資訊特別有用。

質性評估是由人工評估網站內容獨特性、權威性、適用性、新穎性以及資訊結構和資訊組織等條件，經逐一檢視各網站的優缺點，發現網站內容缺乏組織、未提供超連結服務、網站內容未更新、使用需要登錄和收費等，是比較常見的問題。本文發現的這些網站內容常見問題，可提供網站管理者對於網站內容維護和功能改善的參考。

（二）身心障礙者使用網路資源的主要目的是因工作和休閒需求，面對篩選龐大網路資源的問題，希望圖書館協助提供精選的網站資源。

身心障礙者使用網路資源的需求，主要是為查找工作和生活資訊、瞭解福利權益、掌握時事和學習新知，也有參與社群網站的需求。因此，身心障礙者希望圖書館收錄整理的網路資源，能優先考量符合工作、生活、學習、福利政策、圖書館服務等主題，因為這些資訊網站比較難在網路找尋和判斷，期許圖書館能代為過濾和整理。

即使愈來愈多的使用者慣用 Google 之類的搜尋引擎找尋網路資源，但受訪者依然肯定圖書館整理網路主題資源的重要性，因身心障礙者面對龐大網路資源有瀏覽和判斷的困難，如果能建立清楚的層級瀏覽架構，並在層級瀏覽之外提供檢索功能，對於身心障礙者而言是擴展館藏服務的方式。

（三）主題網站收錄的資源內容以提供即時且完整的資訊為主，介面要符合友善設計，如為內容變動頻繁的網站較不適合收錄。

身心障礙者認為主題資源網站收錄的資源，應考量資訊的變動程度、網頁介面之無障礙設計、網站內容資訊的即時性與完整性；尤其在資訊內容的篩選上，希望能切合身心障礙者的使用需求，如果網站有影音內容必須提供替代文字資訊，如果是法規網站則以文字性資訊為主，這樣的內容呈現方式會比較有利於身心障礙者使用。針對網站內容穩定性低以及內容新穎性不足的網站，建議先不收錄。

（四）身心障礙者有使用圖書館網站挫折的經驗，認為主題網站的建置要符合無障礙網頁設計，提供清楚的資訊架構和使用者分群設計。

身心障礙者過往使用圖書館網站常有影音資料缺乏替代文字說明、缺乏新書資訊、全文檔取得不易、驗證碼辨識困難、缺乏網路導盲磚功能以及網頁檢索效率慢、功能不足等問題（林巧敏，2019）。因此，會希望圖書館建置主題資源網站的介面功能設計，要有無障礙標章認證，能建立層級清晰的分類瀏覽架構，提供整合式檢索功能，且能依照不同使用族群的習慣進行分群設計，更希望單一頁面切勿呈現過多龐雜資訊，網站圖表和圖像資訊需要加入替代文字說明，才能方便身心障礙者使用。

（五）建置身心障礙主題資源網站以精選網站方式，所有收錄網站以詮釋資料（metadata）描述，以提供主題網站的查詢和瀏覽。

本文根據受訪者意見，認為收錄之網站資源層次可由主網頁改為指引到相關資訊的頁面，以降低身心障礙者需要在網站費時瀏覽找尋特定資訊頁面的問題，同時將收錄資源名稱，以能清楚呈現內容意義之網頁名稱為主，不必然要用主網站名稱，但運用詮釋資料著錄網站名稱與建置機構等背景資訊，本文提出的 16 個詮釋資料欄位（表 8.7）是根據身心障礙者意見所設計，能提供分類瀏覽、網站檢索以及後分類呈現的功能而設計，期許有助於圖書館發展身心障

礙服務主題網站之運用。

（六）分析主題網站的使用情形，以「圖書資訊服務」主題網站點閱次數最高，
不同身心障礙族群使用主題網站的次數沒有差別，政府機構所建置的網
站有比較高的點閱次數。

　　根據主題網站為期一年的使用次數分析，「圖書資訊服務」主題的網站平
均點閱次數最高，代表符合使用需求，而點閱次數最少的「法規政策」主題，
意味著使用需求不高，未來可增加點閱次數高之主題網站，並檢討較少使用的
網站。根據不同障礙類型網站點閱次數的分析，雖然以「視覺障礙」主題網站
點閱次數較高，但不同障礙類型網站點閱次數差異不大，代表不同障礙類型網
站使用需求並沒有明顯的差異。而分開統計「政府機構」與「民間團體」建置
的網站使用次數，會發現政府機構網站內容有比較多有關身心障礙者的權益政
策，使用者點閱情形較為頻繁。

第九章　　未來發展議題

　　本書以論述圖書館身心障礙讀者服務重要議題為主，將個人長期參與身心障礙讀者研究成果，重新梳理脈絡，先論述「行政管理」層面之法規、人員培訓以及館藏建置問題，再分析有關「讀者服務實務」層面之業務調查、工作計畫、環境建置、無障礙網頁設計、主題網站建置等作業規劃問題。針對前述各章論述之內容要旨，本章提出對於圖書館身心障礙讀者服務有待持續推展的工作事項，作為結語，也是未來展望。

一、促進有關保障身心障礙者圖書資訊服務權益法制之健全

　　我國對於身心障礙者提供圖書資訊權益之保障法規，已有《身心障礙者權益保障法》之明確規定，並設置專責圖書館作為業務推動機構，也相對修訂《圖書館法》及《學位授予法》，針對圖書資訊之徵集及轉製，增列可提供障礙者取用資訊的條文。

　　但《身心障礙者權益保障法》第 30 之 1 條僅要求專責圖書館對於障礙者提出需求之圖書資源「應優先提供」，並未賦予其向著作財產權人或其所委託發行之出版人徵集出版品既有之電子檔權利，也未明定著作財產權人或其所委託發行之出版人應予提供之義務，致使目前專責圖書館對於圖書資訊內容徵集的效果有限，專責圖書館仍然必須透過採購或是協商，始能取得圖書資訊內容電子檔供其轉製為替代文本格式，難以提升圖書館替代文本館藏數量。《圖書館法》的送存規定目前是將出版品送存國家圖書館，並未及於提供身心障礙者

服務之專責圖書館，專責圖書館對於出版品的取得仍有困難。

博碩士論文雖為重要之研究資源，但依現行《學位授予法》之規定，博碩士論文僅送存非專責身心障礙者服務之國家圖書館，對於博碩士論文之合理轉製，顯然非其積極作為，未來宜加以修訂增列博碩士論文電子檔送存對象，增列身心障礙者服務專責圖書館，以促進身心障礙者進修學位與學術研究使用。

誠然，各項法規之制訂與修正皆須平衡各方之利益，不為獨厚特定團體利益而考量。因此，對於身心障礙者圖書資訊使用權益之保障，是以考量人權平等及資訊自由為主張，不宜因此而增加其他人不合理的負擔。但事實上前述法規對於身心障礙者取用圖書資訊的權益保障仍為徒具條文，與落實執行尚有一段距離，尤其，對於提供專責圖書館轉製專供身心障礙者使用之替代文本（無障礙格式），仍缺乏實務執行的保障。

專責圖書館取得電子檔轉製為替代文本，將僅專供身心障礙者使用，此等使用上並無侵害著作人於市場可取得之獲益。換言之，身心障礙者本來就不是市場上此等著作的販售對象，不應視為轉製後會減損市場獲利的原因，故而提供電子檔轉製尚屬符合利益均衡原則，未來仍有待爭取修正條文，要求著作財產權人或其所委託發行之出版人將出版品電子檔送存專責圖書館，轉製為專供身心障礙者使用之替代文本。我國未來對於身心障礙者取用圖書資訊權益維護之相關法規，仍有進一步爭取調整之必要。

二、建置身心障礙讀者服務繼續教育課程提升館員專業知能

人才是業務推展的基本條件，圖書館推動身心障礙讀者服務業務需要培訓擁有相關專業能力的館員。教育主管機構固然需要鼓勵大專校院開授相關課程，培育專業人才，但更迫切的教育需求是對於職場人員的繼續教育。由於在職者重回學校修習課程或是旁聽皆有困難，如果發展「遠距非同步教學」或「磨課師（MOOCs）」等線上學習方式，對於在職進修者可提供較有彈性的學習方式。

　　2020 年國立臺灣圖書館推出可提供身心障礙讀者服務館員進修之線上學習課程，課程單元包括：視覺障礙讀者溝通及其閱讀科技、聽覺障礙讀者溝通及其閱讀科技、學習障礙讀者溝通及其閱讀科技、無障礙環境設施、圖書館身心障礙讀者服務、無障礙相關政策與法規等課程，圖書館人員可至國臺圖「視障電子資源整合查詢系統」資源教室點選觀看（https://viis.ntl.edu.tw/viresouces）；亦可至國家圖書館遠距學園、教育部教師 e 學院等數位學習平臺選讀，觀看完整課程並通過測驗，不僅可取得公務人員認證時數，也能強化實務專業能力。

　　在數位網路時代，此一數位課程發展方向，預期將成為館員進修身心障礙讀者服務專業課程的途徑，初始建置之課程單元以基礎知識為主，未來需要持續擴大課程單元，豐富課程主題並深化學習內容。建議可進一步搭配鼓勵進修的機制，例如：提供修課時數證明做為升遷或是調職轉任的憑證、學習平台累積學習歷程增加分級課程推薦，藉由數位課程經營可激勵館員自主學習，開啟圖書館人員進入身心障礙讀者服務專業之門。

三、健全替代文本館藏合作建置、集中查詢之服務模式

　　有鑑於替代文本資料轉製耗時費力，為避免各館重複轉製形成資源浪費，替代文本之轉製應採集中作業模式，發展全國身心障礙讀者服務合作圖書館聯盟，由專責圖書館統籌協調上游出版機構取得圖書資訊內容電子檔，並統一轉製替代文本圖書資源，以合作館藏資源分享方式，提供線上閱覽或是館際資料申請寄送服務。由於替代文本圖書資源轉製過程所費不貲，與其讓各圖書館零星採購或轉製，不如由專責統一機構集中資源發展，各館則藉由網路分享數位館藏資源。

　　國立臺灣圖書館建置之「視障電子資源整合查詢系統」，原為統合各館之替代文本館藏書目，建立書目資料集中查詢平台，意欲整合各館與出版人提供之替代文本資料，以單一入口網方式提供身心障礙者線上閱聽。然而，目前參與資料上傳之合作圖書館仍屬有限，待克服的問題在於專責圖書館對公、私立

身心障礙服務機構並無強制力，各機構屬性和層級不同，難以要求各機構的配合，且合作館藏發展需要提供誘因，讓合作館轉化被要求和配合的心態，感受到加入合作可獲得具體協助（例如：支援軟硬體技術或簡化資料上傳作業），共創雙贏的合作關係。

合作與互惠是互為表裡的依存關係，無法單向要求各典藏機構上傳替代文本書目與電子檔，建議專責圖書館需要主動尋覓並遊說合作夥伴，並且讓合作機構也獲得實質上的好處。現行「視障電子資源整合查詢系統」服務對象已擴大至其他感知著作有困難之身心障礙讀者，建議可持續擴大合作對象，加入聽覺障礙、學習障礙以及閱讀障礙等機構擁有之替代文本資料，讓此電子資源整合查詢系統能真正成為身心障礙者找尋圖書資訊的好幫手。

四、運用獎勵及法規措施減少身心障礙者取得出版資訊的落差

國內提供身心障礙者使用之替代文本圖書資源，多數仰賴政府機構支持之學校或是圖書館進行圖書資訊的轉製工作，轉製過程不管是採逐字鍵檔或是文字辨識校正，皆需要耗費人力與時間，難以縮短身心障礙者取得資訊的落差。即使科技進步讓轉製過程，得以運用圖書內容文字檔轉換成聲音輸出或是電子點子圖書，但取得圖書資訊內容電子檔需要出版機構的支持和供應，出版機構囿於電子盜拷可能會影響市場獲益的疑慮，對於提供出版品內容電子檔的態度較為保守，致使國內提供身心障礙者圖書資訊服務之圖書館，即使已有各種輔助科技的轉製運用，但多數仍然必須仰賴人力重新繕打和校對，導致身心障礙者取用資訊數量與內容品質，難以等同一般人的程度。

囿於國內法令對於圖書館轉製替代文本之電子檔取得，尚不具強制徵集的條件，圖書館進行出版市場已發行圖書之轉製，仍以鼓勵捐贈和採購方式，取得出版機構願意提供之電子檔，至於電子檔取得之數量與格式，端視出版機構的意願和支持。根據前述第四章探討出版機構對於替代文本發行意願及制度建構之調查，可知出版機構願意出版發行之替代文本格式以電子書及有聲書為

主，頗能符合輔助閱讀科技的格式發展。但出版機構對於將圖書電子檔送存專責圖書館轉製的態度偏向保守，目前圖書館仍以自行轉製為主，難以改善替代文本轉製的速度。未來仍有待專責圖書館持續與出版機構溝通，瞭解出版人對於提供替代文本內容電子檔的態度與意見，並爭取法令修改賦予專責圖書館強制徵集的權利，同時採用補貼出版機構捐贈電子檔的鼓勵措施，以提升替代文本轉製的成效。

五、建立身心障礙讀者服務圖書館聯盟擴大資源合作與交流

國外圖書館發展身心障礙讀者服務皆有專責機構統籌規劃全國服務網，或在幅員廣大區域設有區域資源中心圖書館，對於替代文本圖書資源之製作，採用集中統籌規劃方式進行，一方面可避免資料轉製重複，再者也可分擔各館經費與設備缺乏，而難以自行製作的問題。

而各地方圖書館主要以專注提供當地身心障礙讀者服務事項為主，遠距與宅配服務是減少身心障礙讀者不方便出門的解決方式。至於服務之身心障礙讀者類型，皆已由視障者擴及其他類型身心障礙讀者，出版界也關注身心障礙讀者權益，有替代文本圖書資源之發行，提供圖書館採購，甚至可提供專責機構或是專責圖書館電子檔，由專責機構負責轉製為替代文本資料。各圖書館服務可考量配合讀者需求面向，提供個別化服務或是家戶服務。建議國內未來可參考國外專責圖書館建立合作聯盟方式，推動圖書館身心障礙讀者服務，不僅可提升替代文本供應能力，也由專責圖書館規劃全國圖書館作業制度和資源分工，國外行之有年之統合執行方式頗具成效，值得國內圖書館借鏡參考。

六、進行身心障礙讀者使用意見調查提供政策規劃及作業改善依據

雖然國內圖書館對於提供身心障礙讀者服務的理念支持，但能實際提供服務的作法較為不足，僅有少數縣市級圖書館可提供館藏資源和服務事項，多數圖書館對於如何展開身心障礙讀者服務工作缺乏主動的態度，致使國內身心障

礙族群使用圖書館的比例偏低，建議圖書館學界與實務界能更為關注身心障礙讀者服務問題，可進行研究探討身心障礙族群鮮少使用圖書館的原因，瞭解服務社區之身心障礙潛在讀者，探究身心障礙讀者使用圖書館需求及其取用資訊的管道，以及身心障礙讀者使用圖書資訊的問題，以協助圖書館規劃並改善身心障礙讀者服務作業。

各圖書館需要建立各項身心障礙讀者服務統計，記錄館藏數量、資料使用情形以及使用人次，以提供業務檢討與改善之依據。未來專責圖書館可定期檢視並輔導各圖書館業務執行評估報告，必要時，公布國內整體評估成果，讓身心障礙讀者服務成為圖書館常態服務的一部份。

七、持續增訂圖書館身心障礙讀者服務工作手冊並鼓勵研究及專書出版

國外因應法規增訂要求或是配合無障礙服務的趨勢，多是由圖書館學會或是專責圖書館主導編訂身心障礙讀者服務指引，指引內容主要適用對象雖能兼顧各類型圖書館，但仍以開放公眾使用之公共圖書館為主要推動對象。不同國家指引內容雖各有其偏重的事項，然內容多屬知識性訊息與實用之工作指導，定位偏向指導性原則規範，並可提供具體說明供圖書館從業人員參考。

國立臺灣圖書館於 2016 年曾出版《圖書館身心障礙讀者服務指引》，將圖書館推動身心障礙讀者服務相關工作，概述背景與過程、說明圖書館職責與任務、解釋相關名詞用語，再介紹關於圖書館作業規劃、人員知能、館藏發展、讀者服務、網站服務、典藏管理、行銷推廣、環境設施與設備等各項工作原則，為國內首部可供圖書館規劃身心障礙讀者服務的參考工具。然而，資訊環境與法規更迭速度快速，圖書館因應環境變化與新知學習，除了原有之服務指引外，建議專責圖書館可針對重點工作編訂各項工作手冊，可幫助館員迅速掌握工作重點，甚至可規劃編寫與圖書館身心障礙讀者服務相關教科書，有助於在校學生及館員學習專業知識。

八、促進圖書館網頁無障礙設計並加強數位資訊無障礙供應能力

因身心障礙者行動較為不便，圖書館應儘量善用網路提供圖書資訊數位服務，除了專責圖書館致力於書目資訊整合平臺之建置，提供身心障礙讀者查詢圖書資訊單一窗口。各圖書館本身所建置之數位資源與網站資訊，也必須能提供身心障礙讀者透過網路無障礙取用，為保障身心障礙讀者利用網路資源的可及性，應提升圖書館無障礙網站檢測通過率，以維護身心障礙讀者取用資訊的權益。圖書館網站符合網頁友善設計是基本要求，並儘量減少不具資訊價值的頁面特殊效果設計，身心障礙者過往使用圖書館網站常有影音資料缺乏替代文字說明、缺乏新書資訊、全文檔取得不易、驗證碼辨識困難、缺乏網路導盲磚功能以及網頁檢索效率慢、功能不足等問題。

建議圖書館網站可邀請身心障礙者參與網站無障礙檢測，不單以通過無障礙網頁軟體檢測為目標，還能納入使用者的實測意見，進行自我評量修正。惟有落實關照到身心障礙者使用的經驗，才能真正改善網站無障礙設計問題。再者，隨著數位資訊成長快速，網路不乏可用之各種數位資訊，建議圖書館可進一步整理對於身心障礙者適用之網路資源，並指導身心障礙者利用網路與行動載具取用數位資訊，讓圖書館的資料供應能力不限於館內實體館藏，可引領身心障礙者取用寰宇的數位資訊。

參考書目

中文參考書目

人權公約施行監督聯盟(2020 年 6 月 27 日)。身心障礙者權利公約。檢自
　　https://covenantswatch.org.tw/un-core-human-rights-treaties/crpd/

卜小蝶、鍾季倫、郭佩宜(2005)。主題式資源指引網站之發展初探。**國家圖書
　　館館刊**，94(2)，1-25。

卜小蝶、鍾季倫、郭佩宜、黃瀅芳、古敏君、陳思穎(2008)。**網路主題式資源
　　指引探討**。臺北市：國家圖書館。

中國哲學書電子化計劃(2020 年 7 月 7 日)。禮記。檢自 https://ctext.org/liji/zh

中華民國圖書館學會(2000)。**圖書館事業發展白皮書**。臺北市：中華民國圖書
　　館學會研訂。檢自 http://www.lac.org.tw/files/tu_shu_guan_shi_ye_fa_zhan
　　_bai_pi_shu_.pdf

中華民國憲法增修條文(2005 年 6 月 10 日)。檢自全國法規資料庫 https://law.
　　moj.gov.tw/LawClass/LawAll.aspx?pcode=A0000002

內政部營建署(2019 年 7 月 1 日)。建築物無障礙設施設計規範。檢自
　　https://www.cpami.gov.tw/filesys/file/chinese/publication/law/lawdata/107082
　　0550.pdf

公務人員訓練進修法(2013 年 12 月 11 日)。檢自全國法規資料庫，
　　http://law.moj.gov.tw/LawClass/LawAll.aspx?PCode=S0050004

毛慶禎、謝宜芳(2014)。**103 年度視覺功能障礙者書籍資訊近用使用需求研究報**

告。新北市：國立臺灣圖書館委託研究。

王建立(2004)。DAISY 有聲書介紹兼談台灣有聲書未來的發展。啟明苑通訊，
　　50，21，17-24。

王政彥(1995)。我國專業繼續教育的再出發。**成人教育**，28，32-39。

王梅玲、謝寶煖(2014)。**圖書資訊學導論**。臺北市：五南。

司法院大法官(2008 年 10 月 31 日)。釋字第 649 號解釋。檢自
　　https://cons.judicial.gov.tw/jcc/zh-tw/jep03/show?expno=649

朱惠甄、孟瑛如(2014)。資訊科技融入特殊教育現況與趨勢探討。**特教論壇**，
　　17，52-71。

呂芳珍(2007)。**大學校院圖書館人員繼續教育與專業成長關係之研究**(未出版之
　　碩士論文)。國立屏東教育大學教育行政研究所，屏東縣。

宋雪芳(2012)。**視覺功能障礙者電子化圖書資源利用研究**。新北市: 國立中央圖
　　書館臺灣分館委託研究報告。

李婉彬、李燕娜(2013)。公共圖書館視障讀者信息需求調查及分析。**圖書館論
　　壇**，33(4)，77-81。

汪育儒(2013)。**韓國 2009 年圖書館障礙者服務基準與指引**。檢自身心障礙聯盟
　　Freemove123 部落格，http://league0630.pixnet.net/blog/post/26111260

身心障礙者數位化圖書資源利用辦法(2014 年 11 月 21 日)。檢自全國法規資料
　　庫 https://law.moj.gov.tw/LawClass/LawAll.aspx?pcode=H0080079

身心障礙者權利公約(2017 年 5 月 17 日)。檢自全國法規資料庫 https://law.moj.
　　gov.tw/LawClass/LawAll.aspx?pcode=Y0000064

身心障礙者權利公約施行法(2014 年 8 月 20 日)。檢自全國法規資料庫
　　https://law.moj.gov.tw/LawClass/LawAll.aspx?pcode=D0050194

身心障礙者權益保障法(2015 年 12 月 16 日)。檢自全國法規資料庫
　　https://law.moj.gov.tw/LawClass/LawAll.aspx?pcode=D0050046

周月清、朱貽莊(2011 年 4 月)。檢視臺灣身心障礙福利政策與法案之歷史進程

與變革。財團法人中華文化社會福利事業基金會主辦，社會福利模式－從傳承到創新。2011 年兩岸社會福利學術研討會，北京中國社會科學院社科會堂。檢自 http://www.ccswf.org.tw/files/7100/13/3-3--%E5%91%A8%E6%9C%88%E6%B8%85--new.pdf

林巧敏(1995)。聯合國教科文組織公共圖書館宣言。收錄於**圖書館學與資訊科學大辭典**，檢自 http://terms.naer.edu.tw/detail/1679735/

林巧敏(2009)。推動國中小學童數位閱讀計畫之探討。**臺灣圖書館管理季刊**，5(2)，49-67。

林巧敏(2016a)。**身心障礙者使用圖書館網站資源之可及性研究**。科技部專題研究計畫成果報告。臺北市：國立政治大學圖書資訊與檔案學研究所。

林巧敏(2016b)。公共圖書館提供身心障礙讀者服務問題之探討。**大學圖書館**，20(2)，33-55。

林巧敏(2016c)。臺灣地區圖書館身心障礙讀者服務現況與意見調查。**國家圖書館館刊**，105(2)，99-126。

林巧敏(2016d)。**圖書館身心障礙讀者服務指南研究**。新北市：國立臺灣圖書館委託研究報告。

林巧敏(2016e)。**圖書館身心障礙讀者服務指引**。新北市:國立臺灣圖書館。

林巧敏(2018)。從網站管理者視角分析圖書館網頁無障礙檢測結果。**圖資與檔案學刊**，10(2)，107-135。

林巧敏(2019)。視障及聽障者取用圖書館網頁資訊之無障礙分析。**圖書資訊學刊**，17(1)，83-116。

林巧敏、范維媛(2013)。數位典藏資訊網易用性評估：以人文社會科學相關領域中綱計畫成果資訊網為例。**圖書館學與資訊科學**，39(1)，46-63。

林巧敏、賀迎春(2015)。公共圖書館視障資源與服務現況調查。**圖書資訊學刊**，13(1)，69-98。

林素甘、柯皓仁(2007)。圖書館館員專業知能與繼續教育。**國家圖書館館刊**，

96(2)，31-63。

林淑君(2002)。**公共圖書館館員繼續教育需求之研究**(未出版之碩士論文)。輔仁
大學圖書資訊學研究所，臺北縣。

林聰吉(2010)。我國視障圖書政策之分析：人權保障的觀點。**臺灣圖書館管理
季刊**，6(2)，27-34。

邱子恒(2011)。臺灣醫學圖書館員繼續教育現況與需求之研究。**圖書資訊學研
究**，6(1)，69-102。

侯曉君(2010)。**臺灣地區圖書館網頁無障礙設計之研究**(未出版之碩士論文)。國
立臺灣大學圖書資訊學研究所，臺北市。

洪錫銘、彭淑青(1998)。電子圖書館對視障讀者的服務。**書苑**，38，35-47。

胡述兆、吳祖善(1989)。**圖書館學導論**。臺北市：漢美。

唐宜楨、陳心怡(2008)。從《身心障礙者權利公約》來探討身心障礙概念的新
轉向。**身心障礙研究季刊**，6(4)，238-251.

桃園市立圖書館(2020 年 4 月 10 日)。視障服務。檢自 https://www.typl.gov.tw/
ct.asp?xItem=122969&CtNode=1380&mp=1

特殊教育法(2019 年 4 月 24 日)。檢自全國法規資料庫 https://law.moj.gov.tw/
LawClass/LawAll.aspx?pcode=H0080027

特殊讀者使用圖書資訊特殊版本徵集轉製提供及技術規範辦法(2015 年 12 月
07 日)。檢自全國法規資料庫 https://law.moj.gov.tw/LawClass/LawAll.
aspx?pcode=H0080092

翁婉真(2002)。公共圖書館視覺障礙讀者服務之探討。**書府**，22/23，69-86。

翁慧娟(1999)。我國大學圖書館網站品質評估之研究。**中國圖書館學會會報**，
62，107-118。

高雄市立圖書館(2020)。視障讀者服務。檢自 http://www.ksml.edu.tw/content/
index.aspx?Parser=1,11,113,59

國立公共資訊圖書館(2020)。聽視障資訊中心。檢自 https://www.nlpi.edu.tw/

Information/AccessibilityServiceArea/TheHandicappedC

國立臺灣圖書館(2020)。視障服務。檢自 https://www.ntl.edu.tw/ct.asp?xItem=16340&CtNode=1779&mp=1

國家通訊傳播委員會(2003)。**無障礙網頁設計技術手冊**。檢自 https://www.handicapfree.nat.gov.tw/Download/Detail/29?Category=37

國家通訊傳播委員會(2017a)。網站無障礙規範 2.0 版。檢自 https://www.handicap-free.nat.gov.tw/Accessible/Category/46/1

國家通訊傳播委員會 (2017b)。單機版檢測工具 Freego 2.0。檢自 https://www.handicapfree.nat.gov.tw/Download/Detail/1375?Category=52

國家發展委員會 (2018)。107 年政府網站營運績效檢核計畫。檢自 https://www.webguidc.nat.gov.tw/News_Content.aspx?n=450&s=1799

國家圖書館(2015)。**圖書館名錄**。檢自 http://libstat.ncl.edu.tw/statFront/a_libcatalog/search_map.jsp?searchType=type

國家圖書館(2019)。**108 年臺灣圖書出版現況及趨勢報告**。檢自 https://nclfile.ncl.edu.tw/files/202003/3b3aff87-782e-4ffb-a0a8-026684c27232.pdf

張凱勛、王年燦(2010)。無障礙網頁開發之研究。**藝術論文集刊**，15，23-39。

張博雅(2009)。**從意義建構取向探討國立中央圖書館臺灣分館之視障服務**(未出版碩士論文)，國立臺灣大學圖書資訊學系，臺北市。

張博雅、林珊如(2010)。從意義建構取向探討國立中央圖書館臺灣分館之視障服務。**教育資料與圖書館學**，47(3)，283-318。

張瑞哲(2007)。**從網頁設計者的觀點探討無障礙網頁設計**(未出版之碩士論文)。國立交通大學應用藝術研究所，新竹市。

張瀚文(2000)。視障者資訊尋求行為之調查研究：以臺灣省私立盲人重建院為例。**中國圖書館學會會報**，64，127-139。

淡江大學視障資源中心(2020a 年 8 月 2 日)。服務項目。檢自 http://www.batol.net/center/service-item.asp

淡江大學視障資源中心(2020b 年 8 月 2 日)。中心簡史。檢自 http://www.batol.
　　net/center/center-intro.asp

章忠信(2006)。聽覺與視覺障礙者合理使用著作之檢討。**中原財經法學**，17，
　　57-97。

章忠信(2014)。**視障者使用電子化圖書資訊特殊版本相關規範之研究**。新北市：
　　國立臺灣圖書館委託研究計畫報告。

章忠信(2020 年 7 月 6 日)。視障者接觸著作之合理使用規定及其實務(著作權筆
　　記)。檢自 http://www.copyrightnote.org/paper/pa0078.pdf

莊道明(2001)。從圖書館普遍性與公開性的服務精神論圖書館身心障礙讀者服
　　務。**中國圖書館學會會報**，66，47-57。

莊億惠(2010)。**資訊科技輔助教學對國小自閉症學童功能性詞彙學習成效之影
　　響**(未出版之碩士論文)。國立臺中教育大學，臺中市。

莊曉喆(2014)。基於 WCAG2.0 的公共圖書館網站可訪問性評價研究：以中、美、
　　英國家圖書館為例。**圖書館學研究**，2014(23)，31-36，41。

陳乃林(1998)。終身學習論析。**成人教育**，41，36-41。

陳仕祐(2003)。**重度視覺障礙大學生資訊搜尋行為之研究**(未出版之碩士論文)。
　　彰化師範大學特殊教育研究所，彰化縣。

陳怡君(2010)。**電腦融入故事結構教學法增進國小輕度智能障礙學生閱讀理解
　　成效之研究**(未出版之碩士論文)。國立新竹教育大學，新竹市。

陳怡佩(2006)。視覺障礙兒童及青少年的資訊需求。**臺灣圖書館管理季刊**，2(3)，
　　32-43。

陳明聰、官怡君、林妤芳 (2004)。網路學習資源網站資訊可及性評估之研究。
　　特殊教育研究學刊，26，45-60。

陳蕙滿(1997)。**臺灣地區文化中心圖書館館員繼續教育之研究**(未出版之碩士論
　　文)。中國文化大學史學研究所，臺北市。

陳嬿仔(2005)。**無障礙網站推動成效及其發展相關因素探討**(未出版之碩士學位

論文)。世新大學資訊管理學研究所,臺北市。

陳豔偉(2012)。基於視障人士網路資訊需求的視障圖書館建設研究。**圖書與情報**,6,33-36。

曾瓊瑩(2017)。**大學圖書館對於學習障礙學生服務現況分析**(未出版之碩士論文)。國立政治大學圖書資訊學數位碩士在職專班,臺北市。

身心障礙及資賦優異學生鑑定辦法(2013 年 9 月 2 日)。檢自全國法規資料庫 https://law.moj.gov.tw/LawClass/LawAll.aspx?pcode=H0080065

華文視障圖書網(2020 年 8 月 20 日)。出版快訊。檢自 http://elib.batol. net/newpublish.cshtml

著作權法(2019 年 5 月 1 日)。檢自全國法規資料庫 https://law.moj.gov.tw/Law Class/LawAll.aspx?PCode=J0070017

視覺功能障礙者電子化圖書資源利用辦法(2011 年 12 月 15 日)。檢自法規資料庫 https://law.moj.gov.tw/LawClass/LawOldVer.aspx?pcode=H0080079& lnndate=20111215&lser=001

黃國正(2007)。公共圖書館館員繼續教育的探討。**臺北市立圖書館館訊**,25(2),16-24。

黃麗虹(1990)。**我國大學圖書館員繼續教育之研究**。臺北市:漢美。

新北市立圖書館(2020 年 5 月 4 日)。新北市立圖書館總館特殊讀者服務暨友善閱讀空間使用管理要點。檢自 https://www.library.ntpc.gov.tw/htmlcnt/8856 e951a1e24ca090d9d3c14ba7e1c9

楊俊英、趙林靜、鄭宏(2011)。從視障用戶的信息需求思考無障礙數字圖書館的建設。**圖書館界**,2,41-43。

楊曉玲(2011)。**資訊融入詞彙教學與文句脈絡詞彙教學對識字障礙學生識字學習成效之比較研究**(未出版之碩士論文)。國立屏東教育大學,屏東縣。

葉乃靜(2005)。**多元文化下的資訊行為研究**。臺北市:文華。

葉乃靜(2017)。**特殊版本圖書資源合作共享制度規劃之研究**。新北市:國立臺

灣圖書館委託研究報告。

圖書館法(2015 年 2 月 4 日)。檢自全國法規資料庫 https://law.moj.gov.tw/Law Class/LawAll.aspx?pcode=H0010008

臺北市立圖書館視障電子圖書館(2020 年 8 月 20 日)。關於啟明。檢自 https://blind.tpml.edu.tw/np.asp?ctNode=233&mp=10

臺南市公共圖書館網(2020 年 5 月 21 日)。中西區圖書館。檢自 https://www.tnml.tn.edu.tw/portal_o85_cnt_page.php?button_num=o85&folder_id=5&cnt_id=1&sn_judge=1#main

蔡明宏(2013)。**超媒體與多媒體電腦輔助教學對教導國民小學智能障礙學生跨領域教學成效之比較研究**(未出版之碩士論文)。國立彰化師範大學，彰化市。

衛生及福利部社會及家庭署(2015 年 2 月 16 日)。落實身心障礙者權利公約(CRPD)推動計畫。檢自 https://crpd.sfaa.gov.tw/BulletinCtrl?func=getBulletin&p=b_2&c=C&bulletinId=286

衛生福利部統計處(2020 年 5 月 2 日)。身心障礙統計一覽表。檢自 https://dep.mohw.gov.tw/DOS/cp-4646-50610-113.html

鄭淑燕、賴翠媛(2010)。身心障礙者使用圖書館所需服務之探討。**東華特教**，43，13-17。

學位授予法(2018 年 11 月 28 日)。檢自全國法規資料庫 https://law.moj.gov.tw/LawClass/LawAll.aspx?pcode=h0030010

盧秀菊(2005)。圖書館事業之價值。**圖書與資訊學刊**，52，1-7。

薛理桂、林巧敏(2012)。視障圖書資源服務現況與相關法規之探討。大學圖書館，16(2)，20-39。

蘇諼(1999)。**臺灣地區醫學圖書館員繼續教育需求之研究**。行政院國家科學委員會專題研究成果報告。臺北縣：輔仁大學圖書資訊系。

英文參考書目

American Foundation for the Blind. (Producer). (2000). *What Do You Do When You See a Blind Person?* [DVD] New York, NY: American Foundation for the Blind.

American Library Association.(2006). *Library Bill of Rights.* Retrieved from http://www.ala.org/advocacy/intfreedom/librarybill

American Library Association.(2019). *Core Values of Librarianship.* Retrieved from http://www.ala.org/advocacy/intfreedom/corevalues

Ann Arbor District Library.(2020). *Washtenaw Library for the Blind and Physically Disabled.* Retrieved from https://aadl.org/peoplewithdisabilities

Australian Library and Information Association. (1998). *Guidelines on library standards for people with disabilities.* Retrieved from https://www.alia.org. au/about-alia/policies-and-guidelines/alia-policies/guidelines-library-standards-people-disabilities

Baker, S. C. (2014). Making it work for everyone: HTML5 and CSS level 3 for responsive, accessible design on your library's web site. *Journal of Library and Information Services in Distance Learning, 8*(3/4), 118-136.

Beaton, M. (2005). Glasgow City Council: Library, information and learning services for disabled people in Glasgow. *Library Review*, 54(8), 472-478.

Billingham, L. (2014). Improving academic library website accessibility for people with disabilities. *Library Management, 35*(8/9), 565-581.

Bonnici, L. J., Maatta, S. L, Brodsky, J., & Steele, J. E. (2015). Second national accessibility survey: librarians, patrons, and disabilities. *New Library World, 116*(9/10), 503-516.

Brophy, P., & Craven, J. (2007). Web accessibility. *Library Trends, 55*(4), 950-972.

Burgstahler, S. (2002). Distance learning: The library's role in ensuring access to everyone. *Library Hi Tech, 20*(4), 420-432.

Canadian Library Association. (1997). *Canadian guidelines on library and information services for people with disabilities*. Retrieved from http://cla.ca/wp-content/uploads/Canadian-Guidelines-on-Library-and-Information-Services-for-People-with-Disabilites-Feb-1997.pdf

Canadian National Institute for the Blind.(2020). *About Us*. Retrieved from http://www.cnib.ca/en/about-us?region=gta

Carson, G.(2009). *The Social Model of Disability*. Retrieved from http://www.ukdpc.net/site/images/library/Social%20Model%20of%20Disability2.pdf

Charles, S. (2005).Person first, disability second: disability awareness training in libraries. *Library Review*, 54(8),453-458.

Clark, J. (2003). *Building accessible websites.* Indianapolis, IN: New Riders Publishing.

Colorado Community Colleges Online (CCCOnline).(2017). *Learn about Evaluating Sources: Five Criteria for Evaluating Web Pages*. Retrieved from https://ccconline.libguides.com/c.php?g=242130&p=1609638

Conway, V. (2011). Website accessibility in western Australian public libraries. *The Australian Library Journal, 6*(2), 103-112.

Cooke, A. (1999). *Finding Quality on the Internet: a guide for librarians and information professionals.* London: Library Association Publishing.

Creating Libraries Accessible to Users with Disabilities(CLAUD).(2020). *History of CLAUD*. Retrieved from https://claud.org.uk/history-of-claud/

Deines-Jones, C.(2007).*Improving Library Services to People with Disabilities.* Retrieved from http://store.elsevier.com/Improving-Library-Services-to-People-with-Disabilities/isbn-9781843342861

Deines-Jones, C., & Van Fleet, C. (1995). *Preparing Staff to Serve Patrons with*

Disabilities: A How-To-Do-It Manual for Librarians. New York: ALA Neal-Schuman.

Dempsey, L.(2000). The subject gateway: Experiences and issues based on the emergence of the resource discovery network. *Online Information Review*, 24(1), 8-23.

Fernandez-Lopez, A., Rodriguez-Fortiz, M. J., Rodriguez-Almendros, M. L., Martinez-Segura, M. J.(2013). Mobile learning technology based on iOS devices to support students with special education needs. *Computers and Education*, 61, 77-90.

Forgrave, S., & McKechnie, L. (2001). Online on ramps: A pilot study evaluation of the accessibility of Canadian public library web sites to visually and hearing challenged users. *Proceeding of the Annual Conference of CAIS, 2001*, 289-296.

Gibson, M. (1977). Preparing Librarians to Serve Handicapped Individuals. *Journal of Education for Librarianship, 18*(2), 121-130.

Gorman, M.(1995). Five new laws of librarianship. *American Libraries,* 26 (8), 784-785.

Gorman, M.(2000). *Our Enduring Values: Librarianship in the 21st Century*. Chicago: American Library Association.

Griffiths, J.,& King, D.W.(1986). *New Directions in Library and Information Science Education*. Westport, C.T.: Greenwood Press.

Guder, C. (2010). Equality through access: Embedding library services for patrons with disabilities. *Public Services Quarterly*, 6(2-3), 315-322.

Hill, H. (2013). Disability and accessibility in the library and information science literature: A content analysis. *Library & Information Science Research, 35*(2), 137-142.

Howarth, L. C.(2004). Metadata schemas for subject gateways. *International Cataloging & Bibliographic Control*, 33(1), 8-12.

Initiative For Equitable Library Access.(2009). *Change, Choice, Hope: A Progress Report on the Initiative for Equitable Library Access*. Ottawa: Library and Archives of Canada.

International Federation of Library Associations and Institutions (IFLA).(1995). *IFLA/UNESCO Public Library Manifesto 1994*. Retrieved from https://www. ifla.org/publications/iflaunesco-public-library-manifesto-1994

Kahlisch, T. (2008). DAISY: An opportunity to improve access to information for all. Information Services and Use,28(2),151-158.

Kerkmann, F., & Lewandowski, D. (2012). Accessibility of web search engines: Towards a deeper understanding of barriers for people with disabilities. *Library Review, 61*(8/9), 608-621.

Kirkpatrick, C. H. (2003). Getting two for the price of one: Accessibility and usability. *Computers in Libraries, 23*(1), 26-29.

Koulikourdi, A. (2008). Library education and disability issues. *Education for Information, 26*, 203-212.

Lathrop, I. M. (1986). Continuing education needs of hospital librarians. *Bulletin of the Medical Library Association, 74*(2), 110-114.

Lazar, J., Dudley-Sponaugle, A., & Greenidge, K. D. (2004). Improving web accessibility: A study of webmaster perceptions. *Computers in Human Behavior, 20*(2), 269-288.

Lee, Y. S.(2001). *Accessible library services for people with disabilities: model* for Korean libraries (Doctoral thesis). Retrieved from http://discovery.ucl.ac.uk/ 1382396/1/394932.pdf

Lewis, V., & Klauber, J.(2002). [Image] [Image] [Image] [Link] [Link] [Link]:

Inaccessible web design from the perspective of a blind librarian. *Library Hi Tech, 20*(2), 137-140.

Library of Congress.(2020a). *History of the National Library Service for the Blind and Print Disabled.* Retrieved from https://www.loc.gov/nls/about/organization/history/#twelve

Library of Congress.(2020b).*Resources of National Library Service for the Blind and Print Disabled.* Retrieved from https://www.loc.gov/programs/znational-library-service-for-the-blind-and-print-disabled/about-this-service/resources/

Library of Congress.(2020c).*Overview of National Library Service for the Blind and Print Disabled.* Retrieved from https://www.loc.gov/nls/about/overview/

Lilly, E. B., & Van Fleet, C. (2000). Measuring the accessibility of public library home pages. *Reference & User Services Quarterly, 40*(2), 156-163.

Lollar, D. J., & Andresen, E. M. ed.(2011). *Public Health Perspectives on Disability: Epidemiology to Ethics and Beyond.* New York: Springer-Verlag.

McGrory, M., Williams, M., Taylor, K.,& Freeze, B.(2007).The impact of the integrated digital library system on the CNIB library. *Library Trends, 55*(4),973-993.

Means, R. (1978). A Study of the continuing education interests of Illinois Community College Library and Learning Resource Center Personnel. *Illinois libraries, 60,* 489-497.

Monopoli, M., & Nicholas, D. (2000). A user-centered approach to the evaluation of subject based information gateways: Case study SOSIG. *Aslib Proceedings, 52*(6), 218-231.

Munshi, U. M.(2009). Building subject gateway in a shifting digital world. *DESIDOC Journal of Library & Information Technology, 29*(2), 7-14.

Neal, J. G. (1980). Continuing education attitudes and experiences of the academic librarians. *College and research libraries, 41*, 128-133.

Nelson, P. P.(1996). Library services for people with disabilities: Results of a survey. *Bulletin of the Medical Library Association, 84*(3), 397-401.

Oud, J. (2012). How well do Ontario library web sites meet new accessibility requirements? *Partnership: The Canadian Journal of Library & Information Practice & Research, 7*(1), 1-17.

Owen, D.(2007).Sharing a vision to improve library services for visually impaired people in the United Kindom. *Library Trends*, 55(4), 809-829.

Pinder, C.(2005). Customers with disabilities: the academic library response. *Library Review,* 54(8), 464-471.

Pitschmann, L. A.(2001). Building Sustainable Collections of Free Third-Party Web Resources. Washington, D.C.: Digital Library Federation, Council on Library and Information Resources.

Potter, A. (2002). Accessibility of Alabama government web sites. *Journal of Government Information, 29*(5), 303-317.

Public Library Services Branch.(2010). *British Columbia Public Library Collections, Services and Facilities for Persons with Disabilities Survey Results*. Vancouver, BC: Province of British Columbia.

Ramakrishnan, I. V., Mahmud, J., Borodin, Y., Islam, M. A., & Ahmed, F. (2009). Bridging the web accessibility divide. *Electronic Notes in Theoretical Computer Science, 235,* 107-124.

Ranganathan, S. R.(1931). The Five Laws of Library Science. London: Edward Goldston.

Robertson, L.(2007). *Access for Library Users with Disabilities.* Retrieved from https://tise2015.kku.ac.th/drupal/sites/default/files/access_disabilities_0.pdf

Rømen, D., & Svanæs, D. (2012). Validating WCAG 1.0 and WCAG 2.0 through usability testing with disabled users. *Universal Access in the Information Society, 11*(4), 375-385.

Ross, V. & Akin, L. (2002). Children with learning disabilities and public libraries: An e-survey of services, programs, resources and training. *Public Library Quarterly, 21*(4), 9-18.

Saechan, C. (2005). The needs of continuing education for academic librarians in the south of Thailand. *Malaysian Journal of Library & Information Science, 10*(2), 25-36.

Sakaley, M. (Producer) (2014). *People first: Serving and employing people with disabilities.* [Streaming video file] San Francisco, CA: Kanopy Streaming.

San Francisco Public Library.(2020a). *Deaf Services Center.* Retrieved from https://sfpl.org/locations/main-library/deaf-services

San Francisco Public Library.(2020b). *Talking Books and Braille Center.* Retrieved from https://sfpl.org/locations/main-library/talking-books-and-braille-center

Schmetzke, A. (2005). Digitization of library information and its accessibility for people with disabilities. In D. B. A. Khosrow-Pour (Ed.), *Encyclopedia of Information Science and Technology* (pp. 880-885). Hershey, PA: IGI Global.

Schmetzke, A., & Comeaux, D. (2009). Accessibility trends among academic library and library school web sites in the USA and Canada. *Journal of Access Services, 6*(1), 137-152.

Stoklasova, B. (2004). Short survey of subject gateways activity. *International Cataloging & Bibliographic Control*, 33(1), 12-14.

Sylvestre, G.(1976).*Task Group on Library Service to the Handicapped: Report Presented to the National Librarian.* Ottawa: National Library of Canada.

The Association for Specialized and Cooperative Library Agencies (ASCLA). (2012). *Revised Standards and Guidelines of Service for the Library of*

Congress Network of Libraries for the Blind and Physically Handicapped. Chicago, IL: American Library Association.

The Association for Specialized and Cooperative Library Agencies (ASCLA). (2017). *ASCLA Standards and Guidelines.* Retrieved from http://www.ala. org/ascla/standards

The Association for Specialized and Cooperative Library Agencies(ASCLA). (2012). *Revised Standards and Guidelines of Service for the Library of Congress Network of Libraries for the Blind and Physically Handicapped.* Chicago: American Library Association.

The Canadian Federation of Library Associations. (2016). *Guidelines on Library and Information Services for People with Disabilities.* Retrieved from http://cfla-fcab.ca/en/guidelines-and-position-papers/guidelines-on-library-and-information-services-for-people-with-disabilities/

The Council for Museums, Archives and Libraries. (2002). *Library Services for Visually Impaired People: a Manual of Best Practice.* London: The Council for Museums, Archives and Libraries.

The International Federation of Library Associations and Institutions(IFLA).(2005). *Access to libraries for persons with disabilities-Checklist.* The Hague: IFLA Headquarters.

The National Organization on Disability. (2000). S*urveys of Americans with Disabilities and Community Participation.* Retrieved from http://nod.org/research _publications/surveys_research/2000_surveys_americans_disabilities_communi ty_participation

The National Organization on Disability. (2010). *Survey of Americans with Disabilities: ADA 20 Years Later.* Retrieved from http://nod.org/assets/ do wnloads/2010_Survey_of_Americans_with_Disabilities_GAPS_Full_Report.pdf

United Nations. (2020, June 25). Convention on the Rights of Persons with Disabilities. Retrieved from https://www.un.org/development/desa/disabilities /convention-on-the-rights-of-persons-with-disabilities/convention-on-the-rights -of-persons-with-disabilities-2.html

W3C Web Accessibility Initiative. (2005). *Introduction to web accessibility.* Retrieved from http://www.w3.org/WAI/intro/accessibility.php

Walling, L. L. (2004). Educating students to serve information seekers with disabilities. *Journal of education for library and information science, 45*(2), 137-148.

Web Accessibility Initiative. (2012). *Developing a web accessibility business case* for your organization: Overview. Retrieved from http://www.w3.org/WAI/ bcase/Overview

Westbrook, D. W. (2011). *An Exploratory Report on the History of Services to People with Print Disabilities in British Columbia.* Retrieved from https://bclaconnect.ca/wp-uploads/2014/03/SNI_Exploratory_History.pdf

Whyte, S.(2005).Auditing SCURL special needs group members. *Library Review*, 54(8),459-463.

Wikipedia. (2019). *Bobby (software)*. Retrieved from https://en.wikipedia.org/wiki /Bobby_(software)

Wiler, L. L.,& Lomax, F.(2000). The Americans with disabilities act compliance and academic libraries in the Southeastern United States. *Journal of Southern Academic and Special Librarianship.* Retrieved from http://southernlibrariansh ip.icaap.org/content/v02n01/wiler_101.html

World Intellectual Property Organization. (2016, September 30). Summary of the Marrakesh Treaty to Facilitate Access to Published Works for Persons Who Are Blind, Visually Impaired, or Otherwise Print Disabled (MVT) (2013). Retrieved from https://www.wipo.int/treaties/en/ip/marrakesh/summary_marrakesh.html

Xi, C., & Yao, C. (2013). Gateway to east Asian studies: An analytical report of subject guides in North American East Asian Libraries. *Journal of East Asian Libraries*, 157, 157-170.

Yoon, H. Y.,& Kim, S. Y.(2012). On the improvement of the Copyright Law of Korea for library services for persons with disabilities. *Journal of Librarianship and Information Science*, 45(2),140-152.

Zeldman, J. (2007). *Designing with Web standards* (2nd ed.). Indianapolis, Ind.: New Riders.

國家圖書館出版品預行編目(CIP) 資料

圖書館身心障礙讀者服務/林巧敏著. -- 初版. --
臺北市：元華文創股份有限公司, 2021.03
面； 公分

ISBN 978-957-711-200-2 （平裝）

1.讀者服務 2.資訊服務 3.身心障礙者

023.6   109020240

圖書館身心障礙讀者服務

林巧敏 著

發 行 人：賴洋助
出 版 者：元華文創股份有限公司
聯絡地址：100 臺北市中正區重慶南路二段 51 號 5 樓
公司地址：新竹縣竹北市台元一街 8 號 5 樓之 7
電　　話：(02) 2351-1607　　傳　　真：(02) 2351-1549
網　　址：www.eculture.com.tw
E - m a i l：service@eculture.com.tw
出版年月：2021 年 03 月　初版
　　　　　2021 年 05 月　初版二刷
定　　價：新臺幣 400 元

ISBN：978-957-711-200-2 (平裝)

總經銷：聯合發行股份有限公司
地　址：231 新北市新店區寶橋路 235 巷 6 弄 6 號 4F
電　話：(02)2917-8022　　　　傳　真：(02)2915-6275

版權聲明：

　　本書版權為元華文創股份有限公司(以下簡稱元華文創)出版、發行。相關著作權利(含紙本及
電子版)，非經元華文創同意或授權，不得將本書部份、全部內容複印或轉製、或數位型態之轉載
複製，及任何未經元華文創同意之利用模式，違反者將依法究責。

　　本書作內容引用他人之圖片、照片、多媒體檔或文字等，係由作者提供，元華文創已提醒告知，
應依著作權法之規定向權利人取得授權。如有侵害情事，與元華文創無涉。

■本書如有缺頁或裝訂錯誤，請寄回退換；其餘售出者，恕不退貨■